U0090773

中國學術思想 研究輯刊

十 編

林 慶 彰 主編

第 6 冊

老子環境倫理思想

沈 春 木 著

花木蘭文化出版社

國家圖書館出版品預行編目資料

老子環境倫理思想／沈春木 著 — 初版 — 台北縣永和市：花
木蘭文化出版社，2010〔民 99〕
目 2+206 面；19×26 公分
（中國學術思想研究輯刊 十編；第 6 冊）
ISBN：978-986-254-335-1（精裝）
1.（周）李耳 2.老子 3.學術思想 4.環境倫理學
5.研究考訂
121.317　　　　　　　　　　　　　　　　　99016446

ISBN - 978-986-2543-35-1

中國學術思想研究輯刊
十 編 第 六 冊　　　　　　ISBN：978-986-254-335-1

老子環境倫理思想

作　　者　沈春木
主　　編　林慶彰
總 編 輯　杜潔祥
出　　版　花木蘭文化出版社
發 行 所　花木蘭文化出版社
發 行 人　高小娟
聯絡地址　台北縣永和市中正路五九五號七樓之三
　　　　　電話：02-2923-1455／傳眞：02-2923-1452
網　　址　http://www.huamulan.tw 信箱 sut81518@ms59.hinet.net
印　　刷　普羅文化出版廣告事業
封面設計　劉開工作室
初　　版　2010 年 9 月
定　　價　十編 40 冊（精裝）新台幣 62,000 元
版權所有・請勿翻印

老子環境倫理思想

沈春木　著

作者簡介

沈春木

學歷：南華大學哲學系所碩士。國立臺北師範學院學士。國立嘉義師範專科學校。

經歷：國小教師。國小組長。國小主任。

現職：南投縣久美國小校長

座右銘：「致虛極，守靜篤。萬物並作，吾以觀復。」——（《道德經》第十六章）

提　　要

　　本文「老子環境倫理思想」分成六章論述，依序為導論、西方環境倫理思想、老子「道」的詮釋、老子「道」的環境倫理思想、老子環境倫理思想之實踐工夫以及結論。在第一章導論中，陳述本文之研究動機與目的、研究範圍與材料及研究方法與進路。在第二章西方環境倫理思想中，將西方環境倫理思想中的三大思想——「人類中心倫理」、「生命中心倫理」、「生態中心倫理」作一環境倫理思想與原則的介紹。第三章論述老子「道」的詮釋，本文在老子「道」的形上學詮釋系統上，採用的是牟宗三先生的「主觀境界形態」詮釋系統，並依據牟先生的「主觀境界形態」詮釋理路，對「道」的雙重性——「無」與「有」及「境界形態形上學」等概念加以整理及論述。第四章是論述老子「道」的環境倫理思想，「道生之」，道是以「不生之生」、「不塞其原，不禁其性」的方式實現了天下萬物，繼而「德畜之」以「德」來潤澤涵養萬物。因為天地萬物都是「道生之，德畜之」，所以萬物莫不「尊道貴德」，道所以受尊崇，德所以被珍貴，是因為它們無施無為、順物自然的生長化育。第五章是論述老子環境倫理思想之實踐工夫，中國哲學是重生命、著實踐的學問，異於西方哲學重思辨、著知解的學問，老子的文本中也蘊含了豐富的環境倫理實踐工夫，有「守道修德」、「簡樸生活」及「靜觀美學」等實踐工夫。第六章，將前面各章做一內容之概述回顧與結語。

　　本文以老子《道德經》文本、王弼注老子之通行本為研究主軸，以西方環境倫理思想做為理解環境倫理思想的基礎，並採用牟宗三先生「主觀境界形態」為老子哲學思想的詮釋依據，企圖開顯出老子文本中的環境倫理思想，並闡揚出老子環境倫理的實踐工夫，期能為當代環境倫理思想的義理注入一股新的泉源，進而為當今環境永續發展提供一帖良方良劑。

謝　誌

　　就讀南華大學哲學研究所歷經三年的時間，終於撰寫完成這一篇哲學碩士論文，心中的感受眞是欣喜感恩。想到當初只憑著對於中國哲學的喜愛，就懵懂的報考了哲學研究所的考試，幸運的被我考上了，但卻也是一種痛苦又喜悅的開始，因爲之前的學習背景都是教育科系，所以對於哲學的基本概念，眞是付之闕如。剛上研究所的課程內容眞是一知半解，對於課堂上的問題有時想要提問，卻又却步了；有時想要發言，卻也猶豫了，原因是因爲對於哲學基本涵養的欠缺。所幸的是，哲學所內的老師，除了學養俱豐外，更能循循善誘、鼓舞學生，讓我這位再度踏入校園的學生，重新有著學習的興趣與動力，因而一路走來，讓我對於哲學領域有著倒吃甘蔗、漸入佳境之感。一篇論文的完稿，並非個人能力可以獨自完成的，這一切眞的要感謝許許多多的師長、同學、同事及家人。

　　感謝最深切的是指導教授廖俊裕老師，在論文研究撰寫過程中，二年來提綱挈領又鉅細靡遺的指導，令學生我感懷於心。廖老師在我撰寫論文遇到瓶頸之際，不但給了我猶如明燈般的指引，也給予我充分自主思維的空間，在廖老師學術專業與學識涵養的啓迪下，才得以在初次學術研究的路上，能夠充實平順的完成碩士學位。感謝口試委員蔡忠道老師，蔡老師是位溫文儒雅、治學認眞的好老師。蔡老師對於論文內容的建議，惠予殷切的鼓勵及細心的斧正，使得學生得以發現論文結構及內容的不足，讓整篇論文的結構及內容，能夠更加嚴謹與充實。感謝口試委員陳政揚老師，政揚老師年輕有爲、才思敏捷，在道家環境倫理思想之見地，啓發學生甚多想法，對於論文的撰寫助益良多。尤其上政揚老師的課程，多能在輕鬆愉悅的氣氛中，享受著哲

學知識的饗宴，直是收穫甚豐。

感謝在研究所學習過程中給予指導與關懷的老師們：劉滄龍所長、顏永春老師、吳俊業老師、林遠澤老師、陳德和老師、謝君直老師、羅麗君老師等，由於您們的指導，開展學生的哲學理路，鋪陳學生學術學習之路。感謝哲研所的同學：蘇玉昇、簡國智、覃明德、廖俊忠、黃素雲、陳俊杰、林慶泉、林木乾、張友恆、蔡偉凡、柯素綾、丁彩玉、賴秋絨等同學，課堂上有您們的陪伴，因而更加充實快樂。在職進修是一段辛苦的歷程，感謝服務學校楊前校長、林校長的鼓勵、鄒主任的業務協助及學校同仁們的幫忙，讓我得以在三年內順利完成學業。

感恩生我育我的父母，因為有您們腳踏實地、認真負責的榜樣，使得我懂得在學術研究的路上，自我的要求與堅持。最要感謝的是我摯愛的老婆，沒有您這三年來的支持和鼓勵，這篇論文是無法如期完成的。最辛苦的是您要照顧我們二個可愛又活潑的兒子，讓您常常體力透支卻又要繼續忙碌家務，我真是三生有幸，人生的路上有您相伴真好。

僅以此論文獻給我摯愛的雙親、岳父母、家人、老婆及我兒維維和寬寬。

春木　謹誌於南投靜心齋
民國九十五年五月二十五日

目次

第一章　導　論

第一節　研究動機與目的

　　中華民國臺灣省南投縣「集集九二一大地震」，發生於民國八十八年九月二十一日清晨一點四十七分，地震規模為芮氏七・三的強烈地震，造成全臺2333 人死亡、受傷送醫者 10002 人，[註1] 造成房屋全倒的有 8457 間，房屋半倒的有 6204 間，[註2] 財物損失估計約新臺幣三千億元，為臺灣百年來最大的地震災難。九二一大地震造成了許多樓毀人亡，無數災難情景依然歷歷在目：看著父親懷中抱著稚子死去的慘狀；看著家人裹著床單合力將死去親人屍體抬出的悲情；看著小女孩騎木馬可愛模樣的照片，而今一家六口人中五死一重傷，小女孩她也在天搖地動中結束了稚嫩的生命……，不禁令人悲乎！慟乎！九二一大地震，摧折了無數生命，也拆散了許多溫馨的人倫；摧毀了美麗山河，也帶給了大地無盡的震殤。一幕幕與山河爭地的畫面不斷重演，南投縣許多山林原本奇峰秀麗、林木蒼鬱；地震後，坍崩處處、土石裸露，蒼翠不再、風景已非，望眼一看處處可見檳榔林立、茶園處處。本來不該開發的山林，人類運用機具機械強行開闢挖掘，在山林間開築道路、鑿鑽隧道和建築房子，地震一來道路柔腸寸斷、隧道坍崩不通及房屋倒塌毀損，埋葬無數的同胞生命，也造成了大地無數難以恢復的傷口。

　　西元 2004 年 12 月 26 日發生「南亞大海嘯」，是由印尼外海發生震度 9.0

〔註 1〕　資料來源中華民國行政院內政部消防署 88.10.13 所做之統計資料。
〔註 2〕　資料來源中華民國行政院內政部 88.10.03 所做之統計資料。

大地震所引發的大海嘯，大海嘯波及地區包含東南亞和南亞的印尼、斯里蘭卡、印度、馬來西亞、馬爾地夫、泰國……乃至非洲的索馬利亞、肯亞等 10 個國家長達數千公里的海岸線。在蘇門答臘島西北方外海海底斷層帶的強震，還造成印度洋一段長達九百六十五公里的海床斷裂，導致蘇門答臘島往西南方移動了約三十公尺。強震引發的大海嘯以超過八百公里的時速自震央開始向外擴散，六公尺高巨浪在毫無預警的情況下席捲了臨印度洋的南亞各國沿海地區，原本風景如畫的海濱城鎮和度假村全被大浪夷平，漁船、民宅、漁民和許多觀光客都無法倖免於難。這場天災在印度洋岸各國造成的死亡人數總共超過二十七萬三千人，超過兩百萬人無家可歸，其中包括印尼五十一萬四千一百五十人，印度南部有五十萬人以上，斯里蘭卡一百萬人。依據聯合國兒童基金會估計，有一百五十萬名兒童受到影響，其中三分之一喪生，有超過三萬名兒童失去了雙親或父母親之一。〔註3〕在印尼等主要受災國家，「南亞大海嘯」所造成的經濟代價無法估量，而在環境問題方面，由於處處都有屍體殘骸，遭到海嘯襲擊的海岸地區空氣中瀰漫屍臭，水源也多遭腐屍污染，出現的最大隱憂是不潔水源所引起的霍亂、傷寒等疫病，將在災區大舉蔓延，對數百萬倖存者帶來生命威脅，也為生態環境帶來無數危機隱憂。

西元 2005 年 8 月 25 日，「卡特琳娜颶風」橫掃墨西哥灣，卡特琳娜颶風剛開始在巴哈馬群島上空形成的熱帶風暴，在佛羅里達海岸登陸後，掉頭直奔美國南部的密西西比河沿岸的阿拉巴馬和路易斯安那州，一路上風力不斷加大，一度上升到五級颶風。強大颶風嚴重打擊了美國南部密西西比州、阿拉巴馬州和路易斯安娜州的廣大地區，洪水沖垮了新奧爾良市的防護堤壩，使這座聞名世界的「爵士之都」80%淹沒在水中，導致大約 1000 人死亡，造成 1250 億美元的經濟損失。

也許我們會說颶風是天然災害，是無法避免的，和人類製造的環境污染沒有什麼相關，然而英國政府的英國政府首席科學顧問、英國科技辦公室主任大衛·金（David King）認為，墨西哥灣海面的溫度今年比往常高了 3 度。颶風起源的大西洋西部海面溫度也比通常要高，他說：「海水溫度繼續升高的話，颶風的平均強度也會升高。」也就是說，現在颶風多發並非都是正常現象，其中部分原因是地球的工業污染造成溫室效應，氣候加速暖化，加劇了颶風的產生與強度，而且地球的溫度一直都在持續的增加當中。

〔註3〕參考中央社印尼大亞齊市 94.03.29 法新電資料。

　　西元 2000 年 11 月聯合國氣候變化綱要公約第六次締約國大會中，政府間氣候變化專門委員會（IPCC）主席華特森（Watson）於大會報告中指出，〔註 4〕地球上的氣候是否發生變遷，已經不再是問題，而是要問氣候變化了多少？變化速度有多快？及那裡的變化最嚴重？專家研究發現，過去二十年不但是本世紀最熱的時期，其實也是最近一千年來最溫暖的時期。2000 年 11 月世界銀行發表報告，強調十年來因溫室效應致使氣候條件改變，海水侵蝕海岸，暴風雨肆虐而造成南太平洋國家嚴重受創，並警告全球乾旱、饑荒、疾病可能隨之俱來。聯合國氣候變遷國際專家小組 2001 年 7 月 12 日公布一份報告顯示，全球氣溫在這個世紀結束前，可能上升攝氏 5.8 度，幾乎為五年前預估值的兩倍。而 7 月中美國國家大氣研究中心公布的最近公布的模型預測研究顯示，至 2030 年地球平均溫度可能上升 0.5 至 1.2℃，至 2100 年地球平均溫度最可能的溫度上升範圍為 2.4 至 3.8℃，而有 90% 的機會至 2100 年地球平均溫度可能上升 1.7 至 4.9℃。」〔註 5〕過去 50 年間，阿拉斯加和西伯利亞的年平均氣溫上升了 2～3 攝氏度，阿拉斯加和加拿大西部的冬天氣溫更是平均上升了 2.78～3.89℃。過去 20 年間，北極地區的冰層融化導致全球海平面平均上升了約 7.6 公分，極地冰層融化造成海水上升，也使得許多國家常有水患。「世界衛生組織（WORLD HEALTH ORGANIZATION, WHO）資助的研究報告指出，如果不能有效減少空氣污染問題，2000 年到 2020 年之間，全世界因為空氣污染問題死亡的累積人數將高達 8 百萬人，預測光 2020 年一年就會有 70 萬人因為空氣微粒污染而死亡。經濟合作暨發展組織（Organization for Economic Co-operation and Development, OECD）也估計因為溫室氣體排放量不斷上升所造成的公共健康及農業損失，將可能會在 2050 年造成 GDP 減少 1% 至 3%。」〔註 6〕面對地球暖化狀況如此快速，世界各國也開始有所警覺，「聯合國氣候變化綱要公約（United Nations Framework Convention on Climate Change, UNFCCC）」於 1997 年 12 月 1 日至 10 日於日本京都舉行共有 159 個締約國、

〔註 4〕政府間氣候變化專門委員會（IPCC）是由世界氣象組織（WMO）和聯合國環境署（UNEP）在 1988 年共同建立的，其主要目的旨在獲取全球氣候變化及其影響，以全面、客觀、開放和透明的方式進行科學評估，並根據需求為聯合國氣候變化綱要公約（UNFCCC）成員國會議（COP）提供科學、技術和社會經濟建議。
〔註 5〕資料來源 2001.07.23 路透社。
〔註 6〕資料來源 2001.07.24 路透社。

250 個非政府組織及各媒體參加，總人數逾一萬人，通過具有約束效力的京都議定書（Kyoto Protocol），以規範工業國家未來之溫室氣體減量責任，可見得環境問題是本世紀最大的問題之一，已不是所有國家及人類所能逃避而不去面對的。

面對近年來地球環境災難不斷以及地球環境問題的嚴重性，我們不禁要問：地球上的環境災害，是自然的現象，還是也有人為因素存在呢？人類為了自身利益而與大自然爭地，所造成的水土流失、土石流橫行，難道完全都是自然現象嗎？人類為了經濟利益不斷設立工廠排放黑煙，造成溫室效應，產生氣候上變化，難道不是環境災害的原因之一嗎？人類是地球的一份子，產生的環境災害，不管是天然的或是人為的，其實最後都會影響到人類的基本生存，難道我們不應多加關心環境、保護環境嗎？透過人類對環境責任的覺醒，對環境保護多盡一份心力，是否能使環境災害程度減少，以使地球上的人類以及非人類都能生生不息、永續發展呢？除了以上表層的環境問題外，我們要進一步做更後設的反省，即追問更深層的環境倫理問題，那就是人類與大地的關係為何？人類與生態環境如何相處？人類和動植物是否有著平等的地位？地球上無數的物種是否有其自身的內在價值？地球上的岩石、土壤以及海洋是否也具有平等的道德關懷對象？人類對於地球環境應具備那些環境倫理思想及規範？……這些問題若未能用心去思索，將無法徹底的解決當前的環境問題，亦無法讓我們這一顆唯一的地球能夠永續發展，這些環境災難事件及問題是筆者撰寫本文之研究緣起。

這些人與環境應如何相處、地球上物種是否具有自身的內在價值等相關議題，其實都是屬於環境倫理學說探討的範疇，而當代環境倫理思想之濫觴，乃來自西方學者對於當今地球環境憂慮，撰寫出相關文獻而受到學術界熱絡討論進而成為一門學術領域。雖然近代相關環境思想理論均來自於西方學者，然而並不能因此認定東方思想就沒有環境倫理之思想？正如企業管理成為一門學科是來自於西方學界，但西方學者研究中國《易經》企業管理思想的文獻也是十分豐富的；軍事作戰學校的成立也是起源於西方，然中國《孫子兵法》一書卻是西方軍事將領必讀的作戰典籍；教育思想成為一門學科亦是源自於西方，然西方學者研究中國最偉大的教育家——「孔子」教育理念之著作亦比比皆是。可見學問思想的開展，不應有嚴格區分東方、西方思想的門第之見，而是應秉持著交相輝映、相互彰顯的心態，進而開拓出更有系

統、更加統整的學術思想，這才是作學問真正應有的態度及方法。

　　本文研究題目為「老子環境倫理思想」，為什麼選擇老子為本文研究主題呢？是因為老子的哲學義蘊一直是筆者研究興趣所在，而最重要的是筆者認為，老子文本中蘊含著許多深刻的環境倫理思想。老子《道德經》蘊含的哲學義理較為人所肯認的有：形而上學、治道觀、人生論及修養觀，然而老子《道德經》是否具有環境倫理思想，除了需要運用適當的研究方法來詮釋外，更重要的是回歸到老子《道德經》文本脈絡中，當我們用心回歸到《道德經》文本中，其實可以發掘老子《道德經》中有許多章句，對於當今「環境倫理思想」是多有所啟發的，如：「上善若水。水善利萬物而不爭，處眾人之所惡，故幾於道。」(《道德經》第八章)、「致虛極，守靜篤。萬物並作，吾以觀復。夫物芸芸，各復歸其根。歸根曰靜，是謂復命。」(《道德經》第十六章)、「人法地，地法天，天法道，道法自然。」(《道德經》第二十五章)、「道常無名，樸雖小。天下莫能臣也。侯王若能守之，萬物將自賓。」(《道德經》第三十二章)、「道生一，一生二，二生三，三生萬物。」(《道德經》第四十二章)、「知足不辱，知止不殆，可以長久。」(《道德經》第四十四章)、「道生之，德畜之，物形之，勢成之。是以萬物莫不尊道而貴德。道之尊，德之貴，夫莫之命而常自然。」(《道德經》第五十一章)……等，所以本文就是以老子《道德經》文本為研究主軸，以西方環境倫理思想做為理解環境倫理思想的基礎，並採用牟宗三先生「主觀境界形態」為老子哲學思想的詮釋依據，期能開顯出老子文本中獨特的道家環境倫理思想，將老子的環境倫理思想實踐於起居生活中，為當代環境倫理思想提供更全面、更深入、更整體的省思及實踐，並能為當代嚴重的環境問題提供另一方向的思考空間，此乃本文之研究目的。

第二節　研究範圍與材料

　　本文以《老子》原典、《老子》義理詮釋、環境倫理思想專書為主要研究範圍與材料，並參考老子或道家有關環境倫理思想之臺灣及大陸期刊論文。老子原典部分，參考各家文獻版本，其中王弼注老子之通行本已通行一千五百年以上，具有歷史的權威性，故本文主要以王弼注老子之通行本為根據，帛書老子及郭店竹簡本為輔。王弼注老子之通行本是以樓宇烈校釋《王弼集

校釋》爲主要參考引用之內容。帛書老子參考陳錫勇先生之《老子校正》，許抗生先生之《帛書老子注譯及研究》。郭店竹簡本參考丁原植先生之《郭店竹簡老子釋析與研究》。另當代學者之注釋，如嚴靈峰先生之《老子達解》、陳鼓應先生之《老子今註今譯及評介》、吳怡先生之《新譯老子解義》、余培林先生之《新譯老子讀本》等，亦是本文寫作的重要研究材料。

陳德和先生認爲道家在歷史上出現的約有六種型態：一是薩蠻道家、二是人間道家、三是稷下黃老道家、四是玄學道家、五是道教道家、六是當代新道家。陳德和先生認爲：「從春秋戰國之際的時代背景而論，當以關懷生命、關懷世道人心的人間道家最吻合老莊創說立教之原義，人間道家的目的本在爲天下蒼生找尋生活之安頓，所以又可稱之爲生活道家。牟宗三境界型態之說，乃完全符合人間道家的本懷，亦即能有效確立人間道家的義理型範。」〔註7〕人間道家將老子思想當做是生命實踐的哲學，認爲老子是由於對當代禮樂制度繁雜、王室貴族沒落、戰亂頻繁等「周文疲弊」亂象，於是有感而發撰述五千餘言的《道德經》，期能匡正社會亂象及糾正政治失序及解除天下百姓的倒懸之苦，以爲天下蒼生找尋安身立命的哲學。所以人間道家要彰顯的是「在世以安世」的人道精神，符合牟宗三先生所說的中國哲學的特質，是以生命爲中心與重實踐的哲學，迥異於希臘哲學是重知解的哲學。〔註8〕本論文題目爲「老子環境倫理思想」，著重於開顯老子《道德經》文本中的環境倫理思想及實踐工夫，期能對於當代環境倫理思想與環境問題有所裨益，所以也是以生命爲中心與重實踐的議題，因而本論文論述以人間道家的老子爲研究材料，其餘稷下黃老道家、玄學道家、道教道家等型態，則不是本文所要處理的義理材料。

在老子義理的詮釋部分，本文採用牟宗三先生「主觀境界形態」的詮釋系統，牟宗三先生《中國哲學十九講》、《才性與玄理》、《現象與物自身》等著述中開展了老子思想「主觀境界形態」的詮釋進路。「主觀境界形態」詮釋系統的「道」，著眼於實踐主體的修養工夫，藉由主體的修養工夫的落實，朗現出的是虛一而靜沖虛之境界。「主觀境界形態的形而上學」──「道」，讓老子「道」的詮釋達到內外呼應、體用一如、修證一體的境界，本文在章節的安排上也才能呈現出相依相連、前後呼應的整體有機關係，有關採用「主

〔註7〕陳德和，〈論牟宗三對人間道家的哲學建構 —— 以老子思想的詮釋爲例〉，南華大學哲學研究所《揭諦》第3期，2001.05，頁146。

〔註8〕參牟宗三，《中國哲學的特質》，臺北：臺灣學生書局，1998，頁10～14。

觀境界形態」的詮釋系統理由，本文在第三章將有更詳細的論述。另外本文中並不與老子「道」的另一大詮釋系統——「客觀實有形態」作一釐判與比較，此乃本文暫不處理的課題，只就「客觀實有形態」的詮釋系統內容做一概述。

　　環境倫理思想專書部份，西方環境倫理思想部份是以三大思想——「人類中心倫理」（Anthropocentric ethics）、「生命中心倫理」（Biocentric Ethics）及「生態中心倫理」（Ecocentric Ethics）為研究範圍與材料。「人類中心倫理」部分，將介紹「強烈人類中心倫理」（strong anthropocentrism）與「微弱人類中心倫理」（weak anthropocentrism）兩種思想；「生命中心倫理」部分，以泰勒（Paul W. Taylor）的「尊重自然」（Respect for Nature）環境倫理思想為主要研究對象；「生態中心倫理」部分以挪威哲學家阿倫・奈斯（Arne Naess）的「深層生態學」（deep ecology）為主要研究對象。老子環境倫理思想部分以王弼《王弼集校釋》以及牟宗三先生《中國哲學十九講》、《才性與玄理》為闡述主軸，重要研究材料還有王邦雄先生《老子的哲學》、馮滬祥先生《環境倫理學——中西環保哲學比較研究》、莊慶信先生《中西環境哲學——一個整合的進路》、葉海煙先生《中國哲學的倫理觀》、王澤應先生《自然與道德——道家倫理道德精粹》等臺灣及大陸學者所撰寫之文章。另本文在撰寫環境倫理思想時，不處理的課題是：不做老子環境倫理思想與西方環境倫理思想的比較。因為將東、西方環境倫理思想拿出來做比較的，是屬於比較哲學探討的範疇，而本文的主要研究目的並不在此，而是希望藉由西方環境倫理思想的研究成果，來朗現出老子文本中的環境倫理思想，因此在本文中不做老子與西方環境倫理思想之比較，至於老子與西方環境倫理思想之比較，則可做為後續研究之議題。

第三節　研究方法與進路

　　要能充分詮釋古籍文本的義理，運用的研究方法是很重要的基礎，因為運用適當的研究方法，能使文本內容之義理開顯起來，進而使得論文的研究目的能得以達成；善用研究方法的概念，可以避免論文內容鬆散無力，使得論文結構聚焦有力、陳述得體，所以論文的論述效力和選擇的研究方法是有很相當的關係。好的研究方法一定有它對論文研究的貢獻，好的研究方法能

提供不同的詮釋視角，好的研究方法能使整篇論文的研究目的得以達臻，然而研究方法本身並不等於是真理，所以運用研究方法的態度是很重要的，能善用研究方法的概念，而不被研究方法的框框所限，「運用之妙，存乎一心」此乃採用研究方法時所應體會的。本論文在研究方法上採用牟宗三先生之研究方法，以下就牟宗三先生的研究方法加以概述，牟宗三先生在《中國哲學十九講》之〈儒家系統之性格〉中談到，要了解一個系統的性格，有三個標準，他說：

> 有三個標準，一個是文字，一個是邏輯，還有一個是「見」（insight）。我們要了解古人必須通過文字來了解，而古人所用的文字儘管在某些地方不夠清楚，他那文字本身是 ambiguous，但也並不是所有的地方通通都是 ambiguous，那你就不能亂講。另外還有一點要注意的，你即使文字通了，可是如果你的「見」不夠，那你光是懂得文字未必就能真正懂得古人的思想。〔註9〕

牟先生的三個標準——「文字」、「邏輯」和「見」，分別是牟先生詮釋中國哲學的詮釋觀點——「知識」、「思辨」和「感觸」，牟宗三先生：「知識、思辨、感觸三者備而實智開，也正合希臘人視哲學為智慧愛學問之古義，亦合一切聖教之實義。」〔註10〕「知識」、「思辨」和「感觸」可以說是理解中國哲學必備的三個條件。鄭宗義先生撰述之〈知識、思辨與感觸——試從中國哲學研究論牟宗三先生的方法論觀點〉一文，〔註11〕對於牟宗三先生的觀點有充分的詮釋。鄭先生認為牟先生所謂之知識是指「對文獻之掌握」，對於文本的詮釋並非憑空想像、自我杜撰，而是應以文本為詮釋中心，若脫離了文本而自行解釋，則非正確的詮釋方法。所以詮釋老子也應以老子《道德經》為詮釋中心，方東美先生曾說：

> 假使我們要「解老」，我們不應從外在的立場，而應從老子本身的立場來瞭解他。用韓非子的名辭來說，這叫做「解老」。但是我們在前面要再加兩個字，叫做「以老解老」：也就是拿老子的思想本身來解釋他的哲學涵養，這才比較客觀。〔註12〕

〔註9〕 牟宗三，《中國哲學十九講》，臺北：臺灣學生書局，2002，頁70～71。

〔註10〕 牟宗三，《圓善論》，臺北：臺灣學生書局，1985，序言，頁 xv。

〔註11〕 鄭宗義，〈知識、思辨與感觸——試從中國哲學研究論牟宗三先生的方法論觀點〉，《鵝湖學誌》第 18 期，1997.06，頁 25。

〔註12〕 方東美，《原始儒家道家哲學》，臺北：黎明文化公司，1983，頁 200。

「以老解老」的詮釋基礎，則在於「對文獻之掌握」，而「對文獻之掌握」需包含文獻學和發生學的方法。文獻學的方法包含章句訓詁、斠讎勘訂、版本考證與比較等基本研究，而發生學的方法則是重點在思想基源的釐清與考察，目的則在發現文本義理內容與社會條件、歷史背景之間的影響，而不是站在文本外圍看文本。本文先以《道德經》各篇章的章句進行分析與了解，參酌歷年《道德經》重要之版本及注釋，並掌握《道德經》撰寫的歷史背景乃針對「周文疲弊」而發，根據以上方法，期能做好詮釋文本的第一步驟：對文獻充分的掌握。

對於文獻有充分的掌握後，接下來則應進行邏輯思辨方面的推論，就西方哲學的概念就是歸納法與演繹法，透過歸納法與演繹法能對文本字句章節、篇章結構、文本脈絡有所疏通，能釐清出文本表面上的矛盾，使得文本能有環環相扣的整體義理。牟先生所提到的是一個「簡別的工夫」，〔註13〕「簡別的工夫」要處理的不只是考據的問題，而是能對文本義理系統化的認識，以達致文本義理的整體性和一致性，如方東美先生所說：「中國哲學在方法上，不管建立在那一套思想系統，態度總是要求其博大精深，換而言之，總是要把多元對立的系統化成完整的一體。」〔註14〕透過如此的工夫，能對文本義理有一致性、整體性的貫通，以達統宗會元之效。

透過文獻學與邏輯方法上的基礎，所開展出的是牟先生第三個詮釋觀點「見」或「感觸」，此乃整篇論文最難之處也是最重要之處，因為一篇論文的貢獻就是能對研究議題有所個人之「見」，若沒有一點點的個人之「見」，則這篇論文的價值是會被質疑的。要能有所「見」和「感觸」，則應努力讓自我與文本有所生命智慧上的契合，即是能感同身受、用心體悟出文本中的深層義蘊，可說是對文本進行一種「創造性詮釋」，袁保新先生提到：

> 所謂「創造性詮釋」，並不是贊成「各說各話」的詮釋行為。相反的，「創造性詮釋」懷疑任何不經批判的、輕率的詮釋行為，一如它懷疑某人宣稱他已發現了老子本來面目一樣。前者使學術研究的客觀性成為不可能，後者則使學術研究的發展成為不可能，其結果都是造成學術生命的窒礙。因此，「創造性詮釋」為了區別「輕率任意」的詮釋行為，其詮釋方法與假定的建立，首先必須尊重各種學術史

〔註13〕 牟宗三，《中國哲學十九講》，臺北：臺灣學生書局，2002，頁 403～404。
〔註14〕 方東美，《原始儒家道家哲學》，臺北：黎明文化公司，1983，頁 26～27。

上具有客觀性的資料與研究成果，並且經由這些註釋成果的反省批判，慎重地加以選擇，務必使自己的方法與假定要爲周延有效。也就是說，「創造性的詮釋」必須透過已建立的詮釋系統的批判反省，將其方法與假定提昇到歷史的客觀性層次，以有別於純粹主觀的臆測。〔註15〕

「創造性詮釋」並不是不經批判、輕率任意的詮釋行爲，需懂得拿捏分寸、進守得宜，不是各說各話，需要謹愼詮釋在學術史上已被肯認的研究成果，並回歸到詮釋的原典本身，然後再適當的闡述個人之所見，傅偉勳先生也提到：「創造的詮釋學雖然重視詮釋的創造性，但絕不做主觀任意的層次跳躍；雖不承認有所謂詮釋的絕對客觀性，卻十分強調相互主體性的詮釋強度和強制性。」〔註16〕所以本文的研究方法即是依據牟先生詮釋的三個標準——「文字」、「邏輯」和「見」，首先應對文獻有充分的掌握，然後則應進行邏輯思辨上的推論，並能愼重選擇學術史上已具有客觀性的研究成果，依據前賢努力的軌跡避免過度主觀性的衍義，繼而結合當代議題做出有主體強度的創造性詮釋，讓文本能重新活出新的生命來，是本文撰述的目的所在，也是本文寫作所需努力所在。

　　本文依據牟先生的研究方法，首先將老子《道德經》文本、《老子》義理詮釋及環境倫理思想等專書，進行文本的充分研讀及瞭解，盡量做到讓文本能充分說話，瞭解文本原來的面貌，也就是對文獻的充分掌握。對文獻充分掌握後，則進行邏輯思辨方面的推論，對於老子《道德經》文本、《老子》義理詮釋及環境倫理思想等專書有義理衝突或矛盾時，能透過語意澄清及脈絡分析解消前後文表面的邏輯矛盾，使文本本身在思想上是一致和諧的整體，這就是牟先生所說的「簡別的工夫」。最後一個階段即是要有所「見」，本文是以老子《道德經》文本、王弼注老子之通行本爲研究主軸，以西方環境倫理思想中的三大思想——「人類中心倫理」、「生命中心倫理」、「生態中心倫理」作爲理解環境倫理思想的基礎，加上牟宗三先生的「主觀境界形態」爲詮釋依歸，企圖達臻有主體強度的「創造性詮釋」，以開顯出老子文本中的環境倫理思想，和老子文本中的環境倫理思想實踐工夫，並讓老子環境倫理思想與西方環境倫理思想有所呼應和交流，期能爲當代環境倫理思想提供更深

〔註15〕袁保新，《老子哲學之詮釋與重建》，臺北：文津出版社，1997，頁62。
〔註16〕傅偉勳，《從創造的詮釋學到大乘佛學》，臺北：東大圖書公司，1990，頁45。

遠遼闊的視角。本文分成六章論述，依序為導論、西方環境倫理思想、老子「道」的詮釋、老子「道」的環境倫理思想、老子環境倫理思想之實踐工夫以及結論，此乃本文之研究進路。

第二章　西方環境倫理思想

第一節　人類中心倫理

一、人類中心倫理的起源與含義

　　人類環境倫理信念的演進，自人類中心倫理（Anthropocentric ethics），然後逐漸擴展至生命中心倫理（Biocentric Ethics）和生態中心倫理（Ecocentric ethics）。〔註1〕人類中心倫理（Anthropocentric ethics）認爲人類比其他生物優越，人類是萬物的主人，人類比其他生物更具有價值，人類中心倫理的思想起源，受到西方三大思想的影響，其一：是古希臘的哲學，其二：是笛卡兒的思想，其三：是傳統基督教教義。〔註2〕古希臘哲學思想認爲人與動物的差別就在於「理性」，遠在兩千多年前，古希臘智者普羅達哥拉斯（Protagoras, 481～411 B. C）說：「人是萬物的尺度。」（human being is the measure of all things）〔註3〕普羅達哥拉斯認爲我們每個人都是存在與不存在的尺度。爲何人類能成爲萬物的尺度，不管是存在者或是不存在者都是依據人類的尺度？因爲古希

〔註1〕楊冠政，〈環境倫理學說概述（一）人類環境倫理信念的演進〉，《環境教育季刊》第 28 期，1996a，頁 7。

〔註2〕參 Paul W. Taylor, Respect for Nature：A Theory of Environmental Ethics, Princeton University Press, 1986, p.135.

〔註3〕Plato, Plato's Theaetetus, translated and with commentary by Seth Benardet, Chicago :University of Chicago Press, 1986, I.25. 柏拉圖（Plato）著，王曉朝譯，《柏拉圖全集》卷三，臺北：左岸文化出版，2003，頁 29。

臘哲學思想認爲人類有理性。亞里斯多德（Aristotle）更把人類界定爲「有理性的動物」，理性是人類獨特的能力，其他動植物沒有，人類正因爲藉由理性的選擇和實踐，才能尋求到幸福，所以動植物的存在其實都是爲了人類。

笛卡兒（Rene Descartes, 1596～1650）的「心物二元論」（mind-body dualism）思想中，他認爲人類是比動植物更爲高級的存在物，因爲人不只有軀體，更具有不滅的靈魂，而其他的動植物卻只有軀體。動物只是體積、重量、形狀等物質的屬性，牠和無生命的客體並無二樣，植物更是如此。笛卡兒認爲動物沒有靈魂，也沒有語言和思考，更感覺不到痛苦，所以他認爲動物只是由零件組成的機器（Animals are Machines），因而人類對於這些動物是不用盡任何義務的，除非牠們有影響到人類自身的利益。〔註4〕

中世紀著名的神學家和哲學家阿奎那（S. T. Aquinas, 1225～1274）認爲除了上帝之外，人是最完美的存在物，上帝給予其他動物神恩其實是爲了人類，而不是爲了動物本身，動物的存在只是爲了服務人類，所以人類可以主宰其他的動植物，雖然《聖經》中也要求人們要去關心動物和其他存在物，然而這種關心也不是爲了動物本身，而是害怕當人對待動物的殘酷行爲，將會助長其他人類的殘酷行爲，所以也是爲了人類自身。〔註5〕《聖經》〈詩篇〉第八章：「……，你造他僅低於你自己；你用光榮、尊貴作他的華冠。你讓他管理所有的被造物，把一切都放在他的腳下；牛、羊、荒野的走獸、空中的飛鳥、江河的魚類、海洋的生物，都歸他管轄。」依《聖經》記載，萬能的上帝創造了地球上的一切，然後按照自己的形象用泥巴塑造了亞當，而後又塑造了夏娃陪伴亞當，亞當又替所有動物命名，因而塑造了人類主宰萬物的管理地位，牛、羊、走獸、飛鳥、魚類等一切均歸人類管轄，而且是放於人類的腳下，所以基督教會被認爲是人類中心倫理的思想。

瞭解了人類中心倫理的起源後，現就人類中心倫理的含義陳述如下：

「以人類中心的」（anthropocentric）源自希臘文，由 anthropos（人類）和 kentron（中心）所組成。（1）指一切堅持人是世界中心和最終目的觀點。（2）認爲人的價值是世界運轉的中心，而世界順勢支

〔註4〕 Descartes R. Animals Are Machines. In: Richard G. Botzler and Susan J. Armstrong, Environmental Ethics：Divergence and Convergence, Boston: Mc Graw-Hill Inc, 1993, pp.281～285. 參雷毅,《深層生態學思想研究》,北京：清華大學出版社, 2001,頁 17。

〔註5〕 參雷毅,《深層生態學思想研究》,北京：清華大學出版社,2001,頁 16。

持人的價值的觀點。〔註6〕

《哲學大辭典》對人類中心倫理是這樣解釋的：人類中心倫理，是以人類為事物的中心的理論。其含義伴隨著人類對自身在宇宙中的地位的思考而產生並不斷變化發展。人類中心倫理的含義大致有：

（1）人是宇宙的中心，即人類在空間範圍的意義上處於宇宙中心，是從「地球中心論」的科學假說中邏輯地推導出來的一種觀念。

（2）人是宇宙中一切事物的目的，即人類在「目的」的意義上處於宇宙的中心。

（3）按照人類的價值觀解釋或評價宇宙間的所有事物，即在「價值」的意義上，一切從人的利益和價值出發，以人為根本尺度去評價和對待其他所有事物。〔註7〕

綜上所述，「人類中心倫理」的含義：認為人是萬物的尺度、是自然的主宰，是自然中唯一具有內在價值的存在物，自然萬物和人類之間無倫理關係只有工具價值，地球上一切事物存在的目的，均以人類的利益為最高目標。

1984 年極力反對「非人類中心倫理」（non-anthropocentrism）美國的環境倫理學家諾頓（Bryan G. Norton）曾提出「人類中心倫理」可分為「強烈人類中心倫理」（strong anthropocentrism）與「微弱人類中心倫理」（weak anthropocentrism）兩類。〔註8〕

諾頓把人類的偏好區分為「感性偏好」（felt preference）和「理性偏好」（considered preference）。「強烈人類中心倫理」的價值思想，是指個人「感性偏好」所滿意且被允許的價值思想，是較未經過理智思考而表現出來的欲望，是較憑感覺的，它在乎的是人的欲望偏好是否可以獲得滿足，不在乎這些欲望偏好是否應該、是否真正需要，因著「感性偏好」的強烈欲望，人類就會將大自然當成可以予取予求的倉庫資源，認為人類可以充分宰制大自然。強烈人類中心倫理認為，人類優越於其他生物，動植物只具有工具價值，其餘

〔註6〕 Angeles R. A. The Harper Collins Dictionary of Philosophy, Harper Collins Publishers Limited, 1992. 段德智、尹大貽、金常政譯，《哲學辭典》，臺北：貓頭鷹出版社，1999，頁 24。

〔註7〕 《哲學大辭典》編輯委員會編，《哲學大辭典》，上海：上海辭書出版社，2001，頁 1176。

〔註8〕 Bryan G. Norton, Environmental Ethics and Weak Anthropocentrism, Environmental Ethics 6, summer 1984, p.134. 轉引自莊慶信，《中西環境哲學——一個整合的進路》，臺北：五南圖書出版公司，2002，頁 193。

沒有任何價值存在，因而人類可以爲了滿足自己的任何需要而滅絕任何自然存在物，只要如此做並沒有損害到其他人類的利益就好。甚至認爲如果地球上只剩下最後一個人了，那麼，哪怕他在死亡時把地球爆炸了，他的行爲也可稱是道德的。把人類的任何欲望偏好都當爲價值思想的中心，不管是否合乎理性思維，都希望藉由掠奪生態環境資產，來無限滿足人類無底洞的欲望世界，如此自我中心、這般欲望縱容的思想主張，諾頓認爲這種主張人的所有感性偏好都應得到滿足的價值思想，就是一種強烈人類中心倫理。

「微弱人類中心倫理」的價值思想，是指個人以「理性偏好」取代了「感性偏好」的價值思想。理性偏好是經過一系列審慎的理智思考後，所表達出來的欲望或需要，是以可靠的科學理論、形而上學、審美概念及理性道德所判斷出來的選擇，它不是以人類的欲望需要作爲行爲依歸，而是以理性思維來作爲滿足適當欲望的判別基礎。「微弱人類中心倫理」認爲對於人類的「感性偏好」缺乏必要的反思和限制是不合理的，而是應以「理性偏好」的價值思想，對於人類自身欲望需求提出合理的批判反思，如此面對生態環境的豐富資源，才不會像「強烈人類中心倫理」無肆的侵略自然、毀壞環境來滿足人類不理智的欲望偏好。

諾頓提出，人類應該充分思考經由「強烈人類中心倫理」——「感性偏好」所做的掠奪自然行爲，是否正確、是否應該限制以及是否應以「微弱人類中心倫理」——「理性偏好」的價值思想取而代之，因爲「微弱人類中心倫理」——「理性偏好」的價值思想，是以理性的思維來面對自然資源。「微弱人類中心倫理」雖然承認人類的優越性，但也承認其他生物是地球生物圈的成員，這一事實本身就讓我們有義務從道德上去關心它們，我們與它們之間的關係具有一定的倫理義蘊，生態環境滿足了人類適當的欲望需求後，人類也應好好維護生態環境的資源，因爲人類若希望生態環境好好對待他們，則人類就應好好對待生態環境。「微弱人類中心倫理」的主張，可以用「貴族與臣民」的關係模式來理解人類與其他生物之間的關係，要求其他生物的臣民任務是——盡心盡力的保護人類這一貴族的生存，而人類這一貴族爲了自身的生存，則應負起責任保護其他生物的臣民。「強烈人類中心倫理」的主張，則可用「貴族與僕人」的關係模式來理解人類與其他生物之間的關係，認爲人類優越於其他生物，其他生物是人類的財產，人類是其他生物的主人以及其他生物只有工具性的價值。〔註9〕

〔註9〕參楊通進，《走向深層的環保》，成都：四川人民出版社，2000，頁56～59；

二、強烈人類中心倫理的思想

　　1984 年諾頓提出「人類中心倫理」分爲「強烈人類中心倫理」與「微弱人類中心倫理」兩類，依諾頓提出「人類中心倫理」分類的年代推論，「微弱人類中心倫理」思想也應有受到「生命中心倫理」及「生態中心倫理」思想的影響。〔註10〕「微弱人類中心倫理」思想，「微弱人類中心倫理」可說是「強烈人類中心倫理」思想的修正版本，因而本文認爲「強烈人類中心倫理」較能代表人類中心倫理的原始思想風貌，爲了突顯西方環境倫理思想三大思想有各自思想的特色及差異性，所以本節的「人類中心倫理」思想，是從「強烈人類中心倫理」視角出發的，〔註11〕現就「強烈人類中心倫理」的環境倫理思想：「人類優越於自然萬物」、「人類爲自然萬物的主人」及「非人類只有工具性價值」等思想陳述如下：

（一）人類優越於自然萬物

　　笛卡兒對於外在宇宙，完全採用機械論的看法，排除任何目的因的存在。而依據量化機械論觀點，笛氏認爲物體只是一種空間的量，或者是一種原子而具有擴延性質罷了，並無任何的思維意識，因爲思維意識只歸屬於心界，而不是物界，所以笛卡兒進一步把動物看成自動機器（automaton），甚至連亞里斯多德所曾賦與動物的所謂「感覺靈魂」也排除掉了，完全抹殺了動物生命存在的意義。〔註12〕

　　阿奎納認爲一切事物的卓越性在於理性，他認爲地球上只有人類有智力，而擁有智力越高者就愈有其卓越性，上帝創造了宇宙萬物，而人類是上

　　莊慶信，《中西環境哲學——一個整合的進路》，臺北：五南圖書出版公司，2002，頁 193～195。

〔註10〕「生命中心倫理」思想：1973 年辛格提出「動物解放」運動，1983 年李根主張「動物權」思想，1915 年史懷哲提出「尊重生命」思想。「生態中心倫理」思想：李奧波《沙郡年記》一書於 1949 年出版，1973 年奈斯提出「深層生態學」思想。1984 年諾頓提出「人類中心倫理」的分類年代，本文合理推論「微弱人類中心倫理」思想應有受到「生命中心倫理」及「生態中心倫理」思想的影響。

〔註11〕承上文所述，本文爲了突顯西方環境倫理思想的三大思想，有其各自思想的特色及差異性，所以在本文的第四章及第五章中有關於「人類中心倫理」的論述，均是論述「強烈人類中心倫理」的思想，「微弱人類中心倫理」的思想，則不再是論述之內容，特加此註腳說明之。

〔註12〕參傅偉勳，《西洋哲學史》，臺北：三民書局，2002，頁 274～276。

帝的代理管理者，因此萬物都應接受具有理性的人類所支配。〔註13〕貝瑞
（Thomas Berry）和克拉克（Thomas Clarke）在"Befriending the Earth"一書中，
也將「人類中心倫理」陳述爲「把人類看成和其他生命及宇宙（對立地）分
開且超越在其上，或是高於其他關懷的觀點。」〔註14〕「強烈人類中心倫理」
視萬物爲沒有生命的機械一般，所以會傷害了動植物，也覺得沒有什麼責任
需要擔負；認爲人類比其他動植物更爲優越，因爲人類不只有軀體，而更具
有不滅的靈魂，所以覺得所有生物應都歸他管轄；主張人類是地球上唯一有
理性和智力的，因而比其他物種卓越，其他物種活著只是爲了服務卓越的人
類罷了，其他並沒有剩餘價值。

（二）人類爲自然萬物的主人

「強烈人類中心倫理」深信的論點之一，即是主張人類不但是自然萬物
的主人，而且也是所有者及管理者，認爲人類是萬物的主人，所以人類之外
的物種都是人類的僕人、是人類的財產、也是人類負責管理的被管理者，古
希臘哲人亞里斯多德曾說：

> 植物的存在就是爲了動物的降生，其他一些動物又是爲了人類而生
> 存，馴養動物是爲了便於使用和作爲人們的食品，野生動物，雖非
> 全部，但其絕大部分都是作爲人的美味，爲人們提供衣物以及各類
> 器具而存在。如若自然不造殘缺不全之物，不作徒勞無益之事，那
> 麼它是爲著人類而非爲了所有動物。〔註15〕

亞里斯多德指出自然存在的目的，只是爲了人類而已，其餘並沒有什麼存在
的目的，植物爲了動物而存在，動物爲了人類而存在，大自然並不會毫無目
的創造動植物，唯一理由及目的即是爲了人類而創造。所以說動物身上的皮
毛，是爲了人類拿來縫製衣服禦寒的；牛、豬、羊吃草長大，只是爲了提供
食物來塡飽人類的肚子；樹木吸收養分成長茁壯，也是爲了提供材料來讓人

〔註13〕 參楊冠政，〈環境倫理學說概述（二）人類中心倫理〉，《環境教育季刊》第28
期，1996b，頁36。

〔註14〕 Thomas Berry, CP. and Thomas Clark, SJ. Befriending the Earth：A Theology of
Reconciliation between Humans and the Earth, Mystic, Connecticut：Twenty-Third
Publications, 1991, p.149. 轉引自莊慶信，《中西環境哲學——一個整合的進
路》，臺北：五南圖書出版公司，2002，頁185～186。

〔註15〕 苗力田主編，《亞里士多德全集》第九卷，北京：中國人民大學出版社，1994，
頁17。

類搭架遮風蔽雨的房子，亞氏在此以人類為主體的觀點是很強烈的，動植物自身存在的價值在此是看不到的。

1967 年，林恩‧懷特（Lynn White）發表了一篇頗具影響力的文章：〈生態危機的歷史根源〉，文中指陳猶太基督教是最具人類中心主義思想的宗教，懷特提到在《聖經》的〈創世記〉中一段文字：「上帝照自己的形象創造了人。上帝賜福他們說：你們要生養許多兒女，使你們後代遍滿全世界，控制大地。我要你們管理魚類、鳥類和所有動物。」懷特認為從《聖經》的文字脈絡中，可以清晰知道人類是萬物的主人及所有者，因為上帝按照自己的形象創造了人類，讓人類有了神的靈魂，希望透過人類來管理萬物、治理世界，因而人類的地位在於萬物之上，上帝創造萬物是完全為了人的利益，自然萬物除了為了人類存在外，別無其他目的，因此懷特認為《聖經》雖然將人類是萬物的主人地位確認了，但也把人類與自然隔離了。〔註16〕

如米夏埃爾‧蘭德曼（Michael Landmann）所說：「正如宗教世界觀使上帝成為世界的君主一樣，在上帝的特別關懷下，它使人成了地球上的主人。宗教世界觀不僅是神中心論的，也是人類中心論的。」〔註17〕基督教思想的影響力是深遠的，如此的人類中心想法，深深的影響到人類對環境的態度，而這樣的思想是值得去省思的。

（三）非人類只有工具性價值

1974 年巴克斯特（Baxter）說：「簡言之，我對於環境問題，將以人們取向為我的標準。我對於為企鵝本身的緣故而保護企鵝，沒有興趣。」〔註18〕巴克斯特認為單純只為了企鵝本身而去保護企鵝，並沒有什麼意義，因為他是以人類利益（human interests）為取向，只有關於人類利益的，他才會有所興趣，可說是典型的「強烈人類中心倫理」想法。阿姆斯特郎等認為人類中心倫理的哲學觀點就是倫理原則只能應用於人類，而且人類的利益和需要具有

〔註16〕Lynn White, 1967. The Historical Roots of Our Ecological Crisis. In: Donald VanDeVeer and Christine Pierce. The Environmental Ethics and Policy Book, Wadsworth Publishing Co.1994. 參楊冠政，〈環境倫理學說概述（二）人類中心倫理〉，《環境教育季刊》第 28 期，1996b，頁 36～37。

〔註17〕米夏埃爾‧蘭德曼（Michael Landmann）著，張樂天譯，《哲學人類學》，上海：上海譯文出版社，1988，頁 81。

〔註18〕William F. Baxter, People or penguins: the case for optimal pollution, New York：Columbia University Press, 1974, pp.410～411. 譯文參見莊慶信，《中西環境哲學──一個整合的進路》，臺北：五南圖書出版公司，2002，頁 197。

最高的價值和重要性，因此對非人類的道德關切只限於對人類有價值的實體。
〔註19〕「強烈人類中心倫理」的思想之一，即是主張非人類只有工具性價值，當對人類有所利益的，才具有工具價值，若對人類沒有任何利益者，則就根本不值得關切，一切以人類的利益為起點，終點也落在於人類的利益上。

　　馬修斯（Eric Mathews）主張人類在自然界中是一獨特的地位，理由有三：第一，因人有自我意識（self-consciousness）有理性，而自然沒有；第二，因為人（的意志）能夠選擇；第三，由於自然及其一切無法使自身有任何價值，只有合乎人類的需要、目的、利益時，才有價值，換言之，大自然的價值是人給的，大自然只有工具價值，而無本身價值。〔註20〕馬修斯認為人類是地球上唯一有自我意識的動物，而其他的非人類則沒有自我意識，因為沒有自我意識所以就無法成為道德的主體。而人類有自我意識，所以人類在自然界中是佔有特殊位置的，那些沒有自我意識的非人類，只有在符合有自我意識人類的利益時，才會變得有價值，而這價值是工具價值，而不是內在價值，如哈格羅（Hargrove）所說：「所有的人類中心倫理的價值均是工具價值，亦即，有價值是因為對人類有利益。」〔註21〕「強烈人類中心倫理」主張非人類沒有其存有價值，乃因為認為人類可以為自然立法，且生態環境的資源無窮無盡的，因而並沒有肯認其存有價值，如王利軍先生提到人類中心倫理的核心觀念時，歸納為下列兩個方面：

> 第一，不完全的價值觀。傳統的文化價值觀只承認人具有價值屬性，拒絕承認自然價值。其理由是：首先，環境與自然資源是遍在的和無限的，不具有稀缺的屬性；其次，環境質量不是勞動產品，它本身沒有經濟價值，人類對它的使用是大自然的恩賜；再次，環境和自然資源無主人，可以誰採誰用。
> 第二，不完善的道德觀。傳統道德觀認為惟有人才是目的，因而只有人才能獲得道德權利和道德待遇，主張人類根據自身的利

〔註19〕 Richard G. Botzler and Susan J. Armstrong, Environmental Ethics: Divergence and Convergence, Boston: McGraw-Hill Inc, 1993. 參楊冠政，〈環境倫理學說概述（二）人類中心倫理〉，《環境教育季刊》第 28 期，1996b，頁 36。

〔註20〕 見莊慶信，《中國哲學家的大地觀》，臺北：師大書苑，1995，頁 285。

〔註21〕 Eugene C. Hargrove, Foundations of Environmental Ethics, Denton, TX Environmental Ethics Books, 1996, p.124. 譯文參見莊慶信，《中西環境哲學 —— 一個整合的進路》，臺北：五南圖書出版公司，2002，頁 201。

> 益和好惡來處置自然。康德是使這一道德觀在理論上達到完
> 善的思想家。他指出「人是目的」,「人為自然立法」,認為人
> 類文明的進步必須建立在自然的服從之上,必定要以自然價
> 值的支付為代價。〔註22〕

康德認為人類本身就是目的,人類應受到道德關懷,動物因為沒有自我意識,
所以我們對動物不須負任何直接的義務,康德說:「就動物而言,我們不負有
任何直接的義務。動物不具有自我意識,僅僅是實現外在目的的工具。這個
目的就是人。動物本性類似於人的本性,我們可以通過對動物的義務來證明
我們的本性,表達對人的間接的義務。」〔註23〕非人類只具有工具價值,非
人類不應受到人類獨享的道德權利,這種不完全的價值觀及不完善的道德
觀,形成了「強烈人類中心倫理」的思想。

三、強烈人類中心倫理的省思

「強烈人類中心倫理」認為動植物的生存只是為了人類的利益,主張只
有人類具有理性及意識,因而優越於其他非人類,所以萬物是人類的財產,
歸屬於人類所使用。人類這種主宰自然、征服自然及追求享樂欲望的結果,
將自我思想陷入了「庸俗的享樂主義」的泥淖中,大陸學者盧風先生提到:

> 對自然採取征服者的態度還與文藝復興以後人類思維逐漸由人道主
> 義(指人文主義)擴張為人類中心倫理有關。……但若把人類對俗
> 世享樂的追求強化到唯一合理的價值目標的地步,便導致庸俗的享
> 樂主義,這種享樂主義再加上人類理性至上論的支撐,就使得人道
> 主義轉化為人類中心倫理。〔註24〕

人類以自然萬物的主人自居,因著個人物欲的貪婪,視其他的非人類都只是
自我財產罷了,貪婪的享樂主義,造就了「強烈人類中心倫理」,其實「強烈
人類中心倫理」的問題根源之一,即是我們未曾將人類視為一種物種,也未

〔註22〕 王利軍,〈人類中心倫理的哲學反思〉,《河北學刊》,第 23 卷第 3 期,2003.05,
頁 82~83。

〔註23〕 Kant I. Duties to Animals. In: Richard G. Botzler and Susan J. Armstrong,
Environmental Ethics: Divergence and Convergence, Boston: McGraw-Hill Inc,
1993, pp.285~286. 譯文參見雷毅,《深層生態學思想研究》,北京:清華大學
出版社,2001,頁 18。

〔註24〕 盧風,〈主客二分與人類中心倫理〉,《哲學與文化》第 22 卷第 4 期,1995.04,
頁 338。

曾將人類視爲整體生態圈中的一種物種，環境哲學專家貝瑞論及人類中心倫理的根源時提到：「人類中心倫理大抵由於我們未能把我們當物種來思考。我們把我們當國家來談論，我們把我們當族群、文化、語言或經濟集團來談論，我們很少把自己視爲物種中的物種。」〔註 25〕正因爲我們不把自己當做視爲物種中的物種，不會覺得自己是整體生態圈的一部分而已，所以會不斷的膨脹自我把自己當作是國家或集團來談論，視爲人類是萬物的主宰者，楊通進先生在《走向深層的環保》一書中提到「狹隘的人類中心倫理」（本文稱爲強烈人類中心倫理）的主要特徵：

1、集團利己主義：爲了一個特定的團體、部門、地區或國家的特殊利益而不惜破壞一個國家的全體人民或全人類共同享有的環境。

2、代際利己主義：只考慮當代人的利益而不考慮後代人的利益。

3、人類主宰論：把人與自然對立起來，把人理解爲大自然中惟一具有內在價值的存在物，把人之外的自然物都視爲需要人去加以征服和控制、需要向人臣服的異己的存在。

4、粗鄙的物質主義和庸俗的消費主義：把滿足人的欲望視爲生活的目標，把生活的意義壓縮成單向度的外在物質追求，把「我消費，所以我存在」理解爲人生的格言。

5、無限進步論與發展至上論：無視生態系統承載力的有限性，以爲人類的歷史可以沿著一個單線上升的階梯永無止境地進步，而進步就等於經濟的發展，經濟的發展就等於經濟規模的不斷擴展和物質產品的累積。

6、科學萬能論與盲目的樂觀主義：以爲科學和技術的進步能夠解決人類所面臨的一切與生存有關的問題；科學進步許諾給人類的千年至福王國使人們認識不到擺在他們面前的巨大危機。〔註 26〕

人類自以爲是萬物之靈，認爲可以主宰自然、控制萬物，而把人類與自然嚴重的對立起來，許多行爲只爲了滿足人類的物質欲望，而傷害動植物也破壞環境，甚至只考慮現今的利益，卻犧牲了下一代的幸福，如馮滬祥先生所說：

〔註 25〕Thomas Berry, The Dream of the Earth, San Francisco: Sierra Club Books, 1988, P.21. 譯文參見莊慶信，《中西環境哲學 —— 一個整合的進路》，臺北：五南圖書出版公司，2002，頁 185。

〔註 26〕楊通進，《走向深層的環保》，成都：四川人民出版社，2000，頁 55。

換句話說，若從整體或長遠眼光而看，則天下沒有那一件事情是絕對的，其中的得失禍福往往都是相對的，有得必有失，有福也必有禍。在生態保育中，有句重要名言，即是「天下沒有白吃的午餐」，代表一個人看似白吃了午餐，其實以後必會付出重大代價。同樣情形，人類表面看似征服自然，可以任意利用萬物，甚至役使自然，但長期破壞的結果，必定會帶來無數的副作用與後遺症，形成自然的全面大反擊，以致原先看似為「福」的，其實隱含了不少「禍」！〔註27〕

為了經濟的發展，人類不斷的設立工廠和研究新的科技，只為了讓人類過得更好的日子，以為科技的發展能解決人類生存的問題，孰不知科技的發展往往也是造成生態危機的原因，賴錫三先生提到：

> 西方「現代式的生態危機」最主要是由現代式的科技所逼成的，而現代式科技之所以會造就出生態危機，從思想的角度來考察，主要的原因是在於：科技思維預取了一種人類中心主義的宰制思想，並將萬物當成在主體之外的機械客體一般；例如科技背後是以物理學和數學為基礎，而自近代物理學以來就莫不將自然宇宙當做一部客觀的大機器一般，而人只要能了解掌握其中的力學原理，那麼就等於宣布可以駕御干控這部自然機器；而數學正是他們用來計算這部機器的力學原理之利器。顯然的，這時的人類好像將自己膨脹成上帝一般而浮出自然宇宙之外，然後利用其理性的計算性思考之力量，完全將自然萬物當作眼前可利用性的資源物而已。他們忽略了自然萬物以其自身而存在的生命價值，而完全以人類自我中心的實用取向將之化約為工具性的存在。〔註28〕

人類的聰明才智研究了其他萬物無法發明的科技技術，也因為這樣的科技成就，更加助長了人類優越至上的觀點，助長了「強烈人類中心倫理」的思想。人類視自然萬物為機器客體，可以為人類控制駕馭，完全忽視自然萬物的存有價值，完全不視自然萬物為一獨立的倫理對象。其實我們不應只以人類的

〔註27〕馮滬祥，《環境倫理學 —— 中西環保哲學比較研究》，臺北：臺灣學生書局，1991，頁259。

〔註28〕賴錫三，〈「當代新道家」與「深層生態學」的形上基礎〉，南華管理學院哲學研究所《揭諦》第2期，1999.07，頁212～213。

角度來看自然萬物，認為自然萬物只有工具價值，而應嘗試從自然萬物的觀點來看它們，如此就會發覺人類並非真的就是最優越的物種，而能懂得尊重自然萬物的生存價值，如生命中心倫理學者泰勒所說：

> 我們不能因為人類有特殊的能力，例如理性思考能力、創造力、意志力，就斷定優於其他生物。許多非人類的物種所具有的能力，是人類所缺乏的。例如鳥類飛翔、蜘蛛結網、虎豹奔行速度、植物的光合作用等等特殊能力是人類無法超越的。因此，比地位的高下優劣，不能以物種獨特的能力（如理性或飛翔能力）為標準。
> 〔註 29〕

所以若要在「人類中心倫理」思想的作一抉擇，則應拋棄掉「強烈人類中心倫理」的觀點，因為我們不能因為人類擁有理性思考能力，就認為其他物種比我們低下，如同泰勒所說的不能以物種獨特的能力，來比較孰優孰劣，而以「微弱人類中心倫理」的觀點來看待萬物，以及德日進先生所說的：「不根據人類，人是無法自己徹底觀察自己的；不依據生命，人是沒有辦法徹底觀察人類的；不憑依宇宙，人是不能徹底觀察生命的。」〔註 30〕我們自身就是人類，所以說要完全不以人類的思維出發，其實是很難的。但我們可以做的是不應只從人類自身的視角出發，也應多從其他萬物的視角著眼，肯認人類自身的價值，但也不否認自然萬物的存有。在消費習慣方面應盡量滿足基本需求就好，少滿足過多奢華的欲望需求，回歸到「理性偏好」的自我要求，也就是「微弱人類中心倫理」的思想，王從恕先生提到：

> 對「人類中心主義」的批評，主要在於「人類中心主義」被認為是生態危機的根源。如本文中所討論，「人類中心主義」被看成一種「不足的」倫理，必須加以反省。尤其是「強化的」人類中心主義認為人類以外的生物，只有在滿足人類的「感覺偏好」（felt preferences，只能滿足個體暫時的特別需求）時才具有價值的理論。也就是人類必須利用大自然來求生存，但人類不該短利近視地濫用大自然的資源，因為正當的使用大自然資源，可以促進人類的生活和文明的進步，但不正當的使用大自然資源，將會破壞人類的生活和文明的進

〔註 29〕莊慶信，《中西環境哲學——一個整合的進路》，臺北：五南圖書出版公司，2002，頁 234。

〔註 30〕德日進著，李貴良譯，《人之現象》，臺北：正中書局，1960，頁 106。

步，產生地球資源耗竭、環境污染和惡化，最將使人類無法繼續生存的危機。近年來「人類中心主義」學者已意識到對環境的破壞，將危及人類自身的生存，並且致力於維護「生態系統」或「生命支持系統」的穩定和平衡。例如，Bryan G. Norton 和 Winiam H. Murdy 所提出「弱化的」人類中心主義。〔註31〕

「微弱人類中心倫理」所主張「理性偏好」的價值思想，不以人類的太多欲望需要作為消費依歸，而是以理性思維來作為滿足基本欲望的判別基礎，為了基本生存人類可以運用生態環境的適當資源，但是不可以得寸進尺而加以揮霍浪費。「微弱人類中心倫理」除了重視人類自身的利益外，也肯認了自然萬物的生存權利，微弱人類中心學者墨帝就認為我們應尊重生物，並且賦予牠們價值，因為如此將有助於生態圈的穩定及人類福祉的增進。墨帝認為自然萬物對人類來說都具有工具性價值，例如海洋中的浮游植物因為可以提供地球空氣中的氧氣，因而對於我們人類來說是具有高度價值的，對於整個生態系來說，牠們亦是海洋食物鏈中重要的一環。因此，我們必須尊重牠們的存在。「微弱人類中心倫理」的立場基本上認為人類應保護環境，有時甚至容許大自然內在價值的存在，但是關懷自然的重心卻是人的福利或經濟價值，如此的思想主張，稱之為「微弱人類中心倫理」。〔註32〕

「微弱人類中心倫理」雖然比「強烈人類中心倫理」，在物質欲望的滿足上較懂得自我節制，也認為人類之外的自然萬物也有其生存的權利，但是「微弱人類中心倫理」的思想仍有其不足之處，因為其環境倫理思想仍是以「人類」為出發，以「人類的利益」為重心，其環境倫理關懷的廣度及深度是不足於「生命中心倫理」與「生態中心倫理」的。所以本文在環境倫理思想的抉擇上，認為應捨棄「強烈人類中心倫理」，〔註33〕而採取「生命中心倫理」與「生態中心倫理」的環境倫理思想。因為「生命中心倫理」與「生態中心倫理」的思想，並不排斥滿足人類的基本需求，只是不再以「人類利益」為

〔註31〕王從恕，《環境倫理思想研究》，臺北：臺灣師範大學科學教育研究所博士論文，2001，頁 196～197。

〔註32〕參楊冠政，〈環境倫理學說概述（二）人類中心主義〉，《環境教育季刊》第 28 期，1996b，頁 43。

〔註33〕參註釋 11，本文為了突顯西方環境倫理思想的三大思想，有其各自思想的特色及差異性，本文自此處起，有關於「人類中心倫理」的論述，均是論述「強烈人類中心倫理」的思想，「微弱人類中心倫理」的思想，則不再是論述之內容。

出發點，而是將其環境倫理關懷層面加以加深加廣，認為生物和非生物都有其天賦價值或內在價值，人類與萬物的地位是平等的，生物圈中的所有物也都擁有自我實現的權利，生態圈的生物如此則能維持其多樣性及豐富性，整體生物圈也能朝向整體穩定、和諧永續的狀態發展。本文題目為「老子環境倫理思想」，老子的環境倫理思想，除了有其老子本身獨特的環境倫理思想外，在西方環境倫理思想中，對於「生命中心倫理」與「生態中心倫理」的思想是較有所呼應的，與「強烈人類中心倫理」則是較無其會通之處，本文將在第四章及第五章加以論述之。

第二節　生命中心倫理──泰勒的環境倫理思想

一、生命中心倫理概述

　　生命中心倫理（Biocentric Ethics）乃是對於強烈人類中心思想的反動，它不再認為人類是地球上唯一最優越的物種，也不再以片面的人類中心觀點，來思考基本道德權利問題，所以生命中心倫理學說的貢獻，乃是將倫理對象由人類擴充到所有生物，倫理思考的範疇變得更加廣闊，生命中心倫理學者有辛格（Peter Singer）、李根（Tom Regan）、史懷哲（Albert Schweitzer）和泰勒（Paul Taylor）。

　　1973 年澳洲學者辛格（Peter Singer）從效益論的觀點出發，提出「動物解放」（Animal Liberation）運動，辛格認為快樂就是善，痛苦就是惡，有倫理道德的人不應讓動物感到痛苦，而應給動物「平等原理」（principle of equality）的道德考量，他認為物種界限是可以跨越的，動物與人類應都是平等的，不能因為動物的智慧好像不及人類，而忽略了牠們應有的利益，因而辛格提出一套素食論證及廢止動物實驗的主張，希望能達到總體利益擴大、痛苦縮小的目標。〔註34〕

　　1983 年美國學者李根（Tom Regan）主張「動物權」，他認為哺乳類動物都是生命的主體，也均有著「天賦價值」（inherent value）的平等性。動物並不因為是否能滿足人類的需求，而否決了牠個體本身具有的價值，動物也不

〔註34〕　參莊慶信，《中西環境哲學 ── 一個整合的進路》，臺北：五南圖書出版公司，2002，頁 225，232～234。

是因爲牠數量稀少或瀕臨絕種，因而要受到保護而不能被撲殺，而是因爲牠們本身就是動物，本身就具有天賦的價值，不是人類所能賦予或剝奪的。而生命主體不論是「道德者」（moral agent）或是「道德病患」（moral patient）都有其天賦價值，都應給相同的基本道德權利。〔註35〕

1915年史懷哲（Albert Schweitzer 1875～1965）首倡「尊重生命」（reverence for life）的倫理，他認爲不論是動物、植物或昆蟲都有其本身的善（good），人們應尊重所有的生命，能夠維持生命、保護生命及尊重生命就是做善良的好事，而壓抑生命、傷害生命和毀壞生命就是做罪惡的壞事，而當人類能將動物、植物和昆蟲當成是自己的同類時，並盡力去幫助這些生命個體，如此的人類才是有道德的。〔註36〕

1952年史懷哲榮獲諾貝爾和平獎致詞時，他說：「我要呼籲全人類，重視尊重生命的倫理。這種倫理，反對將所有的生物分爲有價值的與沒有價值的、高等的與低等的。這種倫理否定這些分別，因爲評斷生物當中何者較有普遍妥當性所根據的標準，是以人類對於生物親疏遠近的觀點爲出發點的。這種標準是純主觀的，我們誰能確知他種生物本身有什麼意義？對全世界又何意義？這種分別必然產生一種見解，以爲世上眞有無價值的生物存在，我們能隨意破壞或者傷害牠們。」〔註37〕正因爲史懷哲認爲世界上存在的所有生物都是有價值的，所以當他看見蚊子並不會把牠打死，而是把牠趕出屋外而已，也不噴殺蟲劑以免傷害了其他昆蟲，所以生物的價值不因爲是否對人類有利而決定其存在與否，而是這價值本來就存在，而且就是個事實，因此我們應尊重所有的生命。

二、泰勒的「尊重自然」環境倫理思想

辛格的「動物解放」運動及李根的「動物權」主張，拋開了人類本位中

〔註35〕參莊慶信，《中西環境哲學——一個整合的進路》，臺北：五南圖書出版公司，2002，頁225，230～231。此句中 moral agent 爲「道德者」，moral patient 爲「道德病患」，所謂「道德者」就是能對他的行爲負起道德的責任，而「道德病患」則否。

〔註36〕參莊慶信，《中西環境哲學——一個整合的進路》，臺北：五南圖書出版公司，2002，頁225。參楊冠政，〈環境倫理學說概述（一）人類環境倫理信念的演進〉，《環境教育季刊》第28期，1996a，頁13。

〔註37〕史懷哲（Albert Schweitzer）著，鄭泰安譯，《文明的哲學》，臺北：志文出版社，1993，頁1。

心的倫理思想，開始關懷了動物應有的權利與價值，但卻只偏重了家禽家畜、實驗室的動物和哺乳類動物。史懷哲的「尊重生命」原理，似乎只呼籲了人類對自然應有的尊重態度，而卻沒有提出具體可行的環境倫理規範。1986 年美國紐約大學哲學教授泰勒（Paul Taylor）側重動植物的個體生命，以極具組織系統的理路寫成《尊重自然》（Respect for Nature）一書，他曾以建立一完整「生命中心」的環境倫理體系為自我的期許。〔註38〕在此則顯示出泰勒（Paul Taylor）「尊重自然」（Respect for Nature）環境倫理思想的完整性及其實踐性，因為泰勒將倫理關懷面擴充到動物、植物和昆蟲，並提出豐富的環境倫理思想，還有具體可實踐的環境倫理規範，所以本節的撰寫主軸就在介紹泰勒「尊重自然」的環境倫理思想，泰勒的環境倫理思想有：認為生物都有其自身的善及天賦價值、人與生物的地位是平等、生物間有著相依相連關係及生命有其內在的目的性。在環境倫理規範部分：泰勒提到從「尊重自然」態度衍生出的四項法則以及當人類和其他生物產生利益衝突的五個優先次序。

（一）自身的善及天賦價值

泰勒將「尊重自然」為其本身的終極道德態度，要能落實「尊重自然」的道德態度，必須先瞭解兩個概念，即是泰勒「生物有自身的善」和「天賦價值」，首先提出的概念是認為所有有生命的物體都有它們自身的「善」（或好處）（good），而這個「善」只是簡單地來自生物有生命這個事實，所以生物是否具有善，考量的是生物自身的生命事實，跟其他生物其實是無關的。泰勒並以形而上學「存有」的角度，認為動植物都是存在者（beings），而存在者就有其自身的善，他說：

> 由於尊重自然的理論僅假定動物是存在者，且將「具有自身善的實體」（entity-having-a-good-of-its-own）之客觀概念應用到這存在者身上。的確，這理論的基本原理之一是：所有的動物無論與人類多麼不相同，都是具有一種自身善的存在者；同樣基本的第二個原理是：所有植物也同樣都是具有一種自身善的存在者。〔註39〕

〔註38〕 Paul W. Taylor, Respect for Nature：A Theory of Environmental Ethics, Princeton University Press, 1986, p.65. 參莊慶信，《中西環境哲學——一個整合的進路》，臺北：五南圖書出版公司，2002，頁 225～226。

〔註39〕 Paul W. Taylor, Respect for Nature: A Theory of Environmental Ethics, Princeton University Press, 1986, p.60. 譯文參見莊慶信，《中西環境哲學——一個整合的進路》，臺北：五南圖書出版公司，2002，頁 228。

所以就泰勒觀點認爲生物是否具有「善」，在於是否有生命的存在，只要存在就有自身的善。泰勒並將關懷的層面從動物擴及到植物，他認爲不只是動物是存在者，植物也是存在者，而存在者都是「具有自身善的實體」，那麼不論是動物或植物都是有自身的善，而生物自身的善是客觀的，並不因其他生物的認同或否定而有所增減，重要的是在於生物自身，泰勒舉了幾個例子來說明生物自身的善：

> 父母爲了增進孩子自身的善，帶著他們去野外露營，我們這種想法也許眞的會增進小孩自身的善，也許不會，這完全要看小孩自身的善實際上有無增進。

> 假如有人說，在一堆沙的上面蓋個遮棚，下雨時沙不會淋濕，這樣可以增加沙的好處，因爲沙必須乾燥，淋濕就沒有用途。泰勒認爲這種說法不對，蓋個遮棚並不能增加沙的好處，只是增加使用者的好處，沙本身沒有自身的好處。

> 有人說保持機器潤滑狀態，對機器有好處，潤滑對機器沒有好處，而是對使用的人有好處。〔註40〕

> 又如蝴蝶，我們很難斷定何者對牠有好處，何者對牠有害處。除非自己是個生物學家，對蝴蝶由卵、蛹至成蟲之成長過程及其生長環境有深入的認識，才能由蝴蝶的立場，了解何種事物對牠有益。〔註41〕

父母帶孩子去野外露營，往往會認爲如此讓孩子親近大自然，會有益身心健康發展、並能增進人際互動，然而泰勒的看法卻不見得如此，泰勒認爲這完全要看孩子自身是否覺得有好處，而不是他人的看法如何。正如在沙子的上面蓋遮棚，如此好像是增進沙子的好處，然而卻不是如此，因爲蓋遮棚的行爲眞正的目的，是爲了增加建築工人的好處，而非爲了沙子自身的好，機器塗上潤滑劑的例子亦是如此，蝴蝶之成長過程例子亦是如此。昆蟲、動物和植物都有它們自身的善，並不因外在環境或其他生物而改變或毀壞，因爲生物自身的善是客觀的事實，所以在泰勒尊重自然的環境思想中，只要是存在

〔註40〕Paul W. Taylor, Respect for Nature: A Theory of Environmental Ethics, Princeton University Press, 1986, pp.60～61. 譯文參考楊冠政，〈尊重自然——泰勒的環境倫理學說及其應用〉，《環境教育季刊》第 25 期，1995.05，頁 2。

〔註41〕Paul W. Taylor, Respect for Nature: A Theory of Environmental Ethics, Princeton University Press, 1986, p.66. 譯文參見莊慶信，《中西環境哲學——一個整合的進路》，臺北：五南圖書出版公司，2002，頁 228～229。

者都有其自身的善，而有其自身的善存在者，都應受到該有的道德關懷，泰勒說：「只要是存在者就有自身善，所以動植物應是道德主體（moral subjects），人類同時是道德主體又是道德者（moral agent）。」〔註42〕而為何動植物會是道德主體呢？在於存在者就有其自身的善，有了自身的善就有了「天賦價值」（inherent value），而當存在者有了天賦價值，就確立了其道德主體的地位。

泰勒在《尊重自然》一書中提到了三種類型的價值：「內在價值」（intrinsic value）、「固有價值」（inherent value）及「天賦價值」（inherent worth）。〔註43〕「內在價值」是從人類的立場看某事物（如某職業）內在所含的商業價值或工具價值。「固有價值」如花木、藝術品、歷史古蹟和古戰場，這些物品或地方被認定有其價值，並不是因為它們有工具價值，或是有商業價值，而是因為藝術品的格調、歷史古蹟的歷史意義和古戰場的文化意涵，使人類賦予價值給這些物品或地方，因為價值也是人類所給予的，所以當人類不再欣賞藝術品的格調及緬懷歷史古蹟的歷史意義和古戰場的文化意涵時，它們的固有價值就會消失不見。

「天賦價值」是生物自身擁有的價值，是與生俱來的，並不是人類所認定的，或是外在環境所賦予的，也不是工具價值或是商業價值，它是獨立於人類價值判斷之外的，生物之所以有天賦價值來自於自身的善。〔註44〕李培超先生在《環境倫理》書中提到：「人類幾千年的歷史傳統裡，認為只有人類才有意識，唯有人類是價值的評價者或價值主體，所以，唯獨承認人具有天賦價值，不承認自然具有天賦價值。」〔註45〕然而泰勒不但肯定了非人類有

〔註42〕Paul W. Taylor, Respect for Nature：A Theory of Environmental Ethics, Princeton University Press, 1986, p.18. 譯文參見莊慶信，《中西環境哲學——一個整合的進路》，臺北：五南圖書出版公司，2002，頁229。

〔註43〕Paul W. Taylor, Respect for Nature：A Theory of Environmental Ethics, Princeton University Press, 1986, pp.71～75. 關於泰勒的三種價值 intrinsic value、inherent value 及 inherent worth，國內及大陸學者的中文翻譯不太相同甚至有些出入，本文依據泰勒《尊敬自然》原文及參王從恕、莊慶信、馮滬祥、楊冠政等學者中文翻譯後，將上述三種價值分別翻譯為「內在價值」、「固有價值」及「天賦價值」，為了避免混淆不清，所以本文在引用相關資料時直接依此翻譯修正之。

〔註44〕參莊慶信，《中西環境哲學——一個整合的進路》，臺北：五南圖書出版公司，2002，頁231～232；及楊冠政，〈尊重自然——泰勒的環境倫理學說及其應用〉，《環境教育季刊》第25期，1995.05，頁2～3。

〔註45〕李培超著，陳剛主編，《環境倫理》，北京：作家出版社，1998，頁156。

天賦價值，更進一層肯定人類和非人類都應受到道德關懷和道德考慮，他說：「宣稱一個實體有天賦價值就是做出了兩個道德判斷：這個實體應受到道德關懷和道德考慮，也即是說它應被視為道德對象；所有的道德代理人都有義務把它當作一個自在的目的，去增進或保護它的善。」〔註46〕泰勒表述生物有了天賦價值就應成為道德關懷的對象，所以他認為基於以下理由，我們應尊重野生物：

1、任何野生物具有天賦價值，這是由於他們都是生物群落的成員。每個野生物，不論是植物或動物，具有同等地位做為道德受〔或客〕體（moral object），接受道德主體的尊重。

2、野生物不可以認作人類的財產，而予以任意處理。

3、尊重自然的終極目標就是增進每個野生物的善。

4、這是道德的原則，道德者要對每個野生物考慮其其自身的善。〔註47〕

野生動物及植物與人類都有自身的善及天賦價值，所以都是道德主體，都應受到應有的道德關懷和道德考慮，人類若自許為道德者，則應設身處地的考量到所有生物的好處，而不可以像「強烈人類中心倫理」只視野生動物及植物為人類的財產，而忽視野生動物及植物內在自身的天賦價值，尊重每一種生物是泰勒的環境倫理的重要理念，理由是因為不管是野生動物、植物或人類大家地位都是平等的。

（二）人與生物地位平等

泰勒認為人類比其他生物優越，比其他生物更具有天賦價值，是受到西方三大思想的影響，其一，是古希臘的哲學。其二，是笛卡兒的思想。其三，是傳統基督教教義。〔註48〕

泰勒說：「西方世界早就深受古典希臘哲學中人文主義（Greek humanism）影響，將理性視為人性的本質及種差，把人定義為理性的動物，而高抬人類

〔註46〕Paul W. Taylor, Respect for Nature: A Theory of Environmental Ethics, Princeton University Press, 1986, p.75. 譯文參見汪瓊，〈一種生物中心主義的環境倫理學體系──從泰勒的《尊重自然》一書看其環境倫理學思想〉，《浙江學報》第2期，2001，頁31～32。

〔註47〕楊冠政，〈尊重自然──泰勒的環境倫理學說及其應用〉，《環境教育季刊》第25期，1995.05，頁3。

〔註48〕Paul W. Taylor, Respect for Nature: A Theory of Environmental Ethics, Princeton University Press, 1986, p.135.

的地位於動物之上。」〔註49〕古希臘哲學家亞里斯多德，把人定義爲一種「有理性的動物」，人類因爲理性所以能控制生理上的欲望，而動物則不能。希臘哲學思想認爲理性意識是「人類」這個概念的核心，因爲人有理性，所以能用理性進一步掌控動物及其他生物，因而人類就成了萬物的主宰、萬物的尺度，理性給了人類一種高一層的地位，如此的思想也將人類比其他物種優越的觀念蘊藏於其中。

笛卡兒認爲人類是自然的主人並且是自然資源的擁有者，笛卡兒的心物二元論思想，認爲有靈魂與身體二個實體，只有人類有靈魂和身體，動物只有身體而沒有靈魂，正是人類有靈魂而有了思考和理性，而沒有靈魂的動、植物只是物質的存在而已，所以人類地位是高於其他物種的。

歷史學者懷特在其〈生態危機的歷史根源〉一文中，認爲猶太基督教的人類中心主義教義將人與自然分離，人類超越自然並任意利用自然的信念，是今日生態環境危機的根源，在〈創世記〉第九章經文中上帝賜福給挪亞和他的兒子們說到：「你們要生養眾多，子孫散布全世界，所有地上的牲畜、空中的飛鳥、地面的爬蟲，和海裏的魚類都要懼怕你們，歸你們管理。」懷特認爲這段文字成爲基督徒任意利用自然的理論基礎，也是近兩千年來構成基督教的傳統思想。〔註50〕萬能的上帝創造了牲畜、飛鳥、爬蟲、魚類等所有生物後，又依照上帝的形象用泥巴塑造了亞當、夏娃，讓人類掌管伊甸園並爲百獸命名，人類的地位介於上帝之下、動植物之上，樹立了人類的統治地位，因而基督教被認爲是極具人類中心倫理色彩的宗教。

除了古希臘哲學、笛卡兒思想、傳統基督教教義外，還有一種觀點認爲人類高於其他生物，是因爲人類比其他生物擁有更多的天賦價值，持這一觀點的典型代表是路易斯‧倫巴迪（Louis G. Lombardi），他在〈天賦價值〉（Inherent Worth）一文中提到以下觀點：

1、動物、植物和人類是不同物種的生物。

〔註49〕 Paul W. Taylor, Respect for Nature: A Theory of Environmental Ethics, Princeton University Press, 1986, pp.135～136. 譯文參見莊慶信，《中西環境哲學——一個整合的進路》，臺北：五南圖書出版公司，2002，頁233。

〔註50〕 Lynn White, 1967. The Historical Roots of Our Ecological Crisis. In: Donald VanDeVeer and Christine Pierce. The Environmental Ethics and Policy Book, Wadsworth Publishing Co. 1994. 轉引自楊冠政，〈環境倫理學說概述（二）人類中心主義〉，《環境教育季刊》第28期，1996b，頁37，38，41。

2、這些物種因它們能力種類的不同而不同。

3、一個實體的能力的種類越多，它的天賦價值的等級就越高。

4、人類擁有比動物和植物多的能力種類，所以人類在天賦價值上優於動物和植物。〔註51〕

倫巴迪提出正因為人類與動物、植物是不同物種，且人類擁有的能力又比其他的動植物多，人類除了擁有基本的生理能力外，還有道德、理性及思考等能力，其他動植物則沒有這樣的能力，因此人類在天賦價值上是優於動物和植物的。倫巴迪認為人類優越於其他生物，除了擁有更多的天賦價值外，還有是因為「人是道德代理人」，因此人有某種動、植物所沒有的權利，倫巴迪說：

> 有道德權利就是對某種東西 —— 如生命和自由 —— 有有效的道德要求，這些要求不能被其他生物的利益或為了增加其他生物的利益所壓倒。因此，僅僅為了幫助一種動物或植物實現它們的好，而去侵犯人類的權利就是不能被確證的。如果我們接受了這一點，那麼有道德權利的生物天生就優於那些沒有此權利的生物，因為我們給與前者的利益以更大的重要性。〔註52〕

綜上所述，古希臘哲學思想，把人定義為一種「有理性的動物」，人類就成了萬物的尺度，理性讓人類的地位高了一層。笛卡兒的心物二元論，認為人類和其他動物就是不同，人類有身體和靈魂，而動物沒有靈魂好比像物質的存在而已，所以人類地位是優越於其他物種的。傳統基督教將人類與自然隔離，因著上帝創造萬物後，依照自己的形象塑造了人類，讓人類管理萬物，使得人類的地位在上帝之下、萬物之上。倫巴迪主張人類擁有的能力又比其他的動植物多，因此人類的天賦價值上是優於非人類的，而且「人是道德代理人」，所以有著非人類沒有的道德權利。然而如此獨斷的、自我的及自大的看法，泰勒是不以為然的，泰勒拒絕「人類優越性」（human superiority）的獨斷見解，反對人類地位優越於其他物種，主張人類擁有的能力並不比其他的

〔註51〕見汪瓊，〈一種生物中心主義的環境倫理學體系 —— 從泰勒的《尊重自然》一書看其環境倫理學思想〉，《浙江學報》第 2 期，2001，頁 33。

〔註52〕Paul W. Taylor, Respect for Nature: A Theory of Environmental Ethics, Princeton University Press, 1986, p.150. 譯文參見汪瓊，〈一種生物中心主義的環境倫理學體系 —— 從泰勒的《尊重自然》一書看其環境倫理學思想〉，《浙江學報》第 2 期，2001，頁 33。

生物多，人類和動植物的地位和價值應是平等的，泰勒提出六個理由說明自己的看法：〔註53〕

1、我們不能說因爲人類有道德行爲的能力，就說人類比其他生物優越。既然其他生物不屬於道德行爲者，在這方面就不可以相提並論。

2、我們不能因爲人類有特殊的能力，例如理性思考能力、創造力、意志力，就斷定優於其他生物。許多非人類的物種所具有的能力，是人類所缺乏的。例如鳥類飛翔、蜘蛛結網、虎豹奔行速度、植物的光合作用等等特殊能力是人類無法超越的。因此，比地位的高下優劣，不能以物種獨特的能力（如理性或飛翔能力）爲標準。

3、我們不能說人類的情欲相當於動物性，而人類的動物性（情欲）受人類理性的掌控，就推論出理性的人類優於「非理性的存在者」—— 非人類的生物或動物。

4、人類的理性只是爲了追求自身善的一種能力而已；其他動植物（如獅子）爲實現它們自身的善，根本就不需要具備人類的理性，它們需要的是人類所缺乏的另類能力。

5、源於希臘哲學而盛行於中世紀的「存有大鏈」（the Great Chain of Being）概念或信念，這是一種人類中心的心態，它將實在界的存在者由最高的存在者 —— 造物者、上帝，到最低的無生物 —— 物質，各種存在者構成一種階層制，結果誤以爲越高層次的存在者越多「天賦價值」（inherent worth）。〔註54〕

6、泰勒以「物種大公無私原理」（principle of species-impartiality）來表達人類對物種應平等對待。此原理「將每一物種視爲都擁有相同的價值，這與一個生物屬於哪一物種無關，由道德者的角度來看，它被認爲應受到相同的（道德）關懷與考慮，是不爭自明的。」事實，它們值得保護就因它們本身就有善，它們本身就是個目的，具有同樣的天賦價值。這原理適用於所有生物，不論是人類或非人類的生物，均應一視同仁。〔註55〕

〔註53〕 以下六個理由，譯文參見莊慶信，《中西環境哲學——一個整合的進路》，臺北：五南圖書出版公司，2002，頁 234～235。

〔註54〕 Paul W. Taylor, Respect for Nature: A Theory of Environmental Ethics, Princeton University Press, 1986, pp.136～143.

〔註55〕 Paul W. Taylor, Respect for Nature：A Theory of Environmental Ethics, Princeton

誠如泰勒所說：「人類的理性只是為了追求自身善的一種能力而已。」其實人類其他的能力：語言能力、思考能力、創造力、意志力等，其實也都是追求自身善的能力罷了，相較於生物的特殊能力：猴子爬樹、地鼠打洞、水獺築壩，蝴蝶完全變態的成長過程……等，其實也都是追求自身善的能力，所以人類與其他生物孰優孰劣是難有定論的，這種比較並無任何意義。因為不同物種有不同追求自身善的方式，況且人類擁有的能力放在其他生物上不見得有其功用，司特巴（J.Sterba）曾舉一例以補充泰勒反對人類優越性的論點：「司氏聲稱印度豹若想學人類的手掌，必須將爪變成手，如此一來，便失去豹原來最擅長的速度，而不再是豹了。可見人類的特性對動物毫無益處。」〔註56〕

笛卡兒曾宣稱「人是自然的主人和所有人。」（Man as Master and Possessor of Nature），〔註57〕笛卡兒認為動植物是有軀體但是沒有靈魂，而人類有軀體也有靈魂，並擁有理性的能力，所以主張人類優越其他的動植物，因而人類是動植物的主人和所有人。洛夫洛克（James E. Lovelock）在《蓋婭，大地之母》（GAIA: A New Look at Life on Earth）一書中提到：

> 我時常為法國哲學家笛卡兒的主張感到迷惘，他以沒有靈魂的機械來比喻動物，然而，人類帶著不朽的靈魂是有感情及有理性思維能力的。笛卡兒是一位才智出眾的人，但是他的觀察居然到了難以令人置信的地步，他認為只有人類才會感覺到痛，虐待貓、馬之類動物是無關緊要的事，因為動物與無生命物如桌子之類是同樣，對痛無感覺的。不論他的信仰是否如此，這種可怕的概念是他那時代許多人的想法，並且難以根拔。〔註58〕

洛夫洛克認為笛卡兒是一位才智卓越的學者，會認為動物是沒有靈魂的機械，如此可怕的概念著實令人難以置信，其實並不是笛卡兒對動物殘忍或是無情，而是受到了古希臘的哲學及傳統基督教教義的影響，導致笛卡兒有如此強烈人類中心主義的想法，然若身處二十一世紀的我們仍有如此想法，則

University Press, 1986, pp. 45～46,155,267.136～143.另 pp.286～287, 209～210 等均論及相關思想。

〔註56〕見莊慶信，《中西環境哲學——一個整合的進路》，臺北：五南圖書出版公司，2002，頁235。

〔註57〕見楊冠政，〈環境倫理學說概述（二）人類中心倫理〉，《環境教育季刊》第28期，1996b，頁37。

〔註58〕洛夫洛克（James E. Lovelock）著，金恒鑣譯，《蓋婭，大地之母》（GAIA：A New Look at Life on Earth.），臺北：天下文化出版，1996，頁208。

將無法發展出一種健康正向的環境倫理思想。

（三）相依相連關係與內在目的性

泰勒在陳述「個別生物的善」與「整個生命社群（biotic community）的善」〔註59〕時提到：

> ……論及整個生命社群（biotic community）的善。這就應該強調所設及的「一整個生命社群」這詞，並沒有個別物理的存在者（individual physical entity）。……整個生命社群善只可懂成其個別成員之善的生活。〔註60〕

> 如此，像物種總數的善一樣，社區善的實在（reality）無處可尋，只在於個別生物的生命裏。縱使我們論及社區善，我們並不分別指涉每個個體成員的善。此社區善是個統計學概念。……存在者的善之概念……直接或首要地適用於個別生物，而統計式地用在總數和社區。〔註61〕

泰勒在談生物的善時，重點是在於個體生物的生命及個別生物自身的善，而認為整個生命社群的善是個統計學概念，所以他說：「像物種總數的善一樣，社區

〔註59〕「biotic community」有「生物群落」、「生命社群」、「生命社區」等譯文。本文根據泰勒曾使用「community of life」一詞（Paul W. Taylor, Respect for Nature: A Theory of Environmental Ethics, Princeton University Press, 1986, p.101.），也曾使用「life community」一詞（Paul W. Taylor, Respect for Nature: A Theory of Environmental Ethics, Princeton University Press, 1986, p.117.）來表達「biotic community」的意思，因而本文將「biotic community」及「life community」均譯為「生命社群」，認為如此應較合乎泰勒文本中的原意，更可呼應泰勒「生命中心倫理」，尊重所有「生命」的思想特色。（參考莊慶信，《中西環境哲學——一個整合的進路》，臺北：五南圖書出版公司，2002，頁 224）。本文在引用相關資料時，為求譯文的一致性，亦一律譯為「生命社群」。「生命社群」的定義有著「生物群落」的意涵。生物群落就是「一生態區內所有生物族群的規律性組合」，生物群落有下列五項通性：生物群落必有多樣性的族群組合、生物群落中的族群既適應環境也改變環境、生物群落中的族群必相互適應也彼此制衡、生物群落必會有動態變化、生物群落之間不一定會有明顯的邊界。（參考朱錦忠，《生態學》，臺北：高立圖書公司，1999，頁 81～82）。

〔註60〕Paul W. Taylor, Respect for Nature: A Theory of Environmental Ethics, Princeton University Press, 1986, p.70. 譯文參見莊慶信，《中國哲學家的大地觀》，臺北：師大書苑，1995，頁 287。

〔註61〕Paul W. Taylor, Respect for Nature：A Theory of Environmental Ethics, Princeton University Press, 1986, pp.70～71. 譯文參見莊慶信，《中國哲學家的大地觀》，臺北：師大書苑，1995，頁 287～288。

善的實在無處可尋，只在於個別生物的生命裏。」、「縱使我們論及社區善，我們並不分別指涉每個個體成員的善。此社區善是個統計學概念。」所以泰勒被認為是個體主義者，因為泰勒重視個體生物的生命及個別生物自身的善，而泰勒除了重視個體生物的生命外，仍敏銳的體察到物種及生命社群的微妙關係：自然是一個「相互依賴」的系統、地球生態系統是一「相互連結」的關係、生命社群之間的「相連性」及生命社群的「整體性」，〔註62〕泰勒並提到藉由密契生活使人與自然達到合而為一的境界，以下分別論述如下：〔註63〕

1、自然是一個「相互依賴」的系統

泰勒認為自然是一個「相互依賴」（interdependence）的系統，〔註64〕認為物種與物種之間具有「相依性」，泰勒說：

> 人類（人的物種）和其他物種在相依系統中是整全的成分，如此每樣生物的生存和處境好壞的機會，不僅受其環境的物理情況之影響，也受到它和其他生物關係的影響。〔註65〕

在這自然的系統中，人類和其他物種是相互依賴的，人類的所做所為其實都會影響到地球環境上的其他物種，同樣的其他物種的處境，也會改變人類自身的處境，如此微妙的相依關係，事實上是存在的，所以人類和其他物種必須是相依的，而後才能彼此相存。

2、地球生物圈是一「相互連結」的關係

在這地球生物圈中物種與物種的互動、物種與外在環境的互動以及人類

〔註62〕泰勒認為在談生物的善時，重點是在於個別生物自身的善，而整個生命社群的善是個「統計學」概念，因為他提到社區在實界裏是無處可尋的，在此泰勒似乎只重視個別生物，而忽略了整個生命社群，因而泰勒被認為是個體主義者。然泰勒又認為物種與生命社群存在著「相依相連」的關係，在此似乎又重視了「生命社群」的重要性，不再只認為生命社群是個「統計學」概念，故本文認為整個生命社群的善界定為「是多數個別生物自身的善的集合體」，應會比只是個「統計學」的概念妥當。

〔註63〕以下五點論述參莊慶信，《中西環境哲學——一個整合的進路》，臺北：五南圖書出版公司，2002，頁238～240；另參莊慶信，《中國哲學家的大地觀》，臺北：師大書苑，1995，頁288～289。

〔註64〕Paul W. Taylor, Respect for Nature: A Theory of Environmental Ethics, Princeton University Press, 1986, p.153.

〔註65〕Paul W. Taylor, Respect for Nature: A Theory of Environmental Ethics, Princeton University Press, 1986, p.100. 譯文參見莊慶信，《中西環境哲學——一個整合的進路》，臺北：五南圖書出版公司，2002，頁238～239。

與其他物種互動，連結成了綿密細膩的互動網狀構造，彼此都相互依賴且相互連結（interconnected），〔註66〕彼此亦都是地球生物圈整體的一部分，如泰勒所說：

> 自然界如一相互依賴的系統：要接受生命為主的看法而從其觀點看，即把我們（人）和世界看成生物與其環境的整個自然領域是一彼此相關連的客體與事件。某物種全體之間的互動，及此物種全體與物理環境之間構成一緊密的交織網。〔註67〕

3、生命社群之間的「相連性」

泰勒認為若我們以生命中心倫理的視角觀看地球生物圈，就會發覺不但地球生物圈中的生態系統間彼此相連，而且生命社群之間亦有某種連結性，使彼此之間成為一個統一的整體。地球生物圈中，沒有一生命社群是可以不用依賴其他物種或環境而獨立生存的，而是彼此相連的，在彼此與彼此相連結的交織網結構中，每一生命社群既是一個單位的群體，也是一個整體的群體，好比說人類是地球生物圈中百餘萬物種中的一種物種，也可說是人類同時又屬於整個地球生物圈中，泰勒說：

> 與一特定生態系統相連結的生命社群（life community），沒有一個是孤立的單位。這（社區）直接或間接與其他生命社群相連。它們之間的連結性，類似一生態系統內〔生物〕全體之間所擁有的連結性。其中一個發生，其他的也會有〔類似〕的結果。為這緣故，我們星球上的整個生物圈（biosphere），構成單一而又統一的整體，這就是在本書中我所指涉的「自然界」（the natural world）一詞。〔註68〕

4、生命社群的「整體性」

泰勒認為人類與野生動植物之間有一種共同分享地球的關係，如前所述生命社群之間的相連性，社區與社區之間連結的交織網結構是綿密的，因此彼此就構成既是單一又是統一的整體，當我們察覺這一整體關係，就會感受

〔註66〕Paul W. Taylor, Respect for Nature: A Theory of Environmental Ethics, Princeton University Press, 1986, p.116.

〔註67〕Paul W. Taylor, Respect for Nature: A Theory of Environmental Ethics, Princeton University Press, 1986, p.116. 譯文參見莊慶信，《中國哲學家的大地觀》，臺北：師大書苑，1995，頁238。

〔註68〕Paul W. Taylor, Respect for Nature: A Theory of Environmental Ethics, Princeton University Press, 1986, p.117. 譯文參見莊慶信，《中西環境哲學——一個整合的進路》，臺北：五南圖書出版公司，2002，頁239。

到人類與動植物之間存在的真實團體感。當人類能察覺自身在地球既是單一又是統一整體的角色時，則應好好扮演自身的角色，不只是持著分享這一顆地球的心態，更應有保護地球永續經營的決心，因為若我們破壞地球生命社群相連的交織網時，則我們人類將失去「追求人類獨特價值」的機會。〔註69〕所以這種生命社群的「團體感」，並不只是單純的知覺，也不只是純粹理論概念而已，而是應賦予人類自身責任感，進而能實踐力行的內化感受。

5、藉由密契生活使人與自然達到合而為一的境界

泰勒從宗教面向宣稱，密契生活的高度意識狀態，可增強人類與自然的相依相連關係，更可使人類達到與自然為一體的最高境界，泰勒說：「人類意識高度狀態的密契（mysticism），被視為指一個人的自我與自然界成為一，且與尊重自然的道德態度頗為相容一事。」〔註70〕密契經驗或密契生活，是較屬於個人體會的經驗，它較無法用明確的文字描寫下來，因此比較有神秘性和宗教味道。泰勒所提的密契生活，應是物我不分、天地相合的境界，若能臻於人與自然合而為一境界的人們，必能深刻體會出生命社群的「相依相連性」、生命社群的「整體性」，進而能用心呵護生命、尊重自然。

泰勒在談生物的善時，認為重點是在於個體生物的生命及個別生物自身的善，提及整個生命社群的善則認為只是個「統計學」概念，因而泰勒被認為是個體主義環境倫理論者。然而從上所述，可以清楚知道泰勒的環境倫理思想，應不只是個體主義的視角，也包含整體生命社群的關懷，因為他提出自然是一個「相互依賴」的系統、地球生態系統是一「相互連結」的關係、生命社群之間的「相連性」、生命社群的「整體性」及藉由密契生活使人與自然達到合而為一的境界等觀念，從這些觀念可以知道，泰勒的環境倫理關懷應包含著個體生物與整體生命社群。

泰勒的環境倫理思想除了認為各物種均有其自身的善、天賦價值，反對人類地位優越於其他物種，主張人類和動植物的地位是平等的，認為生命社群之間也存在著一種相依相連關係，並且提出動植物為了保存自己獨特的方

〔註69〕 Paul W. Taylor, Respect for Nature: A Theory of Environmental Ethics, Princeton University Press, 1986, pp.101, 117. 譯文參見莊慶信，《中西環境哲學——一個整合的進路》，臺北：五南圖書出版公司，2002，頁239。

〔註70〕 Paul W. Taylor, Respect for Nature: A Theory of Environmental Ethics, Princeton University Press, 1986, p.309. 譯文參見莊慶信，《中國哲學家的大地觀》，臺北：師大書苑，1995，頁289。

式且實現自身的善（to realize its good），肯定自然界的「個別生物體（有機生命）」（the lives of individual organisms），都「奮力保存它自己，而以自己獨特的方式實現它自身的善，它的內在功能及外在活動全都是目的導向（goal-oriented）的。」泰勒稱之爲「生命目的中心」（teleological center of life）。〔註71〕泰勒進一步對「生命目的中心」的解釋是：

> 所謂生命目的中心，是指它的內在功能就如同外在活動一樣，都是
> 目標導向的（goal-oriented），具有穩定的趨勢以維持有機體的存在，
> 並使它能成功地完成生物作用，例如適應環境改變和繁衍下一代。
> 這些功能是一致的，並以有機體的利益爲導向，使它成爲活動的目
> 的中心。〔註72〕

泰勒所講的「生命目的中心」就是指生物體長期不變的傾向以維持自身的存在，並能順利地完成生物性作用，且能適應不斷變化的環境進而能繁殖後代，在此戴斯·賈丁斯（Joseph R. Des Jardins）進一步補充「目的」的意涵：「每個物種都有不同目的，但所有的事物都有目的，總的來說，其目的就是生長、發展、持續和繁衍。生命本身在它向此目的前進的意義上講是有方向性的，每個生命都是這一有目標行爲的中心，每個活物都是生命的目的中心。」〔註73〕泰勒認爲動植物並不是因爲像人有意識才有其生命的目的性，泰勒指出不管是樹或單細胞動物（生物體），它們有追求自身的善及實現天賦價值的權利，不管有沒有像人類那種的意識。

泰勒說：「任何個別的機體生命，都是以目的爲中心的生命，而且，每一個體生命，都是無可取代的獨特生命。」〔註74〕他認爲動植物都是道德主體，

〔註71〕 Paul W. Taylor, Respect for Nature: A Theory of Environmental Ethics, Princeton University Press, 1986, pp.121～122. 譯文參見莊慶信，《中西環境哲學──一個整合的進路》，臺北：五南圖書出版公司，2002，頁 240。

〔註72〕 Paul W. Taylor, Respect for Nature: A Theory of Environmental Ethics, Princeton University Press, 1986, p.367. 譯文參見王從恕，《環境倫理思想研究》，臺北：臺灣師範大學科學教育研究所博士論文，2001，頁 112。

〔註73〕 Joseph R. Des Jardins, Environmental ethics: an introduction to environmental philosophy, Belmont, Calif :Wadsworth,1993, p.155. 譯文參見戴斯·賈丁斯（Joseph R.Des Jardins）著，林官明、楊愛民譯，《環境倫理學──環境哲學導論》，北京：北京大學出版社，2002.10，頁 159。

〔註74〕 Paul W. Taylor, Respect for Nature: A Theory of Environmental Ethics, Princeton University Press, 1986, pp.119～120. 譯文參見鐘丁茂，《環境倫理思想評析》，臺中：東海大學哲學研究所博士論文，1994，頁 558。

所以有其權利實現自身內在的善，追求無可取代的獨特生命，而人類既是道德主體又是道德者，所以更應有道德責任去保護其他物種，讓其他物種能實現它們自身的善及天賦價值，實現它們自身的生命目的性，繼而追求獨一無二的生命價值，否則人類就是惡的、不道德的。

三、泰勒的環境倫理規範

　　泰勒的環境倫理規範著重兩方面：從尊重自然態度衍生出的「四項法則」及發展人類和其他生物產生利益衝突時的「五個優先原理」。泰勒從「尊重自然」的態度，提出了四項法則：不傷害法則（The rule of nonmaleficence）、不騷擾法則（The rule of noninterference）、誠信法則（The rule of fidelity）、補償公正法則（The rule of restitutive justice），分別概述如下：﹝註75﹞

　　1、不傷害法則：不傷害法則要求我們不去傷害任何有機體，也不可以危害有機體自身的「善」，這法則是屬於消極的。因為它是消極法則，所以它不主張積極地去解救動物的危難，或去增進動物自身善。而且此法則和一般的義務一樣，只能對「道德主體」產生約束力，所以我們不能要求老鷹不去抓小雞，因為老鷹不符合「道德主體」的要求，泰勒認為「不傷害法則」是我們對生態環境最基本的義務。

　　2、不騷擾法則：不騷擾法則就是要求我們不去干擾生物個體、生命社群、生態系統的自由，同樣的，它也是消極法則。所以我們並沒有義務去協助有機體完成它的目標。

　　3、誠信法則：誠信法則要求我們不可以欺騙或誘導野生動物。例如：打獵、釣魚時所設計的陷阱，就是使用欺騙或誘導的方式來捕獲野生動物，這些都違背了誠信法則。

　　4、補償公正法則：補償公正法則要求我們對於因人類活動而遭受傷害的有機體，給予補償，前三項法則建立了人類和其他生物的道德義務關係。但是當人類違背前三項法則的時候，則必須以第四項「補償公正」法則給予補償，以維持道德上的公正和公平。如果傷害或殺害了一個生物體，補償性公正法則會要求對這生物的族群或群落予以補償，就是促進或保護牠們的族群或群落的好處。泰勒認為有

﹝註75﹞見王從恕，《環境倫理思想研究》，臺北：臺灣師範大學科學教育研究所博士論文，2001，頁112～113。

兩種補償公正的措施，其一是對另一同類型的生態系予以補償，例如一處松樹林被摧毀，應對另一處松樹林給予好處，或者將林地摧毀地區恢復其生態健康（ecological health），譬如清理堆積的垃圾，清除流經林地、山溪中的污染物。另一個措施就是對任何一個將遭受人類利用或破壞的自然地區給予特別保護，例如設置自然保護區。〔註76〕

泰勒除了提出從尊重自然態度衍生出的「四項法則」外，他另外又提出當人類和其他生物產生利益衝突時的優先次序。這是目前環境倫理學者中有提出環境倫理規範較爲詳盡完整的，可作爲人類和其他生物產生利益衝突時依循的原理。

他提出五個優先權（priority）原理：自衛原理（self-defense）、比例原理（proportionality）、最少錯誤原理（minimum wrong）、分布公正原理（distributive justice）、補償公正原理（restitutive justice），分別概述如下：〔註77〕

1、自衛原理：自衛原理是指當我們的健康或生命受到其他生物威脅的時候，可以將該生物殺死，這項原理是指當人類的基本利益（interests）受到威脅的時候，仍以人類的基本利益優先考量。

2、比例原理：這項原理是當人類的非基本利益和其他生物的基本利益相衝突時的解決原則，它是指在比例上，禁止人類的非基本利益超越其他生物的基本利益。例如獵殺野生物，只能在特定的區域或時間之內，以維護大部份野生物的基本利益。

3、最少錯誤原理：此項原理也是在解決人類的非基本利益和其他生物的基本利益之間的衝突，它是指當人類在追求非基本利益時，應該儘量減少違背前述四項法則或義務的次數或機會。

4、分布公正原理：這項原理是在解決人類和其他生物之間基本利益的衝突。例如，原住民因栽種不易，爲滿足其基本利益而獵殺野生物，是可以被允許的。

5、補償公正原理：它是指對於在「最少錯誤原理」和「分布公正原理」

〔註76〕 參楊冠政，〈尊重自然──泰勒的環境倫理學說及其應用〉，《環境教育季刊》第25期，1995.05，頁8。

〔註77〕 見王從恕，《環境倫理思想研究》，臺北：臺灣師範大學科學教育研究所博士論文，2001，頁113～114。

　　中受到傷害的野生物，應給予適當的補償。

　　泰勒的環境倫理規範提及從尊重自然態度衍生出的「四項法則」及發展人類和其他生物產生利益衝突時的「五個優先原理」，然而在泰勒的環境倫理思想中比上述更重要的環境倫理規範就是「尊重自然」，「泰勒告訴我們要把萬物都看成是目的，而不是工具，並把萬物看成自身的存在就是萬物自身最終目的。用泰勒的話來講，就是我們必須以『終極態度來尊重自然』（respect for nature as an ultimate attitude）。尊重自然是一項規範，它是最高的規範，在它之上，沒有其他規範做為它的依據。」〔註 78〕所以泰勒主張我們應以把「尊重自然」當作一種終極的道德態度，並且認為尊重自然的態度，必須在日常生活的實踐中通過「四項法則」、「五個優先原理」等一系列相應的道德規範表現出來，若能秉持尊重自然的態度來規範人類自身的行為，依此而為的行為及品德就是好的和有道德的，而泰勒尊重生態環境倫理思想的理論基礎，就在於生命中心倫理的四點信仰：

1、人類與其他生物一樣，是地球生命共同體的一個成員。

2、人類和其他物種一起，構成了一個相互依賴的體系，每一種生物的生存和福利的損益不僅決定於其環境的物理條件，而且決定於它與其他生物的關係。

3、所有的機體都是生命目的中心（teleological centers of life），因此每一種生物都是以其自己的方式追尋其自身的好的唯一個體。

4、人類並非天生就優於其他生物。〔註79〕

也就是因為這四點信仰，建構了泰勒豐富又完整的環境倫理思想：主張物種都有其自身的善及天賦價值，認為人與生物地位平等，提出人類和其他物種有著相依相連關係及所有的物種都是生命目的中心；並提出詳盡可實踐的環境倫理規範：「四項法則」——不傷害法則、不騷擾法則、誠信法則、補償公正法則及「五個優先原理」——自衛原理、比例原理、最少錯誤原理、分

〔註78〕Paul W. Taylor, Respect for Nature: A Theory of Environmental Ethics, Princeton University Press, 1986, p.60. 譯文參見鐘丁茂，《環境倫理思想評析》，臺中：東海大學哲學研究所博士論文，1994，頁 572。

〔註79〕Paul W. Taylor, Respect for Nature: A Theory of Environmental Ethics, Princeton University Press, 1986, pp.99～100. 譯文參見汪瓊，〈一種生物中心主義的環境倫理學體系——從泰勒的《尊重自然》一書看其環境倫理學思想〉，《浙江學報》第 2 期，2001，頁 32。

布公正原理、補償公正原理，最後又歸結於泰勒認爲的終極的道德態度——
「尊重自然」。

第三節　生態中心倫理——奈斯的「深層生態學」

一、生態中心倫理概述

　　生態中心倫理（Ecocentric ethics）係以生態系整體的觀點，討論人與生態
環境的倫理關係，認爲生態環境有其自身的價值，應受到人類應有的尊重與
道德考慮。生態中心倫理的主要學說有李奧波（Aldo Leopold）的大地倫理（The
Land Ethics）和奈斯（Arne Naess）的深層生態學（Deep Ecology）。〔註80〕

　　李奧波（Aldo Leopold,1887～1948）是美國著名的森林學者、保育運動者，
他的名著——《沙郡年記》（A Sand County Almanac）於 1949 年出版，被學
界認爲是二十世紀保育運動中最具影響力的鉅著。李奧波的大地倫理概念源
自生態學上的 Community（社區），李奧波認爲人類應改變以自我爲中心的想
法，學習去尊重社區及社區中其他的成員，因爲人類只是這社區的成員之一，
社區整體的善才是環境倫理中最重要的衡量。李奧波將環境倫理的對象延伸
至大地，而大地包含了土壤、水、植物和動物，主張我們應給予土壤、水、
動植物和人類相同的道德關懷，並認爲土地倫理已爲經濟價值所替代，他說：
「我們尚未有處理人和土地的關係，以及處理人和土地上動植物的關係的倫
理規範。就像奧狄賽的女奴一樣，土地依然只是一種財產；人和土地關係仍
然完全是經濟性的，包含了特權，但不包含義務。」〔註81〕人類開發大地所
持的心態，就是像希臘——奧狄賽時代，視女奴爲沒有生存權，主人有權利
將他們處死一樣，人們亦視大地猶如自己的財產一般，要開挖山林就開挖，
要盜採砂石就盜採，未曾爲大地盡到什麼義務卻享受了許多權利，純然只是
從經濟動機爲出發點，李奧波認爲：「完全以經濟目的作爲基礎的自然資源保
護系統有一個基本弱點，那就是土地群集的成員大半沒有經濟價值，野花和
燕雀群就是好例子。……然而，這些動植物是生物群落的成員，如果如我所

〔註80〕見楊冠政，〈環境倫理學說概述（四）生態中心主義〉，《環境教育季刊》第 30
　　　　期，1996d，頁 15。
〔註81〕李奧波（Aldo Leopold）著，吳美眞譯，《沙郡年記》，臺北：天下文化，1999，
　　　　頁 323。

相信的，生物群落的穩定有賴於其完整性，那麼這些動、植物便有權繼續存在。」〔註 82〕所以環境保育的觀念，若只是從人類經濟利益為最大考量，則對於大地的永續必然是錯誤而且是不整全的。

　　李奧波提出大地金字塔（land pyramid）的概念，大地金字塔也就是生物金字塔，這大地金字塔的底層是土壤，然後向上是植物層、昆蟲層、鳥類和囓齒類層，最頂層是肉食性動物，植物吸收了太陽的能量，而後太陽的能量便在大地金字塔各層中流動，在食物能量流動的過程中，便形成了食物鏈，金字塔上層的生物需依靠下一層的食物來維持生命，每經過一層數量就會減少，大地能量流動表達了三個概念：「1、大地非僅是土壤而已。2、地區的植物和動物使能量流動暢通。3、人為的改變與演化的改變有程度上的差異，但其影響比原有的更為廣泛。」從歷史與生態學的證據支持一個結論：人為的改變愈不激烈，則在金字塔中，成功的調節的可能性愈大。〔註 83〕李奧波說：「停止將正當的土地使用視為純粹的經濟問題。除了從經濟利害關係的角度來考量外，我們也應該從倫理和美學的角度，來考慮每個問題。當一件事情傾向於保存生物群落的完整（integrity）、穩定（stability）和美感時（beauty），這便是一件適當的事情，反之則是不適當的。」〔註 84〕大地金字塔中的食物鏈是一完整性的關係，只要不要有太多人為的改變，大地金字塔中的食物能量的流動會是穩定的狀態，在完整穩定的食物鏈中，生物各有其生命的規律，生物的生長及消滅有各有其脈動，大地金字塔所呈顯出和諧穩定的狀態，即是一種美的展現。李奧波尊重生物生存的基本權利，把認為應屬於人類的道德關懷推及至自然界的所有生物，強調人類應維持生態系統的穩定平衡，開啓了現代生態倫理學的思想。

　　生態中心倫理另一個重要的學說即是：「深層生態學」（Deep Ecology）為挪威哲學家阿倫・奈斯（Arne Naess）在 1973 年發表論文〈淺層生態運動與深層長遠生態運動：一個概要〉所提出的。〔註 85〕

〔註82〕 李奧波（Aldo Leopold）著，吳美真譯，《沙郡年記》，臺北：天下文化，1999，頁 332～333。

〔註83〕 參楊冠政，〈環境倫理學說概述（四）生態中心主義〉，《環境教育季刊》第 30 期，1996d，頁 19。

〔註84〕 李奧波（Aldo Leopold）著，吳美真譯，《沙郡年記》，臺北：天下文化，1999，頁 352。

〔註85〕 徐嵩齡主編，《環境倫理學進展——評論與闡釋》，北京：社會科學文獻出版社，1999，頁 73。

奈斯稱一般生態學為「淺層生態學」（Shallow Ecology），它關心的重點只在於人類的福祉，認為生態環境中的資源應是人類的資產，為人類所擁有及管理之。相對於「淺層生態學」，「深層生態學」則是一種結合大自然美學、宗教信仰與哲學思考、生命價值的思想，將倫理關懷層面擴展到非人類及非生物的環境倫理思想。「深層生態學」源起於荒野保存的人文關懷及現代生態環境危機的關懷，面對生態環境的各種污染破壞，包括土壤污染、空氣污染、水源污染、特有生物的滅絕、臭氧層的遭受破壞等等，「深層生態學」希望能喚起人類對生態環境更整體、更深層的關懷，而不只是像「淺層生態學」的關懷視野只停留在人類本身較片面、較淺層的關懷。「深層生態學」是一種整體性的世界觀點，深層生態學認為人類正如其他生物一樣，是存在於複雜的生態網絡之中並有互依關係，將自然界視為一個相互連結的有機整體，強調「相互依賴性」及「相互關係」，在這複雜又整體的食物網中，人類亦是其中之一的生物，並沒有高於其他生物和非生物，我們只是整體生態環境中的一環而已，並未處於主宰的角色，人類角色應該是保護生態環境原有的有機整體性，讓生態環境成為一個和諧的狀態。

　　李奧波提出了大地金字塔、大地社區、大地倫理等概念，肯定了大地的倫理價值及地位，將環境倫理思想的層次，從人類中心倫理、生命中心倫理提升到生態中心倫理的層次，李奧波的大地倫理思想是以較文學氣息的方式表達，在環境倫理哲學上的論述是較缺乏的，而奈斯的深層生態學除了有李奧波大地倫理學的思想概念外，並提出了深層生態學的兩條重要最高準則——「生物中心的平等性」（biocentric equality）、「自我實現」（self-realization）及深層生態學的八條基本原則，可謂是更完整深入、更有實踐理念的生態中心倫理思想，因而本節生態中心倫理的論述重點即在介紹奈斯的深層生態學。

二、「深層生態學」的環境倫理思想

　　深層生態學的主要目的，是批判人類和生態環境之間的關係，省思人類所造成的各種生態環境污染破壞及不平衡，深層生態學是一種精神層面內省的生態哲學，省思人類生活在這生態環境中應有的作為及角色，進而營造生態環境的永續發展。林益仁在〈全球環境運動與西方佛教生態思潮〉一文中提出：

> 受東方的佛教思想影響，二十世紀初日本的禪學大師鈴木大拙在

美國開始播灑佛教禪宗的種子（Shelodon, 1994）。在人類對待自然的態度上，貶抑基督教的理論，而崇尚東方宗教思想的風潮，在60年代的嬉皮（beatnik）反西方社會文化的流行中達到了最高點。在這股風潮中，詩人斯尼德無疑的扮演了相當重要的角色，斯尼德將東方宗教哲學思想和西方的生態學做了完美的結合，他不祇鼓吹生態意識的覺醒，他更指出在此背後的靈性（spiritual）正是矯正人對科學與技術一味盲從的重要基礎。這種精神也就是挪威的哲學家奈斯首先提出，後經塞申斯（George Sessions）、德維（Bill Deval）（1985）極力所倡導的「深層的生態學」（deep ecology）；一種不只是求物質環境的改善，而更講求精神層面內省的生態哲學。〔註86〕

深層生態學不僅是包含哲學省思，同時更強調實踐的行動和信念，深層生態學是較深入探討環境倫理思想的一門學問，它重視的不是「是什麼」的問題，什麼是人類的福祉？什麼是人類可以利用的資源？這些並不是深層生態學所要強調的；它所重視的是「如何」與「為何」的問題，為何地球環境會失去原來應有的平衡狀態？為何許多特有生物會頻臨絕種？而人們應如何扮演好自己在生態環境中的角色呢？以及如何讓生態環境能夠永續發展？這些才是深層生態學重心所在。至於如何讓上述問題有所答案及有所呼應，就必須更進一步討論深層生態學有哪些規範，德維和塞申斯曾提到：

深層生態學的基本規範，是每個生命都擁有生命和發展的基本權利。其基本原則是：假若無充足的理由，我們沒有任何權力傷害任何其他生命。進而隨著人類的自覺，人類將能夠與其他生命共同生活在共有的環境，當任何生物感到苦難時，我們亦能感受到苦難；當生命受到威脅時也能感到悲哀之情。此觀點即是「生物中心的平等性」（biocentric equality）與「自我實現」（self-realization），亦是深層生態學的兩條最高準則。〔註87〕

接下來就針對深層生態學環境倫理思想中的兩條最高準則──「生物中

〔註86〕林益仁，〈全球環境運動與西方佛教生態思潮〉，南華管理學院宗教文化研究中心《第一屆宗教與佛學論文研討會》，1997.06，頁18。

〔註87〕Bill Deval and George Sessions, Deep Ecology, Salt Lake City, Utah: G.M. Smith,1985, pp.65～66.

心的平等性」與「自我實現」，加以論述。

（一）生物中心的平等性（biocentric equality）

生命中心倫理學者泰勒曾說：「儘管我們對一條河沒有責任，但我們對生活於其中的魚和其他水生植物有責任，因此我們不能污染它。」〔註88〕在泰勒「尊重自然」的環境倫理思想，主張尊重所有有生命的生物，只要有生命存在的事實，就有其自身的善及天賦價值，都應成爲道德關懷的對象，這是泰勒對於環境倫理思想的一大貢獻，所以他的思想被歸爲「生命中心倫理」的環境思想。然而在此浮現一個問題就是：爲何泰勒能肯認河中的魚和水生植物是一道德關懷的對象，而對於孕育魚和水生植物生命的那一條河，卻不能視爲一個道德關懷的對象呢？其實這是一個很弔詭的思考邏輯，就也是生命中心倫理的一大盲點，因爲泰勒既然主張「尊重自然」的思想，爲何能尊重有生命的生物，而卻忽略了提供環境孕育生物生命的河流、土地、高山呢？然而被泰勒所忽略的非生物存有價值，在奈斯的「深層生態學」中是加以肯認的，因爲奈斯主張不管是生物或非生物都應有平等的地位，此即是深層生態學最高準則中的「生物中心的平等性」概念。

「生物中心平等性」，即認爲在生態圈中所有的有機體都是平等的成員，每個有機體都具有平等的「內在價值」（intrinsic value），〔註89〕所有生物一樣具有內在價值，所以在生物圈中所有有機體具有同等的「生存權力」和「自我實現」的權利，在生態圈的所有存有者，彼此都是生態整體的一部份，人類沒有權力否定其它物種的生存價值，如奈斯所說：「地球生生不息的生命，

〔註88〕Paul W. Taylor, Respect for Nature: A Theory of Environmental Ethics, Princeton University Press, 1986, P.18. 譯文參見汪瓊，〈一種生物中心主義的環境倫理學體系——從泰勒的《尊重自然》一書看其環境倫理學思想〉，《浙江學報》第2期，2001，頁32。

〔註89〕莊慶信先生認爲：泰勒的「天生（被尊重的）價值」（inherent worth 本文翻譯爲天賦價值）應等同於「非人類中心主義」或環境整體主義的「內在價值」。（見莊慶信，《中西環境哲學——一個整合的進路》，臺北：五南圖書出版公司，2002，頁203）。格魯恩（Lori Gruen）也指出環境哲人有的講「內在價值」，有的講「天賦價值」，有的講「固有價值」，所以格魯恩認爲：「但承認不同的哲學家常使用不同的語詞表達同一種的價值，這是很重要的。」（見莊慶信，《中西環境哲——一個整合的進路》，臺北：五南圖書出版公司，2002，頁232）。所以本文認爲泰勒的「天賦價值」和奈斯的「內在價值」應都是表達生物或非生物內在本身所具有的價值，不是外在環境或人類所賦予的。

包含人類及其他生物，都具有自身的價值，這些價值不能以人類實用的觀點去衡量。」〔註90〕所以深層生態學是從整體的生態環境觀點出發，而不是以人類實用的觀點去衡量，認知各個生物的價值是都平等的，沒有任何生物的重要性先天優於其它生物，所以深層生態學顧及的是整體環境利益而不只是人類的利益而已，是一種以生物及非生物做爲思考起點的環境倫理思想，德維、塞申斯在詮解奈斯的觀點進一步地指出：「這兒所用的『生命』一詞，採比較廣泛而非技術性的用法，也指涉生物學家所區分的『無生物』：河流、山水、生態系統。因深度生態學支持者的口號，就如『讓河流活著』闡明了……」〔註91〕所以奈斯的「深層生態學」在環境倫理關懷層面，比泰勒「生命中心倫理」的關懷層面更廣，也將環境倫理學從人類中心的倫理學提昇到生態中心的倫理學，王曉華先生在〈建構超越人類中心主義的倫理學〉一文中提到：

> 爲了守護整個生態系統，倫理學必須由一個純粹倫理學概念擴大爲
> 生態學概念，即由人類中心主義的倫理學昇華爲生態中心的倫理
> 學。如果說人類中心主義的倫理學的典型公式是善——對人類有
> 利；惡——對人類有害，那麼生態倫理學則認爲：善——對生態
> 系統有益；惡——對生態系統有害。生態倫理學實際上是敬畏生命
> 的倫理學，它用生態中心主義揚棄了人類中心主義。〔註92〕

《聖經》〈創世記〉中提到神依照自己形象創造了人類，並賦予人類對於自然萬物的管理權，使得人類和自然形成一種「主」與「屬」的關係，也是「強烈人類中心倫理」思想的源頭之一，「強烈人類中心倫理」的思想認爲對人類有利的就是善的，對人類有害的就是惡的，這種思想是傷害生態環境的主要原因。要解決當代日益惡化的生態環境，我們應從「強烈人類中心倫理」的思想轉化爲「生態中心倫理」的思想，「生態中心倫理」主張每一生物及非生物都有其「內在價值」，深層生態學學者德維和塞申斯認爲，內在價值是必然地平均分配給每個個體的：「生物圈中的所有有機體和實體，作爲相互聯繫的整體的一部分，擁有相等的內在價值。……生活和發展的平等權利在直覺上

〔註90〕見莊慶信，〈中國大地哲學與西方環境哲學的會通〉，《哲學與文化》第 21 卷第 3 期，1994.03，頁 220。

〔註91〕Bill Deval and George Sessions, Deep Ecology: Living as if Nature Mattered, Salt Lake City: Peregrine Smith Books, 1985, p.71. 見莊慶信，〈中國大地哲學與西方環境哲學的會通〉，《哲學與文化》第 21 卷第 3 期，1994.03，頁 220。

〔註92〕王曉華，〈建構超越人類中心主義的倫理學〉，《倫理學月刊》，1999，頁 9～10。

是清晰和明顯的價值標準。」〔註93〕西方環保專家弗爾曼（Dave Foreman）在一九八七年也提到：「一切萬物，眾生——如四足者、有翼者、六腳者、有根者、流動者等等，均與人類一樣，有同等的權利居住其所，而且它們本身就是其生存的評估者，它們有其內在價值，完全不必依附人類的評價而定高低。」〔註94〕深層生態學思想有著生態學的概念，認為在生態系中每一個物種都有著自己的角色，因著生產者、分解者以及消費者各自扮演好自己角色，因而形成了穩定和諧的生態系，所以在食物網中並沒有所謂地位高或地位低的劃分，這些是人類自己主觀所劃分的。在深層生態學的思想中，所有生物及非生物都具有內在價值，都具有平等的地位，而所有的生物和非生物的關係都是密不可分，任何一個存在物的存在，都有助於形成一個更具豐富性和多樣性的生態環境，奈斯認為：

> 具有一百個物種的生態系統顯然要比僅有三個物種的生態系統具有更大的豐富性和穩定性。在這種意義上，生態系統中的一切存在物都有助於系統的豐富性和多樣性，這種豐富性和多樣性正是生態系統穩定和健康發展的基礎，因此，一切存在物對生態系統來說就是有價值的。當我們把注意力轉向包括人類自身在內的生態系統時，就會發現，一切生命體都具有內在目的性，它們在生態系統中具有平等的地位，沒有等級差別。人類不過是眾多物種中的一種，在自然的整體生態關係中，既不比其他物種高貴，也不比其他物種卑微。因此，人在自然生態系統中並無優於其他存在物的天賦特權。深層生態學所說的平等不是絕對的平等，而是生態系統賦予人和自然存在物的權利和利益的平等，因為人和自然存在物都是生態系統「無縫之網」上的一個「節」。〔註95〕

深層生態學認為人和自然存在物，都是生態系統「無縫之網」上的一個「節」，都是同樣平等的地位，而人類只不過是眾多物種中的一種，所以並不比其他物種優越，也不比其他物種低下，所有的生物及非生物對生態系統來

〔註93〕Bill Deval and George Sessions, Deep Ecology: Living as if Nature Mattered. Salt Lake City: Peregrine Smith Books, 1985, pp.67～69. 見雷毅，《深層生態學思想研究》，北京：清華大學出版社，2001，頁160。

〔註94〕見馮滬祥，《環境倫理學——中西環保哲學比較研究》，臺北：臺灣學生書局，1991，頁231。

〔註95〕見雷毅，《深層生態學思想研究》，北京：清華大學出版社，2001，頁51。

說都是重要的，也都應享有平等的生存權利及倫理關懷，深層生態學的「生物中心平等性」是一種徹底的平等主義，雷毅先生提到：

> 作為深層生態學的另一最高準則，生態中心主義平等是指生物圈中的一切存在物都有生存、繁衍和充分體現個體自身以及在大寫的自我實現中實現自我的權利。可見，深層生態學主張的平等，既不是動物權利論意義上的平等，也不是其他非人類中心主義狹隘意義上的平等，而是生態中心意義上的平等。它把平等的範圍擴大到整個生物圈，一種徹底的平等主義。〔註96〕

深層生態學的「生物中心平等性」肯認了所有生物圈的平等，不是以人類利益出發的狹義平等，而是一種以整體生態系統出發的廣義平等，不管是四足者、有翼者、六腳者、有根者、流動者等，都和人類一樣具有平等的內在價值，所以都有生存、繁衍和充分體現個體自身的權利，所以說「生物中心平等性」是另一個深層生態學最高準則「自我實現」的基礎。

（二）、自我實現（self-realization）

深層生態學的最高準則之一「生物中心的平等性」，揭示了生態環境中的所有物種均是平等的地位，不因人類的認定而影響其本身的內在價值，也因為有了「生物中心的平等性」的基礎，所以才可以進一步談論另一條重要的最高準則「自我實現」，要談深層生態學的「自我實現」，我們先瞭解西方「自我」的概念，德維和塞申斯提到：

> 在保持世上宗教的精神傳統方面，自我實現的深層生態學準則遠超過現代西方思想中自我的定義。現代西方定義的自我主要是力爭享樂主義滿足的孤立的自我，這是一個社會程式意義上狹義的自我。社會程式意義上狹義的自我或社會性自我脫離了我們原本應定的自我，它讓我們追隨時尚。只有當我們不再將自己理解為孤立的和狹義的相互競爭的個體自我，並開始把自己融入家人、朋友、其他人最終到我們這個物種時，精神上的昇華或展現才會開始。但自我的深層生態學意義需要進一步成熟和發展，要認識到除人類之外還有非人類的世界。〔註97〕

〔註96〕雷毅，《深層生態學思想研究》，北京：清華大學出版社，2001，頁49。
〔註97〕Bill Deval and George Sessions, Deep Ecology: Living as if Nature Mattered. Salt Lake City: Peregrine Smith Books, 1985, pp.66～67. 見戴斯‧賈丁斯（Joseph R.

深層生態主義者認爲現代西方狹義的「自我」，是物質享樂的自我，也是自我
中心的自我。認爲爲了物質欲望可以無限開發生態環境，爲了滿足享樂需求
可以任意傷害自然萬物，在人類和非人類世界之間劃了一道線，隔離了人與
自然的整體關係。深層生態學的「自我」是自然世界的「大我」（Self），而不
是狹隘的──人類個體的「自我」小我（self）。大我的「自我」並不是心理
學家佛洛伊德所稱的本我（ego）追求快樂，滿足欲望的「本我」，本我（ego）
關注的是自身欲望是否有滿足，是否能滿足自身的快樂，並未考量到自身之
外的萬物，而大我的「自我」（Self）是整體大自然的環境，包含了動物和植
物、生物及非生物、礦物及土壤……等，奈斯指出：

> 深層生態學「自我實現」中的「自我」是形而上的「自我」，它是用
> 大寫的字母 S 構成的（Self），通常稱爲「大我」，它與小寫的自我
> （self），俗稱「小我」，有本質的區別。那麼，人們怎樣才能實現由
> 「小我」向「大我」的轉換或者說完成「自我實現」過程呢？奈斯
> 認爲，自我的成熟需要經歷三個階段：從本我（ego）到社會的自我
> （self）；從社會的自我到形而上的自我（Self）。他用「生態自我」
> （Ecological Self）來表達這種形而上的自我，以表明這種自我必定
> 是在與人類共同體、與大地共同體的關係中實現。自我實現的過程
> 是人不斷擴大自我認同物件範圍的過程，也是人不斷走向異化的過
> 程。隨著自我認同範圍的擴大與加深，我們與自然界其他存在的疏
> 離感便會縮小，當我們達到「生態自我」的階段，便能「在所有存
> 在物中看到自我，並在自我中看到所有的存在物」。這裏的「看」不
> 是認識論意義上的認識或反映，而是與被「看」的存在物具有某種
> 價值關係。〔註98〕

所以當我們能從心理意義的自我（ego）走向社會性的「我」（self），繼而努力
提昇到「生態我」（Ecological Self）的「大我」（Self）時，此時已無生態環境
與人類之區別。因爲我們生命中本來就有著大地的清水在身體中流暢著，身
軀裏本來就有著生態環境的空氣在身心中自由的呼吸著，我們和生態環境本
來就是相依相連的，而我們和生態環境的生命也是共存共榮的，也就是達到

Des Jardins）著：林官明，楊愛民譯，《環境倫理學──環境哲學導論》，北
京：北京大學出版社，2002，頁 253。
〔註98〕見雷毅，《深層生態學思想研究》，北京：清華大學出版社，2001，頁 46～47。

「大我」（Self）的階段，能「在所有存在物中看到自我，並在自我中看到所有的存在物」，深層生態學者喬安娜・麥西（Joanna Macy）指出：

> 我認為，對於我們現在的生存來說，這種轉換（強調我們與更大集體中的所有存在的認同能力）確實是必要的，因為它可以代替說教；而說教又不起作用……例如，我肯定不會勸你不要砍下自己的腿。我或你都不會那樣做，因為你的腿是你的一部分。同樣，亞馬遜盆地的森林也是我們的一部分，是存在於我們體外的肺。我們開始意識到這一點，並愈來愈明白，我們自身就是我們的世界。〔註99〕

所以人們不應窄化自己的視野，只看到自己的利益忽略了整體環境的利益；人類也不應矮化自我格調，只重視小我經濟的利潤而犧牲了大我的永續綿延。當我們能體會「亞馬遜盆地的森林就是我們的一部分，是存在於我們體外的肺。」如此就是能「在所有存在物中看到自我，並在自我中看到所有的存在物。」將自己的小我縮小，放大自然界的大我，這就是深層生態學的最高準則之一「自我實現」蘊含的意義。「自我實現」是縮小個體自我與整體自然界存在物的距離，一種將自我認同範圍逐漸擴展為大我的過程，這就是「自我實現」的過程，楊通進先生在《走向深層的環保》一書中提到：

> 自我實現的過程，也就是逐漸擴展自我認同的物件範圍的過程。通過這個過程，我們將體會並認識到：1、我們只是更大的整體的一部分，而不是與大自然分離的、不同的個體；2、我們作為人和人的本性，是由我們與他人、以及自然界中其他存在物的關係所決定的。因此，自我實現的過程，也就是把自我理解為、並擴展為大我的過程，是縮小自我與其他存在物的疏離感的過程，是把其他存在物的利益看做自我的利益的過程。逐漸擴大認同範圍的過程，也是自我日益成熟的過程。〔註100〕

深層生態學把生態環境看成是一個整體有生命的系統，不論是動物、植物或是大地、河流、山川，都具有自身存在的內在價值，也因而擁有生存和繁衍

〔註99〕Fox W. Toward A Transpersonal Ecology, Boston: Shambhala Publications Inc.1990, p.229.見雷毅，《深層生態學思想研究》，北京：清華大學出版社，2001，頁155。
〔註100〕楊通進，《走向深層的環保》，成都：四川人民出版社，2000，頁172。

的平等權利，如德維和塞申斯所說：「生物圈中的所有事物都擁有生存和繁榮的平等權利，都擁有在較寬廣的大我的範圍內使自己的個體存在得到展現和自我實現的權利。」〔註101〕「自我實現」的基礎是「生物中心的平等性」，二者是內在相關的，有因著生物圈中的所有事物都擁有生存和繁榮的平等權利，才得以肯認自我的存在，能縮小自我、認同大我，繼而能超越整個人類的視野，包含一種非人類世界的整體認同，所以自我實現的過程是一個逐漸擴大認同範圍的過程，也是自我日益成熟的過程。透過「自我實現」的過程，人類將會越來越深刻地體會到，我們只是整體環境的一部分，不是和生態環境分離的、單獨的個體，理解自我利益只是整體生態環境利益的一部分，因而致力於整體生態環境利益才能顧及到自我利益，「自我實現」就是要理解並致力於完成這個整體，而「自我實現」最大的展現就是生物多樣性最大化的展現，奈斯認為最大限度的自我實現，離不開最大限度的生物多樣性，生物多樣性保持得越多，自我實現就越徹底，奈斯說：

> 我不在任何狹隘的、個體意義上使用「自我實現」表述，而要給它一個擴展了的含義。這是一種建立在內容更為擴泛的大寫「自我」（Self）與狹義的本我主義的自我相區別的基礎上的，在某些東方的「自我」（atman）傳統中已經認識到了，這種「大我」包含了地球上的連同它們個體自身的所有生命形式。若用五個詞來表達這一最高準則，我將用「最大化的（長遠的、普遍的）自我實現」！另一種更通俗的表述就是「活著，讓他人也活著（live and let live）」（指地球上的所有生命形式和自然過程）。如果因擔心不可避免的誤解不得不放棄這一術語，我會用術語「普遍的共生」來替代。〔註102〕

自我實現的最大表現即是盡最大努力讓物種更多樣性，並讓生態環境的保持其整體的和諧。現今地球上物種滅絕的速度愈來愈快，威爾森（Edward O. Wilson）在《繽紛的生命——造訪基因庫的燦爛國度》一書中提到全球鳥類

〔註101〕 Bill Deval and George Sessions, Deep Ecology: Living as if Nature Mattered. Salt Lake City: Peregrine Smith Books, 1985, p.67. 見雷毅，《深層生態學思想研究》，北京：清華大學出版社，2001，頁 50。

〔註102〕 Naess A. The Deep Ecological Movement: Some Philosophical Aspects. In: George Sessions, Deep Ecology For The 21st Century, Boston: Shambhala Publications Inc, 1995, pp.64～83. 譯文參見雷毅，《深層生態學思想研究》，北京：清華大學出版社，2001，頁 47。

瀕危物種的資料：「過去兩千年間，全球五分之一的鳥類，主要是因人類登島後而消弭的。因此，如果人類並未侵擾這些鳥，現在應有一萬一千種鳥，而非只有九千零四十種。根據國際鳥類保育委員會（International Council for Bird Preservation）最近的研究，現存鳥種的百分之十一（或一千零二十九種）是瀕危物種。」〔註103〕威爾森在《生物圈的未來》一書中也提到夏威夷原生鳥類瀕臨滅絕的資料：「人類登陸前的夏威夷，在生物方面既多樣又獨特，從海濱到高山，裡頭充滿了起碼一百二十五種，甚至多達一百四十五種其他地方看不到的鳥類。……夏威夷原生的鳥類當中，現在僅存三十五種，其中二十四種瀕臨滅絕，十二種稀少得可能再也無法復育。」〔註104〕生態環境的破壞，化學物質的污染所造成的生態危機是很可怕的：在北海，海洋哺乳動物體內的多氯聯苯比以前多了一千萬倍。康明思（J. Cummins）說：「單是第三世界的多氯聯苯進入海洋，就足以使許多海洋哺乳動物絕跡。」〔註105〕人類往往為了自身利益獵殺其他物種，並破壞了生物的棲息地，人與自然爭地的情形愈來愈嚴重，導致特有生物愈來愈少，對於這樣的環境警訊若再不覺醒，生態環境的永續發展將不再可能。所以在環境倫理思想上，應起而實踐深層生態學的兩條最高準則——「生物中心的平等性」與「自我實現」，肯認所有生物及非生物的內在價值，讓所有生物及非生物都能具有平等的倫理關懷地位。人類能從自我（ego）走向社會性的「我」（self），繼而努力提昇到「生態我」（Ecological Self）的「大我」（Self）階段，以整體生態環境的「自我實現」為最終目標，如此則能使萬物如如實現自我，生態系統能維持其多樣性及豐富性，整體生物圈則能朝向和諧穩定、普遍共生的狀態發展。

三、「深層生態學」的基本原則

1984 年 4 月，深層生態學的兩位主要學者奈斯和塞申斯，在加利福尼亞州的死亡谷（Death Valley）做了一次野外宿營。在宿營地，他們對十多年來深層生態學思想發展做了總結性的長談，在「以生物中心的平等」和「自我

〔註103〕威爾森（Edward O. Wilson）著，金恒鑣譯，《繽紛的生命——造訪基因庫的燦爛國度》，臺北：天下文化出版公司，1998，頁 347。

〔註104〕威爾森（Edward O. Wilson）著，楊玉齡譯，《生物圈的未來》，臺北：天下文化出版公司，2002，頁 87。

〔註105〕萊理斯‧約翰（Leslie John）著，賈士蘅譯，《世界末日——人類滅絕的科學與道德觀》，臺北：揚智文化出版，2001，頁 57～58。

實現」這二個最高準則基礎上，兩人共同起草了一份深層生態運動應遵循的八條基本原則，〔註106〕現就八條深層生態學基本原則概述並加以論述如下：

（一）地球上不論人類或非人類的生命本身就具有「價值」，而此生命價值，並不是以非人類世界對人類世界的貢獻來決定。

論述：「地球上人類或非人類的生命」指的是地球整各生物圈，包含了個體、族群、群落、生態系、生態群系及生物圈，還有人類以及人類文化。「價值」就是生物及非人類本身的內在價值，它的存在不是因為人類的認同才存在，也不是因為對人類有用的才有內在價值，對人類沒有用途的就沒有內在價值，一切的內在價值都來自於生命本身，排斥以人類利益為出發點去評價其他生物的價值。

（二）生命形式本身就具有價值；而且，生命形式的豐富度和多樣性，有助於這些生命價值的「實現」（realization）。

論述：生態學是深層生態學的理論基礎之一，而生態學強調的是所有無機和有機成分在整個生態系統上都是一樣重要的，缺少動植物、細菌、真菌或土壤、岩石……等其中一個成份，都將影響到整個生態的平衡機制，所以生態學認為應維持物種的多樣性，才能使整個食物網中的各個食物鏈保持其豐富性和穩定性，也因為生命形式的豐富度和多樣性，進而使各物種能「自我實現」。

（三）人類沒有權利減少這樣的豐富度和多樣性，除非是為了維持生命的基本需求。

論述：有些反對深層生態學的學者，所持的理由之一，是認為深層生態學過於反人類中心，認為深層生態學是生態的法西斯主義，然而深究深層生態學的思想內容，可以得知深層生態學反對是對於生態環境的不尊重及太多的干擾，對於維持生命的基本需求是不反對的，如雷毅先生所說：「深層生態學的反人類中心主義態度反對的是人類在自然面前的

〔註106〕Naess A.（1986）The Deep Ecological Movement: Some Philosophical Aspects.; Bill Deval and George Sessions, Deep Ecology: Living as if Nature Mattered, Salt Lake City: Peregrine Smith Books, 1985, p.70. 譯文參見王從恕，《環境倫理思想研究》，臺北：臺灣師範大學科學教育研究所博士論文，2000，頁140。另參雷毅，《深層生態學思想研究》，北京：清華大學出版社，2001，頁52～57。另參楊冠政，〈環境倫理學說概述（四）生態中心倫理〉，《環境教育季刊》第30期，1996d，頁24～26。

種種特權，而不是連同人類的基本生存權利也一併反對。在這種意義上，深層生態學不僅不反人類，相反，它像一種寬泛的人道主義。」〔註107〕

（四）要維持人類生命和文化的豐富度，只能有少量的人類人口；要維持其他生物的豐富度，也需要少量的人類人口。

論述：地球資源有限，而人口數量過多，這是我們地球永續發展的一大問題，然人口問題是各個國家很難強制管理及限制的，因為人口政策牽涉到許多的因素如：經濟因素、文化因素、社會因素、教育因素、醫療因素⋯⋯等，是一個很難處理的大問題，而此項原則是站在警告的立場，盼望全體人類能共同來重視這一問題。

（五）目前人類已經對其他生物造成過度的干擾，並且在快速惡化當中。

論述：地球上各個物種最基本的需求即是生存，人類也不另外的為了生存須從事各項生產工作——農業生產、工業生產、商業交易等，在生產的同時伴隨而來的就是污染及破壞，如何在經濟發展與環境永續上做一平衡，是各個國家應去重視的一大議題。此項原則告知人類盡量避免對生物圈過度的干擾，希望我們能以最小的干擾而不是最大的破壞，影響了地球這個生物圈，也就是呼籲人們「手段儉樸，目的豐富」（simple in means，rich in ends），〔註108〕以維持物種的多樣性及穩定性，使得整體生物圈能和諧穩定發展。

（六）政策必須加以改變，因為這會影響基本的經濟、科技和意識形態三者的結構；這將使得最終狀態，與現在狀態完全不同。

論述：深層生態學反對「經濟成長」掛帥的政策，認為鼓勵大量消費行為可以促進經濟發展，而忽略生態永續發展的政策，是不正確的，應該加以修正，如此才可以改變現今過度開發環境，破壞自然生態的狀態。經濟政策的改變和生態永續政策的推展，透過「從基層到基層」的方式來實施，可以避免政府的負面影響，某些國家不關心較深層的生態問題，因而透過非政府的國際組織來實現全球性的環保行動，就顯得十分重要。〔註109〕這一原則的提出，可證明深層生態學不只是一門學

〔註107〕雷毅，《深層生態學思想研究》，北京：清華大學出版社，2001，頁 139～140。
〔註108〕雷毅，《深層生態學思想研究》，北京：清華大學出版社，2001，頁 51。
〔註109〕參何懷宏，《生態倫理——精神資源與哲學基礎》，保定：河北大學出版社，

說，更是一個希望透過「實踐」來改變現況的哲學思想，雖然政策的改變和推展無法得到立竿見影之效，然而只要能不斷的修正和實施，經年累月仍可見其功的。

（七）意識型態的改變，主要在於對「生命品質」（life quality）的讚賞（基於生命的天賦價值觀點），而不是追求更高的生活水準。我們將會深深的覺知，在「大」（bigness）和「偉大」（greatness）之間是不同的。

論述：「大」（bigness）指的是數量的大，而「偉大」（greatness）指的是質量的大，二者是有顯著差別的，追求時髦身批貂皮大衣是屬於追求數量的生活享受，而享受簡樸衣著、簡單生活是屬於追求質量的生活品質，「我寧願裸體也不穿皮草」（I'd rather go naked than wear fur）就是一種消費意識的覺醒，而近來也愈來愈多人嘗試過著「簡樸生活」，其實這些都是很好的意識形態轉換。

（八）認同上述觀點的人，都有義務直接或間接參與必要的改革。

論述：深層生態學是一門實踐哲學，鼓舞人們能起而保護環境，落實環保概念於日常生活中，也許改革的路很遙遠，但只要能聚集一點一滴的心、累積的力，生態環境的永續將是指日可待的。也許有許多不同觀點的學者，對於深層生態學多所批判，然而我們卻不能因此忽略了深層生態學的用心及其廣闊的關懷視野，是值得予於肯定並進而身體力行的。

　　綜上所述，奈斯的深層生態學的兩條最高準則為「自我實現」與「生物中心的平等性」，「自我實現」所實現的除了是小我的實現，最終目的是要能夠完成大我的實現，自然界的每一存在物都是在朝向自身意義的實現，而這些意義的呈現才是整體自然意義的實現，也意味著所有生命的潛能的展現。「生物中心平等」則認為在生態圈中所有的有機體都是平等的成員，每個有機體都具有平等的「內在價值」所有生物一樣具有內在價值，所以在生物圈中所有有機體具有同等的「生存權力」和「自我實現」的權利，在生態圈的所有存有者，彼此都是生態整體的一部份，人類沒有權利否定其它物種的生存價值，如約翰‧羅爾斯所說的：「每個人都有基於正義的不可侵犯性，即使為了全社會的福祉也不能被超越。因此，正義否認為了使某些人享有更大的

2002，頁494～495。

利益而使另一些人喪失自由的正當性。」〔註110〕所以尊重每一物種的生存權和自我實現的權利是神聖而且不可侵犯的，況且人和其他生物都起源於一個共同進化的過程，也同時面對同一個生態環境，人與其他生物是密不可分的一個生命共同體，人類與其他物種都是地球生命共同體平等的一員，所以人類不應再自以為是、以自己為中心了，如楊通進先生所說：

> 人的產生在進化的人類歷史上不過是滄海一粟，在人類未出現之前，
> 地球上的生物就自成一個相互依存的體系，在漫長的歷史演化之中，
> 人類是晚來者，人的生存要依賴其他生物和自然界，但其他生物的生
> 存卻不依賴於人類，如果，世間沒有人類，不會使其他生物遭受到損
> 失，也不會使環境帶來不良的影響，如以自然界生命共同體的真實利
> 益而言，人的消失對自然界而言反而有益的重要性。〔註111〕

說到人類的消失對自然界而言反而是有益的，也許是太過嚴重了，其實人類可以扮演好自己的角色，人類應認知世界上的生物及非生物均有其生命的內在價值，所有的生物都是平等的地位，並盡量縮小個人的小我，進而努力省思實踐完成整個生態的大我，讓萬物萬種均能完成自我實現的狀態，要求自我能遵守深層生態學的八項基本原則，用心體會努力實踐，若能如此，人類對於生態環境的永續發展，其實是有其正面角色及地位的。

〔註110〕約翰·羅爾斯（John Rawls）著，李少軍、杜麗燕、張虹譯，《正義論》，臺
　　　　北：桂冠圖書公司，2003，頁 3～4。
〔註111〕徐嵩齡主編，《環境倫理學進展——評論與闡釋》，北京：社會科學文獻出版
　　　　社，1999，頁 35。

第三章　老子「道」的詮釋

第一節　老子「道」的詮釋系統

　　老子《道德經》一書，文約義深、言簡旨遠，其中包含的哲學義理豐贍且多元，在歷代的思想潮流中，研究老學之作，可謂是汗牛充棟、不計其數。如嚴靈峯先生在《老莊研究》──〈王弼以前老學傳授考〉中提到，援引四史及先秦、漢、魏諸子之書，從關尹以下至王弼，共輯得百七十餘人。〔註1〕另嚴先生所輯《老列莊三子知見書目》中統計到老子專著合計有一千一百七十餘種，論說有八百七十餘篇，此乃四十年前的資料，若今再做統計有關老子的專文專著，數目將是多倍數成長。〔註2〕而根據唐君毅先生之考證，老子之學從韓非解老到王弼注老，數百年間，也已歷經五變。〔註3〕

　　短短五千餘言的老子，竟有如此豐富的研究空間，歷經多代方家學者的豐富撰述，仍未能將老子的義理系統定於一方，反而讓老學更發精采、更顯多元，可見老子文本中的哲理思想，是容許有多元詮釋及不同視角的，所以當代幾位學者如：胡適先生、馮友蘭先生、徐復觀先生、勞思光先生、方東

〔註1〕嚴靈峯，《老莊研究》，臺北：中華書局，1966，頁532。
〔註2〕嚴靈峯，《老列莊三子知見書目》，臺北：中華叢書編審委員會，1965。另見袁保新，《老子哲學之詮釋與重建》，臺北：文津出版社，1997，頁9。
〔註3〕唐君毅先生考證老學之五變分別是：「韓非之解老篇」、「淮南子之言道」、「漢初之言黃老之術以爲政者」、「養生家、醫家與神仙家與後之道教之言老子之道」以及「王弼之言道之思想方向」。唐君毅，〈王弼之由易學以通老學之道（下）〉，《中國哲學原論──原道篇卷二》，臺北：臺灣臺灣學生書局，1993，頁354～358。

美先生、唐君毅先生、牟宗三先生等，對於老子的義理詮釋也都各有洞見、互有發明，〔註4〕而其中以唐君毅先生、牟宗三先生的見地最有規模及最具慧眼。唐君毅先生、牟宗三先生亦是老子義理詮釋的兩大系統代表人物，如袁保新先生在《老子哲學之詮釋與重建》一書中提到：

> 在當代老學研究普通傾向客觀形上道體的詮釋系統中，唐先生之說是思維論析最詳密的，故而學者有鑒於唐先生堅持「形上道體」的優先性，並且認為「形上道體」乃吾人直覺所對的客觀實有，遂將唐先生對老子形上義理所詮構的理解系統，名之為「客觀實有形態」的形上學，以有別於牟宗三先生所提出的另一項詮釋系統——「主觀境界形態」的形上學。〔註5〕

唐君毅先生對老子道的概念，認為有六義分別是：1、虛理之道，2、形上道體，3、道相之道，4、同德之道，5、修德之道及其他生活之道，6、事物及心境人格狀態之道。唐先生認為其中最重要且貫釋其他五義的是：「形上道體」，唐先生認為老子的道，是形而上之具體的存在者，而且是個實體；相反的，牟先生對於老子道的理解，卻是採用完全不同的理路來析論，牟先生認為老子的道，不是個實體，而是透過主觀修養所朗現出的虛靜境界。因而唐君毅先生對老子形上義理的詮釋系統，謂之為「客觀實有形態」的形上學，而牟宗三先生所提出的另一項詮釋系統，謂之為「主觀境界形態」的形上學。

同樣一部《道德經》原典，詮釋出來的結果卻是如此南轅北轍，孰是孰非？孰精孰湛？其實是難以定論的，因為唐先生及牟先生彼此學術研究進路的不相同，當然所得的立論就各有見地、各顯精采之處，如袁保新先生所說：

> 為什麼一部五千言的道德經，在當代學者的詮釋下會發展出如此差異的詮釋形態呢？我們若以唐君毅教授與牟宗三教授作為這兩種詮釋系統的代表則造成詮釋差異的原因，顯然與二者的方法進路有密切關聯。我們從唐教授〈原道〉一文中可以看到，由於唐教授採取「語義類析的進路」(semantic approach)，先分解出「道」的六義，其中包括具有創生作用的「實體義」，所以在第二階段的貫釋過程中

〔註4〕 袁保新先生認為：「事實上，只要我們稍微深入的檢視，仍可以在這六種詮釋中歸納出兩種基本的形態，即『客觀實有』的詮釋形態及『主觀境界』的詮釋形態。」參袁保新，《老子哲學之詮釋與重建》，臺北：文津出版社，1997，頁135。

〔註5〕 袁保新，《老子哲學之詮釋與重建》，臺北：文津出版社，1997，頁47。

——亦即「理論重建的詮釋」（theoretical reconstructive interpretation）——中，也就必須保留「道」的實體性，甚至在「虛實」判準下必須引爲老子形上義理展開的基礎。但是牟宗三教授則不然。在《中國哲學十九講》中，牟教授曾明白地表示，要理解道家的興起以及老子所提出的「道」、「無」、「有」等概念，必須要扣緊老子時代特殊機緣——「周文疲弊」，以及中國文化生命和所發出的「智慧」才行。因此，當牟教授通過「思想史的進路」（approach of intellectual history），確定老子思想的基本關懷是一個生活實踐的問題，其形上概念均是從生活實踐中提煉出來，與西方傳統的「觀解形上學」無關之後，在隨後「存在性的詮釋」（existential interpretation）中，「道」的實體性與客觀性也必須由主體修養的「心境」所取代。〔註6〕

其實換一個角度思考，正因爲《道德經》文本義理的豐富，所以引來各方賢士學者爭相詮釋，同樣的唐先生及牟先生對於《道德經》的詮釋，因著個人環境機緣、研究進路的不同，開展出不同的義理見解，其實是各有洞見。本節重點在於瞭解老子義理詮釋兩大系統研究進路的不同，及概述兩大系統的詮釋內容，繼而說明爲何採用牟宗三先生詮釋系統做爲本文論述的基礎。從袁保新先生上段文字的說明，我們可以清楚得知，唐先生以「語義類析的進路」及「理論重建的詮釋」來析論老子「道」之六義，認爲老子的「道」有其實體義，此方法是以一種「觀念史」的詮釋角度來疏通老子義理。牟先生扣緊老子義理興起的特殊機緣「周文疲弊」以及中國哲學「重生命、著實踐」的特質，論述出來的「道」則是主體心境實踐的境界，此方法是以一種「思想史」的詮釋角度來探究老子義理，企圖還原孕育老子哲理的背景，使老子哲理更貼近生活、接近生命，讓老子義理更能體悟及實踐。

現就唐君毅先生的探究《道德經》的研究進路簡單陳述，唐君毅先生於〈原道上：老子言道之六義〉的序言中提到，解老之書，汗牛充棟。約而論之，不外數途：

（一）校詁考證之途：著眼於章句傳注之業及文字聲音訓詁之功，按漢書藝文志，所著錄之書，有老子鄰氏經傳，傅氏經說，徐氏經說，劉向老子說四篇。據隋志及經典釋文所載，尚有《河上公注》，毋丘望之注及嚴遵注等書。

〔註6〕袁保新，《老子哲學之詮釋與重建》，臺北：文津出版社，1997，頁136～137。

（二）申發妙會玄旨之途：旨在順其妙會冥悟之所及，抒發玄旨奧義，以期能啓其端，繼而承其理，如魏晉玄學王弼注老、明焦竑《老子翼》。

（三）相明相發之途：意在觸類旁通，自成一家一派，對於老子文約旨遠之奧旨妙義有多所發明。如鳩摩羅什、僧肇的老子注，蘇轍之《道德經解》，憨山德清《道德經解》，西學解老等。〔註7〕

唐君毅先生認爲第一途徑：校詁考證之途的弊失爲停滯於文字聲音的訓詁、分章段句的考證，容易流於瑣碎的枝微末節，難見大體之旨。第二途徑：申發妙會玄旨之途的弊失爲申發己義過度時，難免會引喻失義、抑揚過當、徒求妙音於弦外，容易有遠離原典原義的荒誕之作。唐先生對於第三途徑：相明相發之途持著較中肯的立場，認爲又大道無方，常存天壤，各家各派均有其相明相發之處，故第三途容人自擇。最後唐先生統整出其解釋中國思想及貫釋解老之途爲：

> 爲今之計，竊謂：只循訓詁以明章句，未必能通其大義，而徒求妙契於言外，則非中士之所能企，亦難以取信於當世。欲兼去此二弊，其道宜先類辭以析義，而觀其義之所存，則無復章句之拘，而有訓詁之實，下學之功斯在；既得義之所存，再濟以統宗會元之功，而上達之事無極。愚年來所著，解釋中國思想之文，皆循此道，冀去彼或瑣或誕之弊，以合於先聖下學上達之旨。此非謂剋就下學之業，上達之功本身而言，更無事在，唯謂此下學上達之交，必應有此一段工夫，而一爲此人之所忽耳。此文解老，仍本斯意，先析老子所謂道之六義，再論其關聯通貫之幾，及老子言形上之道，其局限之所在；或亦可爲世之專事下學之業及上達之功，以解老者，有所取資，以共免於上述之二弊也。〔註8〕

綜上所論，唐先生的方法學乃採「先類辭以析義，再濟以統宗會元之功」——「下學上達」脈絡，唐先生的「下學之業」如袁保新先生所認爲的是「語

〔註7〕參唐君毅，〈原道上：老子言道之六義〉，《中國哲學原論—— 導論篇》，臺北：臺灣學生書局，1993，頁 368～369。另參陳德和，〈論唐君毅的老子學〉，南華大學哲學研究所《揭諦》第 5 期，2003.06，頁 166～167；袁保新，《老子哲學之詮釋與重建》，臺北：文津出版社，1997，頁 43。

〔註8〕唐君毅，〈原道上：老子言道之六義〉，《中國哲學原論—— 導論篇》，臺北：臺灣學生書局，1993，頁 369～370。

義類析的進路」（semantic approach），先就老子文本中章句加以分解歸類，而
後著眼於論析出章句的蘊含義理，所謂有訓詁之實，而無復章句之拘，唐先
生即是依此方法理出老子「道」之六義。而唐先生的「上達之功」如袁保新
先生所認爲的是「理論重建的詮釋」（theoretical reconstructive interpretation），
依「下學之業」所得的義理，濟以統宗會元之功，加以觸類旁通，申發玄旨，
以達臻下學上達之效，也就是對於老子「道」之六義加以貫通詮釋，期能相
會相通老子「道」之六義，唐先生按「類辭析義，統宗會元，下學上達」的
研究方法，得到的結果爲老子的「道」是一形而上之具體存在的實體，以此
第二義貫釋會通其他的五義。袁保新先生認爲唐先生在詮釋老子形上義理所
採的是「理論程序」的觀點，因此會有此客觀實有形上道體的結論，袁保新
先生說：

> 在詮釋老子形上義理的兩個可能的觀點——「理論程序」或「發生程
> 序」——之間，唐教授傾向於從理論程序的觀點來架構老子哲學，
> 但牟教授卻傾向於從思想發生程序的觀點來辨析老子思想的特性。詮
> 釋的方法與進路既已不同，則導致的結論也就不能無異了。〔註9〕

《原道》一書中，以「道」的觀念來闡釋先哲思想，闡明中國歷代哲人對「道」
義理的理解，梳理出每一時代對「道」詮釋不同的義涵，並論述「道」觀念
的傳承與變化，詮釋出老子道之六義，可說是中國「道」哲理的觀念史。唐
先生以「語義類析的進路」及「理論重建的詮釋」觀念史的詮釋方式，析論
出老子「道」之六義，陳德和先生對此「道」之六義有一番精采的概述：

> （一）虛理之道：其所以名爲虛理之道，唐先生是說它乃做爲形式的
> 　　　律則而必須依附在事物的關係或變化中才相對地出現或被發現
> 　　　者，如果沒有事物的存在則它永遠只是抽象或潛存的，所以它
> 　　　並不具有客觀的、實體的意義；這種律則也可以是社會性的，
> 　　　但在老子書中則不乏對它做普遍性的形容，使之明顯具有自然
> 　　　律的意涵。筆者認爲，此虛理之道依唐先生義若特以指陳具普
> 　　　遍性意義的自然律則的話，那麼它當屬於宇宙論的範圍，蓋老
> 　　　子所用以說明宇宙生化之恒常法則者。
> （二）形上道體：指的是絕對的本眞、永恆的存在、超越的實存、和
> 　　　一切之所由來的創造者，它獨立自主又無限豐盈，乃爲萬有之

〔註9〕袁保新，《老子哲學之詮釋與重建》，臺北：文津出版社，1997，頁137。

本體；再者，它不僅不類於抽象凌虛的理則，同時它既非假法、亦非抽象有，而是具有實作用及實相之真實存在之實體或實理。唐先生所指出之此一具實體義、終極義和基礎義的道概念，當屬於形上學之所積極討論者。

（三）道相之道：道體本身，理該無相可說，然而對比於天地萬物，吾人亦可遮撥萬物之種種相以對顯道體之母、始、沖、虛、玄、妙、無、有、精、微、小、大、逝、遠、反、樸以及不可道、不可名等等相，此亦即是在超越的思考和超越的分解下，所提出之對形上之道的形容或描述。很顯然地，唐先生是藉由存有論的區分（ontological difference）以這顯出道之可名／不可名的合理性，蓋不可名者為道體，可名者則為道相，惟道相既在指陳道體，假若道體的義蘊循非言詮概念所能窮盡的話，則道相之有多端亦理上之當然了又道相本依於道體而生，道體若因其超越性格而為形上學之課題，則道相諸義就當歸諸於存有論的討論範圍。

（四）同德之道：老子書中的德概念或有偏自萬物之內在說，亦有偏自超越之道體以立言者，此同德之道即屬於後者，所以究其實它就是以「德」來說明「道」，又因為道是玄之又玄的，所以此道此德又可以稱之曰「玄德」。其實「德」在語義上既通於「性」而有性質、內容之義，又和「得」互訓乃引申出實現、成就等意思，職是之故，所謂道之玄德當可指涉道的本質義和作用義，而為一兼具存有論和宇宙論義的概念者。

（五）修德之道及其他生活之道：此為具方法論意義及實踐論意義的道概念，理論上它當分屬於知識論和實踐哲學（特別指倫理學和政治哲學）的不同範圍，但從中國哲學的特色說，無乃是以後者為大宗。

（六）事物及心境人格狀態之道：此意義之道當用來指生命人格的理想情況或本真至德者，在中國天人合德的思維底下，它當具有哲學人類學的性質，若歸諸於倫理學亦無不妥。〔註10〕

〔註10〕陳德和，〈論唐君毅的老子學〉，南華大學哲學研究所《揭諦》第 5 期，2003.06，頁 168～170。

唐先生認爲老子道概念的六義，此六義並非單獨存在而是可一以貫之的，唐先生以道之第二義——形上道體，爲論述老子道概念最重視的一義，而此義是一形而上存在的實體，唐先生說：「老子書所謂道之第二義，則爲明顯的指一實有之存在者，或一形而上之存在的實體或實理者。」〔註11〕道之第二義——形上道體是老子道概念的基礎，並且是疏釐其他五義的始點，因形上道體本是宇宙萬物存在的根據，所以最爲重要，因唐先生堅持「形上道體」的優先義，認爲「道」的形上意義是客觀自存的「實體」，因而學界將唐先生詮釋老子的系統，名之爲「客觀實有形態」的形上學。

　　相對於唐君毅先生的「理論程序」、「觀念史的進路」研究觀點，牟宗三先生採取的是以「思想發生程序」、「思想史的進路」（approach of intellectual history）研究觀點來探究老子的哲理義蘊，牟先生在《中國哲學十九講》提到老子的思想背景乃是因爲時代的特殊機緣，也就是扣緊「周文疲弊」而發的，所以要理解牟先生對老子的詮釋理路，則必須充分瞭解「周文疲弊」的深刻義涵。而何謂「周文」？何謂「周文疲弊」？「周文疲弊」的原因是什麼？袁保新先生提到：

　　當我們看到老子尖銳的批判「禮者，忠信之薄而亂之首也。」（三十八章），可以確定：老子思想所反映的，基本上是一個禮崩樂壞、周文疲弊的時代。問題是，所謂周文疲弊確切的意義爲何？如果我們相信「哲學思想不是憑空發生的」，則「周文疲弊」的意思就不止是表面的禮崩樂壞，而應該有更深刻的涵義，且與老子哲學的發生有密切的關聯。事實上，從思想史的觀點來看，所謂「周文」，也就是西周建國，面對蠢蠢欲動的殷民，在「敬德」的憂患意識下，因革損益，所發展出的一套以封建宗法爲基礎的禮制。這套集宗教、政治、道德爲一體的禮制，不但涵蓋了一切人生之活動，而且它本身就代表著一套世界觀，規範著天地、鬼神、事物、人我之間的和諧秩序。不幸的是，周室東遷，天子式微，在列國兼併、工商業興起、社會階層劇烈變動的情況下，這套燦然大備的禮制逐漸解體，不僅失去了安立人間秩序的功能，而且在嚴重僵化過程中，文明淪爲野蠻行爲的僞飾，在揖讓周旋中，包裹的只是「攘臂而扔之」（三十八

〔註11〕唐君毅，〈原道上：老子言道之六義〉，《中國哲學原論——導論篇》，臺北：
　　　　臺灣學生書局，1993，頁372。

章）的人間對立與衝突。〔註12〕

一位思想家的孕育化成，必有其時代的環境背景，藉由思想家自身的體驗，才能有深刻且可實踐的智慧產出，老子所面對的時代正是政局不安、價值失序、禮樂隳壞的年代。西周建國，爲了治理國家、安定政局，於是制定了一套完備的禮樂典章制度，如孔子云：「郁郁乎文哉，吾從周。」（《論語》八佾篇），即是說明了周公制禮，粲然完備，所謂「禮儀三百，威儀三千」，是說明周文確實是十分詳盡繁瑣的規範著君臣、人倫、天地、事物等典章制度。西周這套粲然明備的禮樂制度，到了春秋時代漸漸崩潰，因著貴族本身生活墮落，無法自身遵守周文禮制，再加上周室東遷，天子式微，王室貴族沒落，諸侯各自爲政，還有戰亂頻繁、經濟發展熱絡、社會階層不安於位等情況下，最後這套周文禮制已成爲了形式，形同虛設，也就是所謂的「周文疲弊」。老子身爲周朝守藏史，也就是現今的圖書館館長，飽覽群書經典，對於歷史朝代興衰原因了然於胸，面對此一「周文疲弊」的動盪時代，不禁感懷憂心，書寫智慧之語，期能對時代有所治療呼應。所以老子一書五千餘言，應是如牟宗三先生認爲的是在此一「周文疲弊」特殊機緣下撰述而成的，並非憑空想像出來的，我們從老子的文本脈絡中，其實是可以很容易呼應出「周文疲弊」的時代意義如：

> 五色令人目盲；五音令人耳聾；五味令人口爽；馳騁畋獵，令人心發狂；難得之貨，令人行妨。是以聖人爲腹不爲目，故去彼取此。（《道德經》第十二章）

> 大道廢，有仁義；智慧出，有大僞；六親不和，有孝慈；國家昏亂，有忠臣。（《道德經》第十八章）

> 以道佐人主者，不以兵強天下。其事好還。師之所處，荊棘生焉。大軍之後，必有凶年。善有果而已，不敢以取強。果而勿矜，果而勿伐，果而勿驕。果而不得已，果而勿強。物壯則老，是謂不道，不道早已。（《道德經》第三十章）

〔註12〕 袁保新，《老子哲學之詮釋與重建》，臺北：文津出版社，1997，頁191～192。本文在引用老子《道德經》的章句出處時，一律採用（《道德經》第○○章）的格式，但是在引用學者論述資料時，爲了保持原有引文的完整性，故引用老子《道德經》的章句時，不加以修改爲（《道德經》第○○章）之格式，本文以後之引文均是如此處理。

故失道而後德，失德而後仁，失仁而後義，失義而後禮。夫禮者，忠信之薄，而亂之首。（《道德經》第三十八章）

名與身孰親？身與貨孰多？得與亡孰病？是故甚愛必大費，多藏必厚亡。知足不辱，知止不殆，可以長久。（《道德經》第四十四章）

治大國，若烹小鮮。以道蒞天下，其鬼不神；非其鬼不神，其神不傷人；非其神不傷人，聖人亦不傷人。夫兩不相傷，故德交歸焉。（《道德經》第六十章）

吾言甚易知，甚易行。天下莫能知，莫能行。言有宗，事有君。夫唯無知，是以不我知。知我者希，則我者貴。是以聖人被褐而懷玉。（《道德經》第七十章）

民之饑，以其上食稅之多，是以饑。民之難治，以其上之有為，是以難治。民之輕死，以其上求生之厚，是以輕死。（《道德經》第七十五章）

從上述《道德經》的章句中，我們可以清楚釐出老子當時所處的時代：（一）禮崩樂壞與刑罰嚴峻（二）工商業的興起，人心欲望妄流（三）暴政肆虐及戰爭掠奪，造成民不聊生。〔註 13〕因為所處的時代環境使然，使得老子內心無數感觸，藉由撰述文字期能導正人心私欲、匡正社會亂象及糾正政治失序等，以還給人民安居樂業的日常生活，可見老子撰寫《道德經》是跟緊當時動亂環境的，是皆有感而發，並非徒托空言的，魏元珪先生提到當時政治動亂的歷史：

在景、敬二王三十餘年中，周室親族與遠人爭仕之慘劇屢見於史冊，以後鞏氏家族奔楚，餘黨在周，屢興叛局，致周室毫無寧日。老聃目擊周室骨肉相殘之酷，深嘆六親不和有孝慈、國家昏亂有忠臣。觀東周自平王之遷都洛邑，周室實已衰微，諸侯中彊拼弱，眾暴寡，屢見不鮮。齊、楚、秦、晉始行坐大，而形成政各自主的方伯。自桓王與鄭交惡，至楚莊王使人問九鼎，周定王使王孫滿應答以辭，楚兵乃去。此後歷簡王、靈王、諸侯國之眾大夫多弒其君，如靈王二十四年（公元前五四八年），齊國崔杼弒其君莊公……以後周敬王乘楚新敗於吳、蔡，乃使人殺子朝於楚，但子朝之餘黨因鄭人而作

〔註13〕參王邦雄，《老子的哲學》，臺北：東大圖書公司，1993，頁48～54。

亂，至敬王十八年（公元前五〇二年））長期骨肉之爭始暫定，故周
景、敬二朝之史事，實爲老子書激烈思想之背景。由是觀之，老子
五千言皆有感而發，並非徒托空言，實乃對歷史事實之回應，亦係
對亂世之感觸。〔註14〕

對於當時周室骨肉相殘、政治動盪、國家昏亂的環境，身爲知識份子的老子，
怎可置身於世外呢？雖無法直接影響政局朝事，但有所立言乃知識份子所應
當爲的，所以說老子《道德經》的文本，是扣緊時代問題、接近生活困境以
期能有所實踐的學問，並非天上飛來一筆憑空杜撰的，是一生命實踐的學問，
是可以落實於現實生活的學問，如胡適先生說：「我述老子的哲學，先說他的
政治學說。我的意思是要人知道哲學思想不是懸空而發生的。」〔註15〕所以
牟先生能對於老子《道德經》的「周文疲弊」思想源頭充分掌握，能認知老
子的哲理是一生命實踐的學問，是一著眼主觀心境修養的學問，而體悟出老
子《道德經》的道是一「主觀境界形態」的形上學，可謂是慧知卓見，陳德
和先生說：

> 從歷史的機緣做考察，發現「周文疲弊」是諸子百家所面臨的共同
> 問題，老子就在這個挑戰下，存在地講他的無爲、講他的自然、講
> 他的道，道概念成了他實踐關懷下的具體心得，而非純抽象思考的
> 知識產物，「無」也就不是西方存有論的概念，而是一種修養工夫和
> 境界。這是牟先生堅持他「主觀境界說」的一個重要理由，但是牟
> 先生並不反對老子也有一個形上學或存有論，只是這種形上學不同
> 於西方式的形上學，而是帶有價值意味的境界型態的形上學，或實
> 踐的形上學（practical metaphysics）。〔註16〕

因爲周朝爲了治理天下，發展出一套以封建宗法的禮制，所謂「禮儀三百，
威儀三千」煩瑣複雜，讓百姓生活於僵化的體制中，而貴族卻是盡情享樂、
盡量揮霍，因而老子體悟出「無」的哲理，無掉太多有爲妄作、化掉無數私
欲妄想，回歸於無爲自然、復歸於道。「主觀境界形態」的形上學正是以「無」
爲出發點，透過主觀心境的實踐工夫而所朗現出的虛靜境界，牟先生說：

〔註14〕 魏元珪，〈老子思想的歷史文化根源〉，《宗教哲學季刊》第 4 期，1995.10，頁
　　　　3。

〔註15〕 胡適，《中國古代哲學史》卷一，臺北：臺灣商務印書館，1970，頁 49。

〔註16〕 陳德和，〈論牟宗三對人間道家的哲學建構——以老子思想的詮釋爲例〉，南
　　　　華大學哲學研究所《揭諦》第 3 期，2001.05，頁 170。

　　道家的這個境界形態的形上學就是表示：道要通過無來了解，以無
　　來做本，做本體，「無名天地之始，有名萬物之母。」這個「無」是
　　從我們主觀心境上講（主觀心境不是心理學的，而是實踐的）。假如
　　你要了解「無名天地之始」，必須進一步再看下面一句，「常無欲以
　　觀其妙」，此句就是落在主觀心境上說。道家的意思就從這裏顯出
　　來，就是作用與實有不分，作用所顯的境界（無）就是天地萬物的本
　　體。一說到本體，我們就很容易想到這是客觀實有層上的概念。可
　　是你要了解，道家實有層上實有這個概念是從主觀作用上的境界而
　　透顯出來，或者說是透映出來而置定在那裏以為客觀的實有，好像
　　真有一個東西（本體）叫做「無」，其實這個置定根本是虛妄，是一
　　個姿態。這樣的形上學根本不像西方，一開始就從客觀的存在著眼，
　　進而從事於分析，要分析出一個實有。因此，我們要知道道家的無
　　不是西方存有論上的一個存有論的概念，而是修養境界上的一個虛
　　一而靜的境界。當把修養境界上的「無」，說它是本，是萬事萬物之
　　本，「本」這個概念，使我們馬上想到它是個本體；因為是本體，是
　　故它是實有，這個實有觀念是這樣出來的，且變成最高的實有。這
　　樣的實有是從主觀的透示講出來。〔註17〕

老子哲學以「無」為本，由「無」而顯出了「有」，「無」和「有」渾化為「玄」，
繼而由沖虛玄德的境界，以「不生之生」的實現性，朗現了天下萬物，老子
曰：「道生一，一生二，二生三，三生萬物。」（《道德經》第四十二章）老子
的「不生之生」，是一「不塞其原，不禁其性」無為自然的主觀實踐工夫，朗
現出的是天下萬物各歸其位、各得其正、如如實現自我的和諧境界，這就是
透過以「無」為本實踐出來的「主觀境界形態」的形上學。

　　雖然老子詮釋的兩大系統──「客觀實有形態」與「主觀境界形態」在
老子義理詮釋上各有洞見，唐先生以「語義類析的進路」及「理論重建的詮
釋」觀念史的方式析論老子道的義理，認為老子的「道」是一形而上的實體。
對應於牟先生扣緊老子義理興起的特殊機緣，以及中國哲學「重生命、著實
踐」的特質，似乎牟先生「主觀境界形態」的詮釋，較能貼近中國哲學重生
命、著實踐的特質，以及契合老子道家式哲學的義蘊，袁保新先生對於唐先
生「理論程序」的研究進路，有一番論述：

〔註17〕牟宗三，《中國哲學十九講》，臺北：臺灣學生書局，2002，頁131～132。

就方法進路而言，客觀實有形態的詮釋由於側重「理論程序」的考
慮，不但忽略了老子思想歷史文化的背景，而且遺忘了中國哲學以
實踐修養而非認識論之批判來保證形上思考合法性的特徵，以致於
在未經批判的情況下，草率地預設了西方以「宇宙發生論爲主導」
（cosmogonically-oriented）的形上理論的架構，逕自將「道」的根
本義理解爲「第一因」或「形上實體」。我們徵諸先秦哲學的發展可
以知道，先秦諸子的興起主要是針對禮崩樂壞周文失墜的局面，企
圖通過對「道」的思索，爲當時整個人文世界重建一套世界觀、人
生觀，重新安立人與天、地、鬼、神的關係，使得人物、人我種種
的存在關係能夠復歸於整體的和諧。所以，「道」之繼古代深具宗教
色彩的「天」成爲中國哲學的核心概念，自始就是以安立價值世界
爲其根本義涵，與西方哲學「拯救現象」，企圖通過理性思辨爲存在
界提供合理說明的取向，截然有別。〔註18〕

唐先生以客觀實有形態來詮釋老子的「道」，然中國哲學的本質是在於生命修
養的實踐，非如西方哲學著重於知識對象的探究，所以客觀實有形態來詮釋
「道」容易使道成爲第一因，容易像西方哲學的第一因具有「拯救現象」的
功用，其實回到老子的文本中，其實是可以很清晰釐出老子的哲理是重實踐
的學問，如老子說：「上善若水。水善利萬物而不爭，處眾人之所惡，故幾於
道。」（《道德經》第八章）、「曲則全，枉則直，窪則盈，敝則新，少則多，
多則惑。是以聖人抱一爲天下式。」（《道德經》第二十二章）、「以道佐人主
者，不以兵強天下。其事好還。師之所處，荊棘生焉。大軍之後，必有凶年。」
（《道德經》第三十章）及「夫佳兵者不祥之器，物或惡之，故有道者不處。」
（《道德經》第三十一章）等，上述的章句實踐義蘊是濃厚的，客觀實有的義
涵是較淺薄的，因而本文認爲老子的「道」應是有實踐義的主觀境界的形態，
而非西方哲學有實體義的客觀實有形態，因爲東西方關切的存在界的不同，
所以導致形上學形態也有所不同，袁保新先生提到：

> 我們發現老子與西方形上學所關切的存在界，也有側重點的不同。
> 對老子而言，存在界亦即人類實踐行動所關涉到的全體事物，所以
> 存在界也就是價值世界，存在事物也就是實踐主體所關懷的價值
> 物。可是，西方形上學所探究的存有物，則主要是就其爲認知對象

─────────────

〔註18〕袁保新，《老子哲學之詮釋與重建》，臺北：文津出版社，1997，頁138。

而言，因此所謂存在界亦即「對象之一般」（object in general），雖然，傳統西方形上學一直強調「存有物」（being）概念超越主體、客體的二分，不僅是理智的對象，並且也是意志的對象，可是在其思辨的進路下，存有物始終是被當作認知對象來加以分析，未能充分正視它在實踐主體關懷下的價值意義。因此，西方形上學的核心概念，無論是無限實體、原因、原理，主要在解釋事物何以存在，如何變化，並不負責實踐規範的提供。可是，老子的「道」卻不然，他以價值意涵為首出，在其運用發揮之下，不但被視為人類實踐之價值依歸，而且也成為存在界價值秩序的形上根源，將存在界點化為價值世界。所以，老子形上思想的理趣，實與西方形上學有很大的差異，絕不可以一成不變地套用西方的形上系統加以詮釋。〔註19〕

西方哲學在客觀實有的實體的概念下，對於外在的存有物是以知識對象看待，具有強烈的創造義及主宰義，如基督教上帝的概念，就是能從無中生有創造出天地萬物來，而對於萬物始終是被當作認知對象來加以分析，因而也沒有以價值對象來看待萬物。然而老子文本中的「道」卻無此主宰義，老子曰：「故道生之，德畜之；長之育之；亭之毒之；養之覆之。生而不有，為而不恃，長而不宰。是謂玄德。」（《道德經》第五十一章）陳德和先生說：

> 作為道的雙重性之「無」與「有」都是沖虛，即表示「無」與「有」之作為存有論概念，其實亦是虛說，而道也不能有客觀實體之意思，只是主觀境界上所顯之沖虛玄德罷了，惟沖虛玄德才是不生、不有、不宰，若是客觀實體上之道，則必創造之，決定之，曲成之；老子的形上之道，既然不是一創造性的實體，則吾人就無法說他的形上學是客觀實有型態的形上學，而只能如牟先生之意，名之曰「境界型態的形上學」。〔註20〕

老子是以「道生之，德畜之」的方式，實現養覆了天下萬物，以一種「生而不有，為而不恃，長而不宰」的方式對待天下萬物，不是西方基督教上帝客觀實體之道，有著創造萬物、主宰萬物的義蘊，而是以一種不生之生、順物自然的方式來實現萬物，並且視天下萬物為平等對象以德畜之，吳汝鈞先生

〔註19〕袁保新，《老子哲學之詮釋與重建》，臺北：文津出版社，1997，頁 118～119。
〔註20〕陳德和，〈試論道的雙重性——道德經中的「無」與「有」初探〉，《鵝湖月刊》總號第 189 期，1991.03，頁 38。

說：

> 道作為一種主觀的實踐境界，它與萬物的關係，是不生之生。即是說，它不直接創生萬物，像上帝從無生有地創造萬物，如是提供一個場所、一個機會，讓萬物自己生、自己長，自由自在地生長。道在這裏是讓開一步，不干預萬物，使萬物能適性地發展。這種不生之生，可避開萬物由第一因所創生所帶來的理論困難，不必無窮追溯地去替萬物尋找一個合理的存在根據。〔註21〕

老子「道」以不生之生實現了天下萬物，不直接創生萬物、不直接干預萬物，是讓開一步提供萬物適合生長的環境，尊敬所有萬物的生存權利，肯認萬物都能適性地發展，老子「主觀境界形態」的「道」開展出來的環境倫理思想，符應了「生命中心倫理」及「生態中心倫理」的環境倫理思想。泰勒的環境倫理思想認為生物都有其自身的天賦價值，人與生物的地位都是平等的地位，對於生物應採取不傷害法則、不騷擾法則等法則。深層生態學環境倫理思想主張生態圈所有的有機體都是平等的成員，每個有機體都具有平等的「內在價值」，所有生物一樣具有內在價值，所以在生物圈中所有有機體都具有同等的「自我實現」的權利。因而本文認為老子「道」的環境倫理思想，除了有自身獨特的老子環境倫理思想外，也有著「生命中心倫理」及「生態中心倫理」環境倫理思想的義蘊，此一論述本文將在第四章及第五章加以闡述之。對應於傳統基督教上帝，是一客觀實有的實體的概念，能從無中生有創造出天地萬物，因而較具創造義及主宰義，所開展出的是「強烈人類中心倫理」環境倫理思想。「強烈人類中心倫理」的環境倫理思想，否認了非人類生存的權利以及自身的存在價值，認為人類優越於其他自然萬物，人類是其他自然萬物的主人，非人類除了有服務人類的工具性價值外，別無其他生存價值。

「主觀境界形態」的形上學，開展出開放和諧、整體穩定的環境倫理思想，迥異於「客觀實有形態」的形上學，所呈現出的創造義、主宰義的環境倫理思想。而在環境倫理實踐工夫上面，以「主觀境界形態」來詮釋，是較能開顯出老子文本中所蘊含的環境倫理實踐工夫，「客觀實有形態」是較難呼應出主體實踐的工夫，如袁保新先生說：

〔註21〕 吳汝鈞，〈牟宗三先生對老子之道的理解：主觀的實踐境界〉，收錄於李明輝主編，《牟宗三先生與中國哲學之重建》，臺北：文津出版社，1996，頁297～298。

換言之，當我們參考西方形上學的理論架構，將老子的「道」理解爲「實體」、「第一因」或「自然律則」時，雖然爲老子形上思想提供了非常明確的說明，但是在這一套形上架構的賦予中，卻無法爲老子道德經中政治人生方面的主張，提供内在關聯性的意義說明，而導致老子的形上學與其人生實踐的思想，可以各自分立，分裂爲不相繫屬的兩部份。然而，根據我們創造性詮釋的理念，一種成功的詮釋，必須提供經典整體性的說明。〔註22〕

吳汝鈞先生也說：

> 故就工夫實踐的角度看，道作爲一客觀實有的東西，並無意義，它要在關聯到體認它的實踐者的心思方面，才有意義，進一步說，要在屬於實踐者的心思，與實踐者的心思合而爲一，才有意義。這意義亦即是道的「用」，或虛無爲用；它實踐地在修行者的身上發揮作用，提高他的心境。這用即在修行者的心境的提高中表現出來。這樣說，其實是取消了道的客觀實有的義蘊，而把道收攝到主觀的心思方面來，發揮它的「虛無爲用」的作用了。〔註23〕

老子的「道」爲主觀境界的形態時，較能與主觀實踐者有著緊密的內在關聯性，因爲「主觀境界形態」的形上學，一開始就是從主觀心境中來體現出「主觀境界」的「道」，所以要再從主觀境界的「道」來開顯出修養工夫，本是自然而成的，所以牟先生由內而外來析論老子的「道」，由主觀修養工夫呈顯出主觀境界的「道」，從主觀境界呼應到主觀修養工夫，是既超越又內在的展現，是一種內外呼應、體用一如及修證一體的內在關聯性，因爲主觀境界的道早已內化在實踐者的心境中。老子的「道」爲客觀實有的形態時，也是有談論到修養工夫，如唐君毅先生「道」之六義中的第五義——修德之道及其他生活之道，第六義——事物及心境人格狀態之道，是談論老子修德積德之方，及論述得道或有德之心境與人格狀態，可見唐先生並沒有忽略到老子文本中的修養工夫。只是如果「道」是客觀實體、第一因的形態，則較容易導致老子的「道」與其修養工夫的思想各自分立，分裂爲不相繫屬的兩部份，其內在關聯性和「主觀境界」呼應到修養工夫的內在關聯性，相形之下則較沒有如此直接性及緊密性。從實踐工夫的角度來看，道作爲一客觀實有的東西，

〔註22〕袁保新，《老子哲學之詮釋與重建》，臺北：文津出版社，1997，頁139。
〔註23〕吳汝鈞，《老莊哲學的現代析論》，臺北：文津出版社，1998，頁49～50。

並沒有直接關聯到實踐者的內在心思；相較之下，道作爲一主觀境界的形上學，是直接關聯到實踐者的內在心思，是與實踐者的內在心思合而爲一的。

綜上所論，首先因著唐君毅先生和牟宗三先生研究方法與進路的不同，因而對於老子「道」的形而上形態有不同的詮表，唐先生以「語義類析的進路」及「理論重建的詮釋」觀念史的方式，析論出老子道的義理，認爲老子的「道」是一形而上的實體。唐先生以客觀實有形態來詮釋老子的「道」，然而中西方哲學思想不同的地方，在於中國哲學的本質是在於生命修養的實踐，非如西方哲學著重於知識對象的探究，所以以客觀實有形態來詮釋「道」容易使道成爲第一因，容易像西方哲學的第一因具有「拯救現象」及「創造主宰」的功用，如此似乎較無法彰顯出老子道家式哲學的特色。牟宗三先生採取的是以「思想發生程序」、「思想史的進路」研究觀點，來探究老子的哲理義蘊，牟先生扣緊老子思想背景「周文疲弊」的特殊機緣，對於當時處於骨肉相殘、政治動盪、禮樂隳壞的時代，身爲知識份子的老子，於是撰寫老子《道德經》一書，期能爲當代政局不安、民不聊生的亂象，提出智慧的建言。所以說老子《道德經》的文本，是一扣緊時代問題期能解決百姓倒懸之苦，重生命及著實踐的學問，並非從天上飛來一筆憑空杜撰的學問。牟先生對於老子《道德經》的「周文疲弊」思想源頭能充分掌握，認知老子的哲理是一重生命及著實踐的學問，是一著眼主觀修養工夫實踐的學問，因而體悟出老子《道德經》的道是一「主觀境界形態」的形上學。本文認爲一位思想家的孕育化成，必受其時代的背景影響，牟先生充分掌握老子《道德經》思想的源頭，體會出老子的「道」是一主觀實踐工夫所朗現的境界，而非一客觀實有的道體，如此較能呼應到「周文疲弊」的時代背景，也較貼近中國哲學重生命、著實踐的特質，並較能整體契合老子道家式哲學的特色。

本論文的題目爲「老子環境倫理思想」，「道」是老子哲學中最重要的思想，因而對於老子「道」的詮釋系統選擇，則顯得十分重要。本文認爲在「理論效用」的考量下，若採用「客觀實有形態」形上學，老子的「道」就是一實體義的道體，容易落入西方哲學客觀實有的實體概念，對於外在的存有物會以知識對象來看待，具有強烈的創造義及主宰義，如基督教上帝第一因的概念。基督教上帝是一創造義的實體，能從無中生有創造出萬物來，對於萬物容易當成認知對象來對待，容易視萬物爲沒有價值的對象，如此則會產出具有創造主宰義的「強烈人類中心倫理」思想。若如此老子的環境倫理思想，

和西方基督教上帝所開展出的是「強烈人類中心倫理」環境倫理思想相較下，則不容易彰顯出老子《道德經》文本中環境倫理思想及實踐工夫的特色，對於當代環境倫理思想的啓發亦是不足的，那麼本文「老子環境倫理思想」的研究價值將是不高的。其實當我們回到老子《道德經》文本中時，會發覺老子的「道」並無此創造義及主宰義，老子的「道」以不生之生實現了天下萬物，以一種「生而不有，爲而不恃，長而不宰」的方式來對待天下萬物，不是從無生有直接創生萬物，而是讓開一步讓萬物自性化育，尊敬所有萬物的生存價值，因而老子的「道」是一「主觀境界形態」的「道」。「主觀境界形態」的「道」所開展出來的環境倫理思想，既能彰顯出老子《道德經》文本中環境倫理思想及實踐工夫的特色，也能與「生命中心倫理」及「生態中心倫理」的環境倫理思想有所對話，對於當代的環境倫理思想是能有所啓發的，是以本文對於老子「道」的詮釋採用的是牟宗三先生的「主觀境界形態」詮釋系統。

第二節　道的雙重性

　　牟宗三先生在《中國哲學十九講》一書中提到，老子《道德經》的「無」是簡單化地總持的說法，老子直接提出原是「無爲」爲出發點。老子爲何要提出「無爲」呢？主要乃是針對著「有爲」而來，因爲周文的禮樂典章制度到了春秋戰國時已變成了外在的、形式的以及造作虛僞的典章制度，貴族受到了此套禮樂典章制度的保護，盡情揮霍、墮落腐敗，而老百姓受了此套禮樂典章制度，生命卻充滿了束縛，且戰亂不止民不聊生，價值失序欲望增長，所以在這個情況下老子才提出「無爲」這個概念來，牟先生此一洞見，其實在《道德經》的文本中可以很清楚的掌握，如老子云：

> 將欲取天下而爲之，吾見其不得已。天下神器，不可爲也，不可執也。爲者敗之，執者失之。（《道德經》第二十九章）

> 以道佐人主者，不以兵強天下。其事好還。師之所處，荊棘生焉。大軍之後，必有凶年。（《道德經》第三十章）

> 以正治國，以奇用兵，以無事取天下。（《道德經》第五十七章）

在治理天下之時，老子告誡爲政者不要太有作爲，愈有作爲往往愈達不到其要的目的，反而會得到反效果。因爲天下是個很神聖奇妙之物，是不可以太

多施爲，更別想能去把持控制，太有施爲就會壞事，執意去控制把持，便會失掉天下。所以說用道來輔助君主治國的人，不會用兵力去強取天下的，因爲用兵力取得天下一定會有報復的。凡是師隊所到之處，都一會遍地荊棘雜草叢生，經過戰爭之後，必會旱災蟲害並生饑荒連年，所以老子告知我們取天下的方法其實就是「無爲」。老子除了在治理天下告訴我們需以無爲取天下之外，於修爲生活上亦告知我們在聰明才智及欲望價值上應做到「無爲」，如：「絕聖棄智，民利百倍；絕仁棄義，民復孝慈；絕巧棄利，盜賊無有。此三者以爲文，不足。故令有所屬：見素抱樸，少私寡欲，絕學無憂。」（《道德經》第十九章），「甘其食，美其服，安其居，樂其俗。鄰國相望，雞犬之聲相聞，民至老死不相往來。」（《道德經》第八十章）「聖智」、「仁義」、「巧利」這三者都只是外在巧飾，太過於人爲造作而不眞切，束縛僵限了生命的自由，所以應復歸於純眞樸實、少私寡欲、甘其食、安其居的生活方式，如此無爲但卻能眞實不虛假的實現著自我，所以說「無爲」卻能「無不爲」。

了解老子《道德經》是扣緊周文疲弊而以「無爲」出發後，我們可以再從「無爲」普遍化、抽象化而提煉出「無」這個觀念來。牟先生認爲「無」不是個存有論的概念（ontological concept），而是個生活實踐上的觀念、及人生的問題，不是抽象形而上學的概念。「無」首先是當動詞來看，有「否定、化掉、消融」的意思，要「否定、化掉、消融」的有三個層次：〔註24〕

（一）最低層的是「自然生命的紛馳」使得人不自由不自在。當代是欲望當道、物質至上的享樂主義，凡是吃的、喝的、用的、看的都要是最好的，重視感官享受，忽略內心修爲，如老子曰：「五色令人目盲，五音令人耳聾，五味令人口爽，馳騁畋獵令人心發狂。」（《道德經》第十二章），心一直往外求，生命因此而摸不著自己的根。

（二）再上一層是「心理的情緒」，喜怒哀樂、悲歡離合等心理情緒均是。人在每天生活中情緒的變化，其實是很無常多變的，若無虛靜無爲的心，將會自己疲憊不堪，故老子說：「重爲輕根，靜爲躁君。是以聖人終日行不離輜重。雖有榮觀，燕處超然。奈何萬乘之主，而以身輕天下？輕則失根，躁則失君。」（《道德經》第二十六章）

（三）再往上一層是「思想、意念的造作」，意念及意識形態（ideology）

〔註24〕參牟宗三，《中國哲學十九講》，臺北：臺灣學生書局，2002，頁92。

的災害，是最嚴重麻煩的，舉凡「種族主義」、「國家意識」、「階級層次」、帝王封建思想」等均是影響這個世界很深的思想意念，此一層的造作，影響遠大過於自然生命的紛馳及心理情緒的起伏，可不慎乎？「天下有道，卻走馬以糞；天下無道，戎馬生於郊。」（《道德經》第四十六章）即是君王若認為天下所有事物，均應一統於自己手上，而發動戰爭，所造成的民不聊生、骨肉離散的悲狀慘況，將是痛苦不堪的。

　　無當「動詞」顯示出一工夫義，即是用來否定欲望的紛馳增長，化掉了生命中的我執我著，解消了人為的造作虛假，以達致蕩相遣執之效，繼而正面顯示出一個境界來，此時的「無」就是「名詞」的無，那「名詞」的無所正面顯示的就是「致虛極，守靜篤」和「虛一而靜」的境界。何謂「虛」？何謂「一」？何謂「靜」？牟先生說：

> 虛則靈。心思黏著在一特定的方向上，則心境生命即為此一方向所塞滿所佔有，就不虛了，不虛則不靈。一就是純一無雜。沒有烏七八糟的衝突矛盾紛雜，把生命支解得七零八散就是一；用康德的名詞講就是把雜多（manifold）通通化掉，不是把雜多綜和統一，而是化掉如水通流。靜就是不浮動。人隨著生命的紛馳，順著意念的造作，天天在浮動之中，把這些化掉就靜下來了。……靜不是物理學中相對的運動和靜止（motion and rest）的靜；而是絕對的心境，是定，是隨時將心靈從現實中超拔出來，浮在上層的一種境界，是精神的（spiritual）。「無」、「自然」、「虛一而靜」都是精神的境界，有無限妙用的心境。所以無不是西方哲學中存有論的觀念。〔註25〕

「致虛極」即是以「無」的工夫化解掉心知觀念的執著，解消私欲的活動紛擾，以使生命達臻純一無雜的境界，而「守靜篤」亦是以「無」的工夫否定掉性情的躁進驕縱，消融思想的多元分歧，使心靈能安寧靜默，朗現出虛靈清靜的境界以融通萬物。所以此時的「無」並非是邏輯運思上之無，也不是模糊抽象之死物，而是「虛一而靜」的境界，是由「無」的工夫所呈顯出的境界，亦即「名詞」的無所展現的生命境界。

　　天地間其實就是呈顯出「虛一而靜」的境界，因此境界所以能「動而愈出」，如老子云：「天地之間，其猶橐籥乎？虛而不屈，動而愈出。」（《道德

〔註25〕牟宗三，《中國哲學十九講》，臺北：臺灣學生書局，2002，頁95。

經》第五章）什麼是「橐籥」呢？按吳澄注：「橐籥，冶鐵所以吹風熾火之器也。」〔註26〕而王弼注此句為：「橐，排橐也。籥，樂籥也。橐籥之中空洞，無情無為，故虛而不得窮屈。動而不可竭盡也。天地之中，蕩然任自然，故不可得而窮，猶若橐籥也。」〔註27〕依此注「橐籥」為樂器。其實「橐籥」不管是冶鐵的風箱或是吹奏的蕭笛，其中均是中間空虛之環境，猶如「無」的境界，廓然空虛、充滿生動，然虛卻不窮屈，動而不竭盡，故能化育萬物、衣養萬物。

　　虛靜的境界卻能化育萬物、衣養萬物呈顯出「有」的狀態，關鍵的因素在於「無」，故老子曰：「天下萬物生於有，有生於無。」（《道德經》第四十章），王弼注：「天下之物，皆以有為生。有之所始，以無為本。將欲全有，必反於無也。」〔註28〕天下萬物雖然是生於有，但有又生於無，所以天下萬物能繼續生長化育，必須以無為根本，均須復歸於無，如此才能保住全有，故老子云：「無，名天地之始。有，名萬物之母。」（《道德經》第一章），王弼注：「凡有皆始於無，故未形無名之時，則為萬物之始。及其有形有名之時，則長之、育之、亭之、毒之，為其母也。」〔註29〕牟先生說：

> 道德經說「無名天地之始，有名萬物之母。」天地是萬物的總名，萬物就是天地的散開說，實際上是一樣的。從天地萬物的開始（beginning）說，是始於無。假定有始於有，這有還始於有，一直往後追問就永遠不能停止。所以沒有始則已，若有始就一定是無。所以從天地萬物之始這方面講，我們名之曰無，以無為本。所以無和天地萬物的關係，關連著萬物是向後反的（backward），反求其本。下一句就是向前看（forward），「有名萬物之母」，有關連天地萬物是向前看，就把天地散開了。〔註30〕

無，是天地形成的初始，沒有天地的滋潤承載，萬物從何而來，所以無和天地萬物是向後反的關係，然若一直處於「無」的狀態，而沒有任何的「有」

〔註26〕朱謙之・任譯，《老子釋譯》，臺北：里仁書局，1985，頁15。「朱」為朱謙之先生，「任」為任繼愈先生。

〔註27〕王弼，樓宇烈校釋，《王弼集校釋》，北京：中華書局，1999，頁14。本論文有關王弼注老子部分，主要參考此書。

〔註28〕王弼，樓宇烈校釋，《王弼集校釋》，北京：中華書局，1999，頁110。

〔註29〕王弼，樓宇烈校釋，《王弼集校釋》，北京：中華書局，1999，頁1。

〔註30〕牟宗三，《中國哲學十九講》，臺北：臺灣學生書局，2002，頁100～101。

產生，那天地也將是死寂一片，所以必須在向前看處於「有」的狀態，萬物才能實現出來。

　　牟先生說：「無是本，無又要隨時起徼向的作用。平常所謂深藏不露就代表無的狀態，但不能永遠深藏不露，總有露的地方就是徼向性，道家如此講有，所以很微妙。」〔註31〕如老子曰：「故常無欲，以觀其妙。常有欲，以觀其徼。」（《道德經》第一章）〔註32〕「無」是虛一而靜的境界，它不是死體，是一無限妙用的境界，當處於虛靜境界時自然而然就會起一徼向的作用，只要有徼就有一個特定的指向，此時即是處於「有」的狀態，因此「無」與「有」兩者狀態均應存在，如此天地萬物才能生生不息、妙運化成。老子曰：

　　　三十輻，共一轂，當其無，有車之用。埏埴以爲器，當其無，有器
　　　之用。鑿戶牖以爲室，當其無，有室之用。故有之以爲利，無之以
　　　爲用。（《道德經》第十一章）

車輪的三十根輻匯聚在一個轂上，因爲車轂中間是空虛的，因此車子才能產生乘載的作用。陶土做成的器皿，因爲器皿中間是空虛的，因此器皿才能產生盛物的作用。開鑿門窗建造房屋，因爲房屋中間是空虛的，因此房屋才能產生居住的作用。所以「有」能給人便利，而「無」卻發揮無限的作用。「有」起徼向性就有一特定的方向不能指向他處，如牟先生所說的「利即定用」，是一有方所有限定的用。而「無」因虛靜境界起了「無限的妙用」，是一無方所無限定的用。王弼注此章曰：「轂所以能統三十輻者，無也。以其無，能受物之故，故能以（實）寡統眾也。木、埴、壁之所以成三者，而皆以無爲用也。言無者，有之所以爲利，皆賴無以爲用也。」〔註33〕王弼的注解重點擺在「無」上，認爲此三者皆以以無爲用。而有之以爲利，乃均根據於無爲用也。並不是說「有」不好，而是說勿固著於任何特定方向，最後會太黏著而不靈活，

〔註31〕牟宗三，《中國哲學十九講》，臺北：臺灣學生書局，2002，頁99。

〔註32〕「故常無欲，以觀其妙。常有欲，以觀其徼。」本句依王弼注老子之通行本。
　　　　牟宗三先生認爲：「然『常有欲』，實即『常有』也。然『常無欲』，實即『常
　　　　無』也。」（牟宗三，《才性與玄理》，臺北：臺灣學生書局，2002，頁135）。，
　　　　本文依牟先生的詮釋理路來詮解此句。參牟宗三，《中國哲學十九講》，臺北：
　　　　臺灣學生書局，2002，頁97～99。牟宗三，《才性與玄理》，臺北：臺灣學生
　　　　書局，2002，頁133～135。

〔註33〕王弼注本爲「故能以實統眾也。」現據陶鴻慶說校改爲「故能以寡統眾也。」
　　　　王弼原意應是轂雖爲一，然卻以無爲用，故能以寡統眾也。參王弼，樓宇烈
　　　　校釋，《王弼集校釋》，北京：中華書局，1999，頁27。

變成定有，所以應從「無」出發，以「無」爲本。如牟先生說：

> 你不無掉，你就限在「有」。限在「有」之中就是有限定的，限定就
> 不能是「道」。要是有限定，這個「道」怎麼能是萬物之始呢？所以，
> 通過「無」就是把「有」的那個限定性拉掉，以顯無限。從無掉那
> 個「有」的限定性來顯「無」，「無」就是無限，這個「無限」指無
> 限的妙用講，這一定是指我們的心境講。所以，「無」當動詞用，就
> 看你所無的是甚麼，你自己體驗你自己的生活就可以了。無掉「有」
> 的限定性，則無往而不利。〔註34〕

又說：

> 老子如何講「有」呢？有開始也不是西方的存有論的概念，它還是
> 要從以無作本的心境上講。這個心境固然是要化掉對任何特定方向
> 的黏著，但也不要把任何特定方向消化掉了就停住了，那就掛空了。
>
> 〔註35〕

又說：

> 有不要脫離無，它發自無的無限妙用，發出來又化掉而回到無，總
> 是個圓圈在轉。不要再拆開來分別地講無講有，而是將這個圓圈整
> 個來看，說無又是有，說有又是無，如此就有一種辯證思考（dialectical
> thinking）出現。有而不有即無，無而不無即有。〔註36〕

由上論述可清楚明瞭，「道」有其雙重性，這雙重性分別是「無」和「有」，
雖然「天下萬物生於有，有生於無。」（《道德經》第四十章）「無」是「有」
的根本，然卻不能一直無，一直無到最後將是死物而無任何作用，所以要通
過「有」來顯出「無」的無限的妙用。故道是以「無」爲體，而以「有」爲
用，如此體用一如的「有而不有即無」、「無而不無即有」關係，即構成道的
雙重性，陳德和先生說：

> 道有體有用，老子是以「無」爲體，體非死體，必有其無限之妙用，
> 「有」即是表徵道用，此道用之「有」非定有，故能隨時歸「無」，
> 「無」與「有」乃形成了道之雙重性。若扣住《道德經·第一章》：

〔註34〕 牟宗三，〈老子《道德經》講演錄（八）〉，《鵝湖月刊》總號第 341 期，2003.11，
頁 10～11。
〔註35〕 牟宗三，《中國哲學十九講》，臺北：臺灣學生書局，2002，頁 97。
〔註36〕 牟宗三，《中國哲學十九講》，臺北：臺灣學生書局，2002，頁 99。

「無名天地之始，有名萬物之母」來說，「無」是就天地萬物向後回
返所證知之本體，此本體必在天地萬物之先（存有論的先，非時間
序列的先），故曰「始」；「有」則是關聯萬物而實現一一個物之道用，
既說實現則有生成義，故又曰「母」。綜合言之，天地萬物的母始就
是具「無」、「有」之雙重性的道；分解地說，則「無」是先物之本、
生物之妙，「有」是終物之用、成物之徼。徼是矢向性，蓋體非掛空，
其顯現成物之大用時，必一一指向雜多之個物而俱證之，此一一指
向就是「矢向性」，就是「有性之徼」。至於聖人的修養，就在他能
體貼道的全體大用以觀照、成全天地萬物，讓物我皆得其所哉，所
以《道德經》曰：「故常無欲以觀其妙，常有欲以觀其徼。」〔註37〕

所以道的「無」須有「有」來顯示出道的實現作用，而道的「有」須有「無」
來顯現出道的無限妙有。道一方面要有「有」才能有其作用，但「有」的徼
向性就有了特定的指向，容易被限制住，故此時要有道的「無」將「有」的
特定性化掉，如此才能消融掉特定性，保持道的無限虛靈。無而不無即有，
有而不有即無，所以道是隨時能「無」，也隨時能「有」，「無」與「有」是並
生共存的，所以老子說：「有無相生。」（《道德經》第二章）藉由道「無」與
「有」的雙重性，使道得以發揮其體用成全天地萬物，讓物我各得其位、物
我各得其所也，牟先生說：

有而不有，則不滯於有，故不失其渾圓之妙。無而不無，則不淪於
無，故不失其終物之徼。如是，則在此「向性之有」中，即可解「有
為萬物之母」之義。如是，無、有、物為三層，而由道之妙與徼以
始成萬物之義，更見確切而精密。道亦是無，亦是有，則道之為始
為母義，亦可得其確解。此則更得無而不無，有而不有，有無渾圓
之玄義。〔註38〕

「無而不無，有而不有，有無渾圓之玄義。」為何會無而不無，因為如此才
不會淪於死無，才不失其徼向性，為何有而不有，因為當停滯於有時，將失
其渾圓之妙用。由此可知「無」和「有」是道的一體兩面，乃系出同門，故
老子曰：「此兩者同出而異名，同謂之玄，玄之又玄，眾妙之門。」（《道德經》

〔註37〕陳德和，〈論牟宗三對人間道家的哲學建構——以老子思想的詮釋為例〉，南
　　　　華大學哲學研究所《揭諦》第 3 期，2001.05，頁 155。
〔註38〕牟宗三，《才性與玄理》，臺北：臺灣學生書局，2002，頁 135。

第一章）無而不無，就呈顯出有，有而不有，就渾化爲無，「無」與「有」好像在一圓周上運轉，牟先生稱此圓周之轉爲「玄」，牟先生說：

> 一有徵向性出現而落在有中，假定心思不靈活，就又限於此而不能通於彼，所以又不能停於此，「玄」就在這裏出現。凡徵向都有一特定的方向（a certain direction），若停在這徵向上，有就脫離了無。有不要脫離無，它發自無的無限妙用，發出來又化掉而回到無，總是個圓圈在轉。不要再拆開來分別地講無講有，而是將這個圓圈整個來看，說無又是有，說有又是無，如此就有一種辯證的思考（dialectical thinking）出現。有而不有即無，無而不無即有……，這圓周之轉就是「玄」，道德經「玄之又玄，眾妙之門」的玄。〔註39〕

牟先生將「無」、「有」和「玄」三者關係，巧妙的用「圓周之轉」來作描述，真是一卓知卓見，若「無」和「有」各是一條平行的直線，則兩者方向的進行將沒有交會的機緣，如此「無」是「無」，「有」是「有」，兩者並沒有任何關係，如此即不能解釋「天下萬物生於有，有生於無」（《道德經》第四十章）、「有無相生」（《道德經》第二章）及「無，名天地之始；有，名萬物之母。故常無欲，以觀其妙；常有欲，以觀其徼。此兩者，同出而異名，同謂之玄。玄之又玄，眾妙之門。」（《道德經》第一章）等章節，而用「圓周之轉」來陳述「無」、「有」和「玄」三者關係，真是慧眼天成之見地，「無」和「有」均在圓周之上，如此才能無而不無即有，有而不有即無，而「無」和「有」最後渾圓於「玄」上，王弼注曰：「兩者，始與母也。同出者，同出於玄也。異名所施，不可同也。在首，則謂之始。在終，則謂之母。玄者，冥也，默然無有也；始、母之所出也。不可得而名，故不可言：同、名曰玄。而言謂之玄者，取於不可得而〔名〕，〔而〕謂之然也。謂之然，則不可以定乎一玄而已。則是名則失之遠矣。故曰：玄之又玄也。眾妙皆從同而出，故曰：眾妙之門也。」〔註40〕所以「無」和「有」是天地之始與萬物之母的關係，此兩者同出自「玄」，然而「道」如果最後又定著於「玄」字上，如此的道將是不靈活不妙用的，所以不能定乎一玄而已，如此才不會名則失之遠矣，故曰：「玄之又玄，眾妙之門。」如此玄之又玄，道的靈活性才能顯出而不僵化，道也才有實現天地萬物的可能。

〔註39〕牟宗三，《中國哲學十九講》，臺北：臺灣學生書局，2002，頁99～100。
〔註40〕王弼，樓宇烈校釋，《王弼集校釋》，北京：中華書局，1999，頁2。

　　綜上所述，我們清晰明瞭「道」是以無為本，無而不無而能有，有而不有而能無，最後無有混化在一起也就是玄，所謂「此兩者，同出而異名，同謂之玄。」然而最後卻不能只謂之玄，因為如此就只定乎一玄，所以稱「玄之又玄，眾妙之門。」如此道才能恢復其實現天地萬物的作用，亦即老子所云：「道生一，一生二，二生三，三生萬物。」（《道德經》第四十二章）依此推論得知，一即是無，二即是無與有，三即是無與有渾化而成的玄，「玄」則恢復道之具體性與實現性，因而可以實現天地萬物，故為「眾妙之門」，牟先生說：

> 而用《道德經》頭一章的「有」、「無」「玄」。一、二、三就是指「無」、「有」、「玄」講。「有」、「無」、「玄」就是「道生一，一生二，二生三。」道有「無」性，「常無，欲以觀其妙。」這個就是「一」，但你不能停在這個「無」之「一」，它又隨時有，一有「有」的時候，「二」就出來了。所以，「常有，欲以觀其徼。」這兩者混起來，就名之曰「玄」。所以，「玄」代表「三」。〔註41〕

透過玄才恢復道創生天地萬物的無限妙用，如此天才能涵容飛鳥翱翔、白雲悠遊；如此地才能承載群馬奔騰、綠水暢流，然此處的「創生」並非如上帝創生萬物的主宰義，亦不是儒家的創生，如《中庸》云：「天地之道可一言而盡也……其為物不貳，則其生物不測。」富有積極義，而是一種消極的「不生之生」。牟先生說：

> 道德經又說「天下萬物生於有，有生於無」，這不明明用生嗎？所以要用現在的話說創生創造不能算錯，但你要是再進一步了解，就知道用創造這個名詞不很恰當。儘管也用生字，但照道家的講法這生實在是「不生之生」。儒家就是創生，中庸說「天地之道可一言而盡也……其為物不貳，則其生物不測。」那個道就是創生萬物，有積極的創生作用。道家的道嚴格講沒有這個意思，所以結果是不生之生，就成了境界形態，境界形態的關鍵就寄託於此。〔註42〕

由此可知「道生一，一生二，二生三，三生萬物。」的生不是創生，而是一「不生之生」，是屬於一種境界形態的生，不是一種客觀實有的創生，「不生

〔註41〕牟宗三，〈老子《道德經》講演錄（七）〉，《鵝湖月刊》總號第 340 期，2003.10，頁 9。

〔註42〕牟宗三，《中國哲學十九講》，臺北：臺灣學生書局，2002，頁 104。

之生」的概念將於第四章加以論述。

第三節　境界形態的形上學

　　老子《道德經》的中心思想是道，而道的概念又以無為本，「無」是從「無為」普遍化、抽象化而提煉出的觀念，「無」首先當動詞來看，有「否定、化掉、消融」的意思，要否定掉的是生命欲望的紛馳、要化解掉的是心理情緒的喜怒哀樂，要消融的是思想意識的造作妄為，用動詞的無否定、化掉、消融這些生命的紛馳、心理的情緒、意念的造作，繼而呈顯出的無是名詞的無，名詞的無所正面顯示的「道」是「致虛極，守靜篤」、一種「虛一而靜」的境界。道的境界義其實從《道德經》的文本中可以掌握釐清，如老子曰：「道沖，而用之或不盈。淵兮似萬物之宗。」（《道德經》第四章）道看起來淵深無比，能化育萬物，好像是天地萬物的宗主，如此看來道似乎是完美無暇、充盈不缺，這般的道好像有其主宰義、創造義，然老子卻沒有如此俗套的僵限住「道」，老子曰：「大成若缺，其用不弊。大盈若沖，其用不窮。」（《道德經》第四十五章）老子認為最完滿的東西，好像有缺陷似的，如此它的作用反而永不衰竭；最充盈的東西，好像是空虛一樣，所以它的作用永不窮盡。王弼注：「隨物而成，不為一象，故若缺也。大盈充足，隨物而與，無所愛矜，故若沖也。」〔註43〕所謂的「若缺」的意思，即是「道」化育萬物不為造就自我，是沒有自己的存在，是「隨物而成」的，順應物的自性而讓物自成自育，故不著一象也。而所謂的「若沖」，即是「道」實現萬物不是因為自己的愛好喜惡，沒有自我的利益考量，聽任萬物之自然而讓萬物自生自化，故曰「若沖」也。在此我們須用心注意到「或」、「似」、「若」三字，看似平凡無奇的字，然其中義理卻是深遠的，釋憨山曰：「『或』、『似』皆不定之辭，老子恐人言語為實，不肯離言體道，故以此等疑辭以遣其執耳。」嚴復於《老子道德經評點》曰：「此章專形容道體，當翫兩『或』字與『似』字，方為得之。蓋道之為物，本無從形容也。」〔註44〕老子文本中的義理是一脈相傳、體大思精的，從老子文本「有」、「無」、「玄」、「或」、「似」、「若」等字中，可以清晰知道老子的「道」並不是居於「有」，也不是定於「無」，而是處於「玄」、

〔註43〕王弼，樓宇烈校釋，《王弼集校釋》，北京：中華書局，1999，頁123。
〔註44〕轉引自余培林，《新譯老子讀本》，臺北：三民書局，1993，頁23。

「玄之又玄」的境界，所以老子說：

> 道可道，非常道；名可名，非常名。無，名天地之始；有，名萬物
> 之母。故常無欲，以觀其妙；常有欲，以觀其徼。此兩者，同出而
> 異名，同謂之玄。玄之又玄，眾妙之門。（《道德經》第一章）

「無」與「有」，系出同門，同謂之「玄」，而且不是只處於一個玄的境界，
而是「玄之又玄」的沖虛境界，如王弼注：「而言謂之玄者，取於不可得而謂
之然也。謂之然則不可以定乎一玄而已，則是名則失之遠矣。故曰，玄之又
玄也。眾妙皆從同而出，故曰眾妙之門也。」因爲若道只是落於一個玄字，
其實也是一個定著的概念，故曰：「玄之又玄，眾妙之門。」代表著無限妙有、
幽微深遠，視之不見，聽之不聞，搏之不得的「道」，所以在描述道時會用「或」、
「似」、「若」等字，而不用肯定、絕對的詞語，正是宣達了道沒有其主宰義、
創造義，道也不是一個客觀的實體，而是一沖虛玄妙的虛靜境界，牟先生說：

> 老子之道，本是由遮而顯，故況之曰「無」。他首先見到人間之大弊
> 在有爲，在造作，在干涉，在騷擾，在亂出主意，在亂動手腳，故
> 有適、有莫、有主、有宰，故虛妄盤結，觸途成礙，其弊總在「有
> 爲」、「有執」也。……是故遮者即遮此爲與執也。無爲無執，無適
> 無莫，無主無宰，則暢通矣（暢通即萬物自定自化，自生自成）。由
> 此諸動詞之無所顯之沖虛玄德之境即曰道，曰自然，而亦可以名詞之
> 「無」稱之。依道家，此沖虛玄德之「無」不能再自正面表示之以
> 是什麼，即不能再實之以某物。如實之以上帝，或實之以仁，皆非
> 老子之所欲也。他以爲道只由遮所顯之「無」來理解即已定，此外
> 再不能有所說，亦不必有所說，說之即是有爲有造，惟此沖虛之無，
> 始是絕對超然之本體，而且是徹底的境界型態之本體。〔註45〕

所以老子《道德經》中的「無」、「玄」、「或」、「似」、「若」等，對於「道」
都有其遮顯義及其隱顯的作用，道家不像基督教正面表示之以上帝，也不是
如儒家正面實之以仁，而是透過「無」、「玄」等遮顯字，來顯示出「道」是
一沖虛玄德之境界型態，所以如牟先生所說道家只有其作用層而實有層只是
個姿態，不若基督教及儒家有其明顯強烈的實有層，牟先生說：

> 道家還有一層意思，就是「實有層」和「作用層」分別不清楚，或
> 者說沒有分別。何以是如此？這主要是因爲道家所講的「無」是境

〔註45〕牟宗三，《才性與玄理》，臺北：台灣學生書局，2002，頁162～163。

界形態的「無」。我們先把「無」當動詞看，看它所「無」的是什麼？
道德經說：「常無欲以觀其妙，常有欲以觀其徼。」這是從主觀方面
講。道家就是拿這個「無」做「本」、做「本體」。這個「無」就主
觀方面講是一個境界形態的「無」，那就是說，它是一個作用層上的
字眼，是主觀心境上的一個作用。把這主觀心境上的一個作用視作
本，進一步視作本體，這便好像它是一個客觀的實有，它好像有「實
有」的意義，要成爲實有層上的一個本，成爲有實有層意義的本體。
其實這只是一個姿態。〔註46〕

老子《道德經》是以無爲本，從主觀心境出發，並非從客觀實有入境，若老
子有其客觀實有的義蘊，乃是因主觀心境的作用而透映出來，並非真的有個
客觀實有的東西置定在那裏，客觀實有的呈現其實只是一個姿態，所以老子
的無並不是西方存有論的存有概念，而是透過工夫修養的歷練所朗現的虛靜
境界。因此老子只有其作用層而沒有實有層，若有實有層的味道也是經由作
用層而透顯出來了的，「天下萬物生於有，有生於無。」(《道德經》第四十章)、
「道生一，一生二，二生三，三生萬物。」(《道德經》第四十二章)從文字
表層看來似乎有其客觀實有的意味，好像有個客觀實有的「道」創造了「無」
的實體，而「無」的實體又產生了「有」的東西，如此層層客觀分解最後又
製造出天下萬物來，然而並非如此，其實乃是虛一而靜的境界而顯示出有，
繼而不生之生的讓天地萬物如如朗現自己，所以說老子的實有層味道是經由
作用層而隱顯出來的，也可說是實有層和作用層沒有分別，因而並不像基督
教或儒家有個明顯清楚的實有層。基督教的上帝，就是造物主，無所依憑的
從無創造了萬物，這上帝即是一個客觀的實體。儒家的天道不已創生萬物，「妙
萬物而爲言」的創造，儒家以仁做本體，仁有著生生不息的作用，儒家的天
道亦是一個客觀的實體。老子的道卻無法加以界定描述，無法特殊化爲上帝
或爲仁，所以它不是實有層 What 的問題，而是作用層 How 的問題。所謂實
有層 What 的問題，即是面對一個概念是直接正面的分析，如儒家就直接陳述
何謂天道？何謂仁？基督教就直接陳述上帝就是造物主，如此正面分解的即
是實有層的方式。而老子並沒有直接正面的分析「道」是什麼？沒有直接陳
述「無」與「有」是什麼？也沒有直接陳述聖、智、仁、義是什麼？然而透
過修養工夫的實踐，以達臻遣執蕩相之效，進而能保存道、天地萬物與聖、

〔註46〕牟宗三，《中國哲學十九講》，臺北：臺灣學生書局，2002，頁127。

智、仁、義，此即作用地保存，屬於作用層的方式，牟先生說：

> 道家講無，講境界形態上的無，甚至講有，都是從作用上講。天地
> 萬物的物，才是眞正講存在的地方。如何保住天地萬物這個物呢？
> 就是要從作用上所顯的那個有、無、玄來保住。有、無是道的雙重
> 性（double character），道有「有性」，有「無性」。有、無這個雙重
> 性是作用上顯出來的。以無作爲萬物的本體，把無當做最高的原理。
> 西方的最高原理例如 idea 啦，地水風火啦、原子啦、或者上帝啦，
> 這些都是西方的形態，這一些說法都是實有形態的形而上學。道家
> 從作用上顯出有性、無性，顯出道的雙重性，最高的是無。無是本，
> 而對於這個無性不能加以特殊化，不能再給他一個特殊的決定
> （special determination），不能特殊化成爲 idea 啦、上帝啦、梵天啦，
> 也不能像唯物論把它特殊化成爲原子、或地水風火等等。它就是無，
> 不能特殊化。這個無，就是作用上、心境上顯現出來的，就是拿這
> 個東西來保障天地萬物的存在。〔註47〕

老子沒有對「無」加以特殊化，沒有喻之以物、實之以實體，沒有往實有形
態的形上學去鋪陳，而是朝作用層面去表詮，透過修養工夫的落實，獲得作
用層上的保存，如：「是以聖人處無爲之事，行不言之教；萬物作焉而不辭，
生而不有，爲而不恃，功成而不居。夫唯弗居，是以不去。」（《道德經》第
二章）就是處「無爲之事」、用「生而不有」之工夫來保存天下事物。「古之
善爲道者，微妙玄通，深不可識。夫唯不可識，故強爲之容：豫兮若冬涉川；
猶兮若畏四鄰；儼兮其若客；渙兮若冰之將釋；敦兮其若樸；曠兮其若谷；
混兮其若濁。孰能濁以靜之徐清？孰能安以動之徐生？保此道者不欲盈。夫
唯不盈，故能蔽而新成。」（《道德經》第十五章）持之以「豫兮、猶兮、儼
兮、渙兮、敦兮、曠兮、混兮」來保全成爲「善爲道者」，繼而能「蔽而新成」。
「致虛極，守靜篤。萬物並作，吾以觀復。夫物芸芸，各復歸其根。歸根曰
靜，是謂復命。」（《道德經》第十六章）以玄虛的心境，篤守靜妙之功，虛
靜觀照大地，「不塞其原，不禁其性」，萬事萬物如如呈現，最後也如如復歸
於天地，天下萬物得以保全復命。所以老子雖然最初只是從作用層 How 的方
式出發，然而到最後卻能保存住實有層 What 的概念，雖然這實有層只是一個
姿態，如此達到「作用地保存」，可謂是道家的獨特之處，也是道家最具慧眼

〔註47〕牟宗三，《中國哲學十九講》，臺北：臺灣學生書局，2002，頁135。

之見。

相對於道家的若隱若現的實有層，儒家天道的實有層則是一明顯客觀的實體，儒家的天道蘊含著創生的能量，能使萬物化育化成，具有生生的創造性，如陳德和先生說：

> 儒家之能以天道爲爲存在的根據，並以天道的生生不息爲萬有的生化源頭，這就充分顯示了創造的意義，如《中庸》說：「其爲物不貳，則其生物不測。」儒家的這種創造又叫妙運的創造，它是在客觀上肯定有一個超越的實體爲宇宙的眞幾，這種眞幾乃「體物而不遺」同時又是才「妙萬物而爲言」的，從這裏說儒家就不只是以主觀心境爲宇宙的大本，它也不是純粹的境界型態而已，它在大分類上是境界型態沒有錯，但它又有神化不測的天道做爲萬有的大本，所以又應當屬於客觀實有型，也惟其如此才能眞正講創造、才眞正合乎縱貫的要求，牟先生是這樣的肯定儒家，所以說它是「縱貫縱講」，若道家若佛教則只能算「縱貫橫講」者。〔註48〕

儒家的天道是一個客觀上的實體，爲天下萬物生生不息的源頭、是萬有的大本，故具有創造的意義，所以牟先生稱儒家是「縱貫縱講」。道家並沒有在客觀上肯定有一個超越的實體爲天下萬有生生不息的源頭，而是透過「不塞其原」、「不禁其性」、「無爲自然」之修養工夫，讓萬物均能暢其源及順其性，使天下萬有都能如如復歸其位，所以老子是屬於「縱貫橫講」的特色。「縱貫橫講」即是縱貫的關係用橫式的方法來呈顯，這橫式的方法即是老子獨到的修養工夫，透過修養工夫讓天得一以清、地得一以寧，天地顯示出即是一自然如如的境界，讓萬物能長得自在，也能活出自性，如牟先生說：

> 東方的形而上學都是實踐的形而上學（practical metaphysics）。道家實踐就很難用一個名詞來恰當地表示，大概也類乎解脫一類的，但仍有不同。工夫是緯線，縱貫的關係是經線。若是了解了道家工夫的特殊意義，因而了解了它的緯線，那麼就可以用一個新名詞來表示：道家的境界形態的形而上學是「縱貫的關係橫講」。道家的道與萬物的關係是縱貫的，但縱貫的從不生之生、境界形態、再加上緯來了解，就成了「縱貫橫講」，即縱貫的關係用橫的方式來表示。這

〔註48〕 陳德和，〈論牟宗三對人間道家的哲學建構──以老子思想的詮釋爲例〉，南華大學哲學研究所《揭諦》第 3 期，2001.05，頁 174～175。

横並不是知識、認知之横的方式，而是寄託在工夫的緯線上的横。
〔註49〕

儒家的天道有客觀實體的超越性，具有創造天下萬物的積極義，所以是「縱貫的關係縱講」，而老子的道是一不生之生的境界形態，經由修養工夫來實現天下萬物，是一消極義而非儒家的積極義，所以老子是「縱貫的關係横講」，一個是講創造，一個是講實現，儒家道家之別清楚可知。

　　所以天地之有萬物的呈現，在於有個天地萬物之母，當天地萬物之母呈現原有之本性時，則是無物不成，無物不長，故老子云：「天下有始，以為天下母。既得其母，以知其子；既知其子，復守其母，沒身不殆。」（《道德經》第五十二章）母就是本、就是根，當樹木的根能穩固基礎、抓緊土壤時，則枝繁葉茂、綠意盎然將是指日可待，此乃得母存子也，當我們能謹慎用心於起頭開始之際，那麼讓生物多樣性的保存是無須刻意的，所以說善養「天地和根」「天下母」是重要的，那麼在老子的思想中，到底什麼是「天地的根」和「天下的母」？老子云：「有物混成，先天地生。寂兮寥兮，獨立而不改，周行而不殆，可以為天地母。吾不知其名，字之曰道。」（《道德經》第二十五章）「有物混成，先天地生。」王弼注：「混然不可得而知，而萬物由之以成，故曰混成也。不知其誰之子，故先天地生。」〔註50〕有一混然虛靜的境界，它在天地還沒產生之前就已存在了，天地萬物因它而生成孕育，所以說是先天地生，和「吾不知誰之子，象帝之先。」（《道德經》第四章）同一義理，牟宗三先生認為這稱為「先在性」，然此先在性並非一般所說的先在性，而是一種境界形態的先在性，牟先生說：

　　其先在性亦是境界形態也。大象暢，大音至，生生無限量，聲聲不相礙，則即沖虛玄德之在一切形物之先矣。此非「存有形態」之先在也。此非邏輯原則之先在，亦非範疇之先在，亦非存有形態的形上實體之先在，而乃開源暢流，沖虛玄德之明通一切，故為一切形物之本，而其本身非任一形物也。此即在一切形物之先矣。「無為而無不為」，無為先於無不為。「地守其形，德不能過其載。天慊（足也）其象，德不能過其覆」。天地亦有限定之形物也。於形物而無所主，無所適，則沖虛朗現，而天地自成其覆載之功。此亦即沖虛玄

〔註49〕牟宗三，《中國哲學十九講》，臺北：臺灣學生書局，2002，頁115～116。
〔註50〕王弼，樓宇烈校釋，《王弼集校釋》，北京：中華書局，1999，頁63。

德之先於天地也。此境界形態之先在性乃消化一切存有形態之先在
性，只是一片沖虛無迹之妙用。此固是形上之實體，然是境界形態
之形上的實體。〔註51〕

是以「有物混成，先天地生。」表達的義蘊如王弼所言：「欲言存邪，則不見
其形，欲言亡邪，萬物以之生。故綿綿若存也，無物不成，用而不勞也。故
曰用而不勤也。」〔註52〕（《道德經》第六章）它不是「存有形態的形上實體
之先在」，不是「邏輯原則之先在」，也不是「時間先後的先在」，亦不是「因
果過程的先在」，是一「境界形態之先在性」。

　　正因為是「境界形態之先在性」，所以能「欲言存邪，則不見其形，欲言
亡邪，萬物以之生。」也因此是一「綿綿若存」的境界，繼而能「無物不成，
用而不勞也。」因為它是一境界的形態，所以聽不見它的聲音，也看不見它的
形體，獨立於萬物、超然於物質之上，周流遍在於天地萬物之中，故可以為天
下母，故說「周行而不殆，可以為天下母。」（《道德經》第二十五章）王弼注：
「周行無所不至而免殆，能生全大形也，故可以為天下母也。」〔註53〕這是道
的「遍在性」，此物的遍與流行是虛義，而非實義，是境界形態之沖虛寂照，
而非存有形態之實體，之所以「遍與萬物而生全之」是因此物「不塞其原，不
禁其性」的沖虛境界，提供萬物長之、育之、亭之、毒之的化育環境，不須有
其他的作為，萬物則自生自長也，所以並非此物之功、非此物之所為、亦非此
物之所生，如此之玄牝眾妙之門是也，如此的「天地根」、「天下母」究為何物，
老子並沒有把「道」定為一物，這並不是因為老子思想不透、理路不清的緣故，
反而是老子思想精華之見，「視之不見，名曰夷；聽之不聞，名曰希；搏之不
得，名曰微。此三者不可致詰，故混而為一。其上不皦，其下不昧。繩繩不可
名，復歸於無物。是謂無狀之狀，無物之象，是謂惚恍。迎之不見其首，隨
之不見其後。」（《道德經》第十四章）此章也是在論述此物是難以定名定謂
的，因視之不見、聽之不聞、搏之不得，三者都不可致詰矣，最後混而為一，
虛稱為「道」。

　　綜上所述，老子《道德經》是以「無」為本，並沒有真的有個實體叫做
「無」，「無」不能再正面實之以某物，老子《道德經》中的「無」不是西方

〔註51〕牟宗三，《才性與玄理》，臺北：臺灣學生書局，2002，頁143。
〔註52〕王弼，樓宇烈校釋，《王弼集校釋》，北京：中華書局，1999，頁17。
〔註53〕王弼，樓宇烈校釋，《王弼集校釋》，北京：中華書局，1999，頁63。

存有論的概念，它不是從實有層來談，而是從作用層來看，講究的是主觀修養上的工夫。從主觀心境的作用而透映出來好像有個實體，然而這個實體只是一個姿態，它是縱貫橫講的關係，是透過工夫修養歷練所朗現的虛一而靜境界，迥異於西方哲學客觀實有的形上學，牟宗三先生稱此為「中國哲學底特質」：

> 按照我們以前講「無」和「有」，道家是境界形態，境界式地講，從作用上講，講之以透顯無與有的心境。境界形態是對著實有形態而言，假如把道家義理看成是一個形而上學，那它便是一個境界形態的形而上學（依境界之方式講形而上學）。我們平常所了解的哲學，尤其是西方哲學，大體上都是實有形態的形而上學（依實有之方式講形而上學）。這是大分類、大界限。西方哲學從希臘哲學開始，一直到現在，一講形而上學，大體都從「存在」上講，屬於實有形態。中國在這方面，尤其是道家，比較特別一點，這就是所謂「中國哲學底特質」。道家不是從客觀存有方面講，而是從主觀心境方面講，因此屬於境界形態。〔註54〕

道家的形上學並不是從客觀實體做為第一因，而是從主觀心境上修證，透過「不塞其原」、「不禁其性」、「無為自然」等修養工夫，所朗現天清地寧、自然如如的境界，謂之「境界型態的形上學」，牟先生提到：

> 道家式的形而上學、存有論是實踐的，實踐取廣義。平常由道德上講，那是實踐的本義或狹義。儒釋道三教都從修養上講，就是廣義的實踐的。儒家的實踐是 moral，佛教的實踐是解脫，道家很難找個恰當的名詞，大概也是解脫一類的，如灑脫自在無待逍遙這些形容名詞，籠統地就說實踐的。這種形而上學因為從主觀講，不從存在上講，所以我給它個名詞叫「境界形態的形而上學」；客觀地從存在講就叫「實有形態的形而上學」，這是大分類。〔註55〕

所以老子的「境界形態的形而上學」是迥異於西方哲學「實有形態的形而上學」的，二者的出發點完全不同，所得到的內心修證的層面也有所不同，道家較從工夫實踐義著眼，西方哲學較從知識、形上學入手。老子是一「境界形態的形而上學」，但何謂「境界」呢？牟先生說：

〔註54〕牟宗三，《中國哲學十九講》，臺北：臺灣學生書局，2002，頁128。
〔註55〕牟宗三，《中國哲學十九講》，臺北：臺灣學生書局，2002，頁103。

把境、界連在一起成「境界」一詞，這是從主觀方面的心境上講。主觀上的心境修養到什麼程度，所看到的一切東西都往上昇，就達到什麼程度，這就是境界，這個境界就成爲主觀的意義。……但是境界形態就很麻煩，英文裏邊沒有相當於「境界」這個字眼的字。或者我們可以勉強界定爲實踐所達至的主觀心境（心靈狀態）。這心境是依我們的某方式（例如儒道或佛）下的實踐所達至的如何樣的心靈狀態。依這心靈狀態可以引發一種「觀看」或「知見」（vision）。境界形態的形上學就是依觀看或知見之路講形上學（metaphysics in the line of vision）。我們依實踐而有觀看或知見；依這觀看或知見，我們對於世界有一個看法或說明。這個看法所看的世界，或這個說明所明的世界，不是平常所說的既成的事實世界（如科學所說的世界），而是依我們的實踐所觀看的世界。這樣所看的世界有昇進，而依實踐路數之不同而亦有異趣。〔註56〕

「境界形態的形上學」即是個人主觀心境修證到什麼程度，所看到的境界也跟著往上昇，袁保新先生對於牟先生上段文字有一番詮釋：

這段文字是牟先生釐清「境界形態形上學」最重要也最值得體味的一段說明。我們由這段說明中可以得知，所謂「境界形態的形上學」是由實踐所開顯的一種對價值世界的觀照（說明），它雖然依實踐路數的不同或修養程度有所變化，但如果精神價值的最後歸趣是定在自由自在的話，則價值世界總歸是一，並且這個世界中的事物也必須是絕對眞實的「事物之在其自己」。因此，當主觀的實踐使吾人心靈澈底的自由自在之時，萬物也以其本來面目呈現，這時主觀心境與客觀世界渾然交融，一體而化。〔註57〕

心境的修養進展到什麼程度，所觀照的世界就跟著進展到什麼「知見」，當主觀的實踐能徹底的無掉私欲、化掉我執，則此時主觀心境所實現的天下萬物渾然交融、一體呈現的，這樣的實現性並不是根基於外在客觀實有物，而是著眼於主觀心境的修證，所以說「境界形態的形上學」也可說是「實踐的形上學」，因爲它是透過實踐所開顯出的觀照，也是經由實踐所朗現出的虛靜自然的境界，牟先生說：

〔註56〕牟宗三，《中國哲學十九講》，臺北：臺灣學生書局，2002，頁130～131。
〔註57〕袁保新，《老子哲學之詮釋與重建》，臺北：文津出版社，1997，頁51。

如此，無先作動詞看，就是要否定這些，經此否定已，正面顯示一個境界，用名詞來表示就是無。將名詞的 nothing（無）拆開轉成句子就是 no-thing（沒有東西）。所以 nothing（no-thing）不是存有論的無（沒有東西）。當我們說存有論時是在西方哲學的立場，照希臘傳下來的形而上學的存有論講。「無」沒有存有論的意味，但當「無」之智慧徹底發展出來時，也可以函著一個存有論，那就不是以西方爲標準的存有論，而是屬於實踐的（practical），叫實踐的存有論（practical ontology）。中國學問都是實踐的，像儒家的 moral metaphysics 也是實踐的。實踐取廣義。用道家的話講，實踐的所表現的就是解脫、灑脫、無爲這類的字眼，是這種智慧全部透出來以後，可以函有一個實踐的存有論……因此可以有個實踐的存有論，也可謂實踐的形而上學 practical metaphysics。這實踐的形而上學、存有論就寄託於對無的了解。〔註58〕

陳德和先生也說：

凡實踐的形上學必是境界型態的形上學這是大原則的劃分，然而在細分上，牟先生認爲道家的形上學是純粹的主觀境界型態，理由是老子的「無」絕對不能從西方存有論的立場把它理解爲「不存在」或「沒有東西」，它最好的解釋應當是「無執的心境」，所以老子說的「道生萬物」其實也就是依此心境的觀照妙用而一體呈現天地萬物之自在的意思，是即「一逍遙，一切逍遙；一無待，一切無待」的玄旨。若是儒家則非主觀境界而是客觀實有，因爲它除了有內在的性體、心體做爲實踐的根據和理想的極成之外，還從超越的所以然處肯定一個客觀的天命實體以爲萬有之大本。〔註59〕

老子「境界形態的形上學」可以說是透過「無」的實踐工夫所朗現出的，而「無」的工夫徹底修證實踐出來時，所函著一個存有論可稱之「實踐的存有論」，所以老子「境界形態的形上學」，也可說是「實踐的存有論」或「實踐的形上學」，它是縱者橫講的關係，著眼於「橫」的工夫上，主觀修養工夫著墨有多深，觀照境界就有多高。從老子《道德經》文本中詮釋出的環境倫理

〔註58〕牟宗三，《中國哲學十九講》，臺北：臺灣學生書局，2002，頁93～94。

〔註59〕陳德和，〈論牟宗三對人間道家的哲學建構──以老子思想的詮釋爲例〉，南華大學哲學研究所《揭諦》第3期，2001.05，頁172～173。

思想，亦是一種「境界形態的形上學」，是一門需要主觀心境去修證的「實踐的形上學」，唯有懂得「尊道貴德」才能讓萬物如如生長化育，知曉「不塞其原，不禁其性」的義理，才能使得生態環境永續發展，通徹「水善利萬物而不爭」啓發才能公平無私對待大地，順應「無爲自然」的天道，才能使得生態環境如如實現自我、整體和諧發展，所以本文所論述的「老子環境倫理思想」既是現今環境倫理思想的啓發，更是環境倫理實踐工夫的闡揚。

第四章 老子「道」的環境倫理思想

第一節 「不生之生」的環境倫理觀

一、道的實現性

老子哲學中最重要的思想就是「道」，本文題目為論述「老子環境倫理思想」，所以對於老子「道」的環境倫理義理詮釋，即顯得非常重要，道與萬物的關係為何？如何從道與萬物關係之中體現出環境倫理思想？是本章節論述之重點所在。老子云：

> 道沖，而用之或不盈。淵兮似萬物之宗。挫其銳，解其紛，和其光，同其塵，湛兮似或存。吾不知誰之子，象帝之先。(《道德經》第四章)

王弼注本作「沖」，河上公注本作「沖」。按「沖」為「沖」的俗字。許慎《說文解字》皿部曰：「盅，器虛也。從皿，中聲。《道德經》曰：道盅而用之。」又水部「沖」段注：「凡用沖虛字者，皆皿之假借。《道德經》：道皿而用之。今本作沖是也。」「沖」傅奕本作「盅」，可見「沖」是「盅」字，有其器虛的意思。﹝註1﹞道的作用是虛而不窮屈，動而不竭盡的，如老子云：「大道氾

﹝註1﹞ 王弼注本作「沖」，河上公注本作「沖」。按「沖」為「沖」的俗字。許慎《說文解字》：「盅，器虛也。從皿，中聲。《老子》曰：道盅而用之。」（皿部）又「凡用沖虛字者，皆皿之假借。《老子》：道盅而用之。今本作沖是也。」（水部）可見「沖」是「盅」字，是器虛的意思。見吳怡，《新譯老子解義》，臺北：三民書局，2002，頁24～25。本文「沖」字一律改為「沖」字。

兮，其可左右。」(《道德經》第三十四章) 王弼注:「言道，氾濫無所不適，可左右上下，周旋而用，則無所不至也。」﹝註2﹞意思指「道」是流行氾濫、無邊無際、可左可右、含上容下、無所不至。萬物亦因依靠道而能生成化育，但道卻不居爲它的功勞，提供萬物生長的環境但不爲萬物做決定，正因爲道不認爲自己是偉大的，如此反而能成就它的偉大。老子曰:「周行而不殆，可以爲天下母。」(《道德經》第二十五章) 王弼注:「周行無所不至而免殆，能生全大形也，故可以爲天下母也。」﹝註3﹞這又呈現了道的「遍在性」，牟先生說:

> 此言道之「遍在性」。由「周行而不殆」以言其無所不在也。亦即以周流言遍在。實則道亦無所謂「行」，亦無所謂「流」。只是遍與萬物而生全之。物有流有行，道無流無行也。遍與萬物而生全之，即遍與萬物而爲其體也。爲其體，爲其本，即爲其母也。但此道之遍在而爲體爲母，亦不是「存有形態」之爲體爲母，只是境界形態沖虛之所照。「不塞其源，不禁其性」，暢開萬物「自生，自治，自理，自相贍足」之門，即如此而爲體爲母也。此遍在之體是「虛」義，非「實」義。儼若有客觀實體之姿態，(有客觀性，實體性之姿態)，實則只是一姿態，故非「存有形態」也。﹝註4﹞

牟先生認爲有物混成的此物是「儼若有客觀實體之姿態，實則只是一姿態，故非『存有形態』也。」如前面第二章所述牟先生的觀點是「主觀境界」，而非像唐君毅先生認爲的「客觀實有」，從「姿態」二字就可以很清楚的知道牟先生對道家詮釋獨到之處，亦是其精采非凡的見地。正因爲道的遍在性所以能無所不含、無所不容、無所不利，所以能像水一樣能滋潤萬物、孕育萬物，爲大地帶來無限的生機。道提供了萬物生長化育的環境，而這環境是廣闊無限的場所，所以能化育出許多不同的物種，豐富了整個大地，也因此能生長出無數的生命個體，生動了這片大地。

「挫其銳，解其紛，和其光，同其塵，湛兮似或存。吾不知誰之子，象帝之先。」道它不露鋒芒，消解萬物紛擾，隱藏光耀，混同塵俗。它幽隱澄寂、似亡而實存，讓我們感覺到它好像是一直存在。我不知道它是從那裏而

﹝註2﹞ 王弼，樓宇烈校釋，《王弼集校釋》，北京:中華書局，1999，頁86。
﹝註3﹞ 王弼，樓宇烈校釋，《王弼集校釋》，北京:中華書局，1999，頁63。
﹝註4﹞ 牟宗三，《才性與玄理》，臺北:臺灣學生書局，2002，頁149。

生的，似乎在有天地以前就有它了。我們從上論述得知，道是一玄之又玄的沖虛境界，道的幽微深遠，好像是天地萬物的宗主，而至於道如何實現萬物？有何其獨特的道家實現方式？

老子曰：「道生一，一生二，二生三，三生萬物。」（《道德經》第四十二章）依牟宗三先生在〈老子《道德經》講演錄（七）〉中所提到的，認為老子這裏的「一」是指「無」，而「無」是個虛靜靈活，有無限的妙用的境界，因此由「無」的徼向性而能發「有」，道能隨時無，也能常常處於有的徼向性，「無」與「有」合起來就為「二」，這就是道的雙重性，而這兩者混而為一就是「玄」。牟先生說：

> 「玄」才是真正恢復到道的本性，才恢復道之所以為道。《道德經》
> 說「玄」是「眾妙之門，就是說，道是眾妙之門，就是道生萬物。
> 所謂「三生萬物。」就是道生萬物。〔註5〕

老子云：「谷神不死，是謂玄牝。玄牝之門，是謂天地根。綿綿若存，用之不勤。」（《道德經》第六章）「牝」是雌性、母性，為雌性動物的統稱，無和有合在一起稱為「玄」，所謂「此兩者，同出而異名，同謂之玄。玄之又玄，眾妙之門。」（《道德經》第一章）因為處於玄的境界，所以可以不侷限於有或無，才有其沖虛妙用之處，因為世上一般的母性都是個有形體的個體，生出來的亦是個有形的個體，所以有其生滅死長。而玄牝之門代表著虛一而靜的境界，有其無限的妙用，不是直接生長物種，卻能使生態環境上的萬物自化自育。所以玄牝這一微妙的母性之門，是化育萬物的根源，玄牝生養萬物，微妙而不絕，它的作用能愈動愈出，所以能無窮無盡，如天地般在虛靜中有所作用，在躍動中能保其本性，進而能孕育萬物、衣養萬物，所以說玄牝是「綿綿若存」的狀態，如陳柱曰：「存而非存，故能不屈愈出，非存而存，故能萬物畢有，故曰若存。若存云者，非存非亡之謂也，若云是存，則有亡矣；若云是亡，則天地萬物何從而生？故曰若存也。」〔註6〕因為不停於存或亡，所以有其靈活性；因為不居於有或無，所以有其精采度，所以「玄」字有其至幽至微的境地，亦蘊含著無限的生命可能性，玄是一沖虛妙有的境界，玄

〔註5〕 牟宗三，〈老子《道德經》講演錄（七）〉，《鵝湖月刊》總號第 340 期，2003.10，頁 8。

〔註6〕 王雲五主編，《老子——陳柱選註》，上海：商務印書館，1929，頁 7。另見余培林，《新譯老子讀本》，臺北：三民書局，1993，頁 26。

恢復了道實現萬物的具體作用，才不至於讓「道」只停在「無」或「有」，因此「玄」是老子「道」能有無限妙用和實現萬物的根源，牟宗三先生說：

> 老子通過無與有來了解道。無有混在一起就是玄。「玄之又玄，眾妙之門」的玄就是創造萬物的根據。分開地直接地說，有是萬物的根據，無是總持說的天地之開始。因為有從無出，而且有無混一名之曰玄，玄才能恢復道的具體性，即道之具體真實的作用。停在無有任一面，道的具體性就沒有了，就不能恢復並顯出道創生天地萬物的妙用。〔註7〕

馮滬祥先生也說：

> 老子在此處稱「道」為「玄牝」很有深遠意義。因為「玄」在此代表神奇奧妙，而「牝」代表母馬，象徵創造能力。因此，「玄牝」就代表「道」足以生發創造一切大自然的萬物。老子稱此「玄牝之門」為天地根，而且綿綿若存，永遠用不完，代表「道」的生命創造潛力，不但極為神奇奧妙，而且綿綿不絕，用之不盡，取之不竭，因而可稱為整個大自然的根源。一言以蔽之，就是「天地根」。這正如同一棵大樹，若要生命茂盛，必先樹根豐厚，根據老子，整個大自然的根即為「道」，看似無形，卻為一切有形生命的根源。〔註8〕

道實現天下萬物，是經由無有混而為一的「玄」來展現道的實現性，道實現天下萬物猶如「玄牝」一般是為天地根，天下萬物母性所具有的特性，即是無偏無私的孕育孩子，提供孩子生長的環境啓發他們的能力，以能順應其自性充分發展。「道」實現天下萬物亦如天地母親一般，提供天下萬物生育不干擾的生態環境，讓萬物能生長化育，「道」猶如天地根，提供營養供應萬物生長而不為己，讓萬物能如如實現自己，老子曰：「夫唯道善貸且成」（《道德經》第四十一章）王弼注：「貸之非唯供其乏而已，一貸之則足以永終其德，故曰善貸也。成之不如機匠之裁，無物而不濟其形，故曰善成。」〔註9〕「貸」，在《說文解字》上是「施」也，即施與、給與的意思。道對於天下萬物的實現性，是一種「善貸」的方式，並不是只是提供短暫的施與而已，也不是施

〔註7〕 牟宗三，《中國哲學十九講》，臺北：臺灣學生書局，2002，頁101。

〔註8〕 馮滬祥，《環境倫理學——中西環保哲學比較研究》，臺北：臺灣學生書局，1991，頁226。

〔註9〕 王弼，樓宇烈校釋，《王弼集校釋》，北京：中華書局，1999，頁113。

與完後還會再取回來的施與，而是「一貸之則足以永終其德」一施與就是給天下萬物生長化育的源頭，道不為己利的提供萬物生長環境，道無偏無私的施與萬物發展根源，王邦雄先生說：「老子以自然為善，故『善貸且成』，是道之自身的法則，以其實現原理內在天地萬物，就在天地萬物的順遂生長中，表顯與成就其自身。」〔註 10〕提供不干擾不妄為的環境，順應天下萬物的原來自性，讓萬物能生長發育、如如實現自我，這就是道的實現性。

二、不塞其原，不禁其性

　　老子「道」的實現性，並非像西方上帝的創生萬物的角色，也不是儒家天命不已的道體創生萬物，它們都是屬於縱貫縱講的形態，而老子「道」的實現性是屬於縱貫橫講的形態，並非是創生而是「不生之生」，牟宗三先生說：

> 分析地講的道，當然是超越的，但道也是內在的。既超越而又內在才是具體的道，東方思想都是如此。既然內在，那道具體的運用一定和萬物連在一起說，就是連著萬物通過徼向性而生物，這就是不生之生。若不和萬物連在一起，徼向性完全從無說，使你了解道的創造性，那只是開始的分解的了解，一時的方便。圓滿的說法是無與有合一的玄做為萬物之母之根據，「玄之又玄，眾妙之門」一切東西都由此出。……道家的道之具體的妙用即玄固然必須要和天地萬物連在一起來說，但這時說創生，創造的意義就不顯，而生就是不生之生，這才是道家的本義、真實的意義。〔註 11〕

基督教的上帝可以講創造，因為上帝是一客觀實有的人格神，他可以無中生有創生萬物，牟宗三先生提到：

> 基督教講創造是上帝無所憑藉而從無造有；而柏拉圖的 Demiurge 既不創造 Idea，也不創造 matter，二者都是本有的。基督教則不然，若在上帝之外還本有 matter，那麼上帝就不萬能了。因此上帝的創造不是將物分解成 form 與 matter 二個原有的成份而合之，而是自無造有，上帝就是創造個體，創造各各物（individual thing），不能再問上帝利用什麼材料來造萬物。你可以這樣問木匠，木匠只是利用木材來製造桌子，而木材取自樹木，並不是木匠創造的。宗教家視

〔註 10〕王邦雄，《老子的哲學》，臺北：東大圖書公司，1993，頁 103。
〔註 11〕牟宗三，《中國哲學十九講》，臺北：臺灣學生書局，2002，頁 106。

> 上帝爲人格神（Personal God），說上帝創造好像木匠造桌子，這是
> 不對的，這只可用於柏拉圖，而不可用於基督教。〔註12〕

上帝的背後並不能再分解爲其他事物，因爲上帝本身就是這宇宙的第一因，他並不能像木匠製造桌子的例子，可以繼續追尋後面的因素，他本身就是創造性自己、創造性本身，創造性本身就是終極的，他創造天地萬物並不用任何背後因素，牟宗三先生說：

> 爲什麼稱爲「創造性自己」呢？因爲這個做爲實體的創造性不是隸
> 屬於某一個機能（faculty）或是器官（organ），而發出的作用
> （function）；否則還得有更後的預設，就不是終極的（ultimate）。但
> 創造性本身就是終極的，它的作用就是儒家所說的「維天之命，於
> 穆不已」（詩周頌維天之命）的作用，而不是發自某一機能或器官的
> 作用。就是在基督教，創造性和上帝的關係也不是作用與機能的關
> 係，因爲上帝本身就是這個創造性，不能把上帝看成個個體，相當
> 於一個機能，而由此一個體起創造的作用。上帝全部的本質就是創
> 造性本身。〔註13〕

用牟宗三先生詮釋的用語，基督教上帝是一客觀實有的層次，基督教上帝全部的本質就是創造性本身，上帝創生萬物是無所憑藉而能從無造有，是一縱貫縱講的關係。基督教上帝和老子的「道」是有所區別的，老子的「道」並非是客觀實有的層面而是主觀境界的層次，道實現萬物是一縱貫橫講的關係，老子的道不是宇宙創生的第一因，也不是有主宰控制意味的人格神，而是一「不生之生」的主觀境界，是一作用層而不是一實有層，如陳政揚先生說：「《老子》的『道』只有實現性而沒有創造性。」〔註14〕老子以「不生之生」的方式實現了天下萬物，不是以客觀實有的方式創造了宇宙萬物，老子道的不生之生和基督教上帝的創造有所不同外，和儒家天道的創生也有所不同，牟先生提到：

> 道家的道和萬物的關係就在負責萬物的存在，籠統說也是創造。這
> 種創造究竟屬於什麼形態？例如「道生之，德畜之」（五十一章）道

〔註12〕牟宗三，《中國哲學十九講》，臺北：臺灣學生書局，2002，頁114。
〔註13〕牟宗三，《中國哲學十九講》，臺北：臺灣學生書局，2002，頁117～118。
〔註14〕陳政揚，《「管子四篇」的黃老思想研究》，嘉義：南華大學哲學研究所碩士論文，2000，頁46。

也創生啊！莊子也說：「生天生地，神鬼神帝」（大宗師）。天地還要靠道來創生，何況萬物？道德經又說「天下萬物生於有，有生於無」，這不明明用生嗎？所以要用現在的話說創生創造不能算錯，但你要是再進一步了解，就知道用創造這個名詞不很恰當。儘管也用生字，但照道家的講法這生實在是「不生之生」。儒家就是創生，中庸說「天地之道可一言而盡也……其為物不貳，則其生物不測。」那個道就是創生萬物，有積極的創生作用。道家的道嚴格講沒有這個意思，所以結果是不生之生，就成了境界形態，境界形態的關鍵就寄託於此。〔註15〕

牟宗三先生在論述道家的「道」，剛開始是以「創造」這個名詞來詮釋，後來認為用「創造」來詮釋似乎不是很恰當，因為儒家的天道創生萬物，有其積極的創生作用，是一縱貫縱講的關係，如《中庸》所言：「天地之道，可一言而盡也……其為物不貳，則其生物不測。」但道家的道卻沒有積極的創生作用，只有其消極的實現義，道家並不是實有形態，並沒有一個客觀的東西叫「無」或「道」來創生天地萬物，因而道家的生其實是「不生之生」，由不生之生所表示的縱貫橫講的關係就成了境界形態的形而上學，它和西方創生所表示的縱貫縱講的實有形態形而上學是大不同的，何謂不生之生？牟宗三先生對此有一番精采的詮釋：

何謂不生之生？這是消極地表示的作用，王弼的注非常好，很能把握其意義。在道家生之活動的實說是物自己生自己長。為什麼還說「道生之德畜之」呢？為什麼又說是消極的意義呢？這裡有個智慧，有個曲折。王弼注曰「不禁其性，不塞其源」，如此它自然會生長。「不禁其性」禁是禁制，不順著本性，反而禁制歪曲戕賊它的本性，它就不能生長。「不塞其源」就是不要把它的源頭塞死，開元暢流，它自會流的。這是很大的無的工夫，能如此就等於生了他，事實上是它自己生，就是不生之生，就是消極的意義。〔註16〕

又說：

所決定的「境界形態」之意義，落實了也不難了解。上次舉了些現實生活、政治上的例子，由不操縱把持、不禁其性、不塞其源、讓

〔註15〕牟宗三，《中國哲學十九講》，臺北：臺灣學生書局，2002，頁104。
〔註16〕牟宗三，《中國哲學十九講》，臺北：臺灣學生書局，2002，頁106～107。

開一步來說明，如此則所謂生，乃實是經由讓開一步，萬物自會自己生長、自己完成，這是很高的智慧與修養。道家的智慧就在讓開一步，不禁性塞源，如此就開出一條生路，這是很大的工夫；否則物即使會生，也不能生長。說來似乎很簡單，其實並不容易做到，所謂的無為、自然都要由此處來了解。這樣講的才是道家的道，而不是客觀的指一個實體——或像上帝、或像儒家的天命道體——來創生萬物。從讓開一步講當然是主觀的，「道生」是個境界，道就寄託于這個主觀實踐所呈現的境界；由此講生，就是消極意義的不生之生。〔註17〕

老子云：「生之、畜之，生而不有，為而不恃，長而不宰，是謂玄德。」（《道德經》第十章）王弼注：「不塞其原也。不禁其性也。不塞其原，則物自生，何功之有？不禁其性，則物自濟，何為之恃？物自長足，不吾宰成，有德無主，非玄而何？凡言玄德，皆有德而不知其主，出乎幽冥。」〔註18〕「不塞其源」就是不要把它的源頭塞死，開其源暢其流，如此它就會自己流動。「不禁其性」順著它的本性，不禁制戕害它的本性，如此它就會自己生長。牟先生說不生之生是消極意義，此「消極」並不是一般所說的不好的意思，而是相對應於上帝主宰創造萬物的「積極」意義，此不生之生就相對應為較不主動積極，而所朗顯出的是一開源暢流的工夫境界以及生而不有之沖虛玄德境界。老子「不生之生」的沖虛境界，亦可說是「不主之主」的沖虛境界，牟先生說：

> 道以何方式而為萬物之宗主？道非實物，以沖虛為性。其為萬物之宗主，非以「實物」之方式而為宗主，亦非以「有意主之」之方式而為宗主，乃即以「沖虛無物，不主之主」之方式，而為萬物之宗主。沖虛者，無適無莫，無為無造，自然之妙用也。虛妙於一切形物之先，而不自知其為主也。此即為「不主之主」。故「老子微旨例略」云：「夫物之所以生，功之所以成，必生乎無形，由乎無名。無形無名者，萬物之宗也」。〔註19〕

其實不論是「不生之生」或是「不主之主」，在環境倫理思想的啟發上都是一

〔註17〕牟宗三，《中國哲學十九講》，臺北：臺灣學生書局，2002，頁112。
〔註18〕王弼，樓宇烈校釋，《王弼集校釋》，北京：中華書局，1999，頁24。
〔註19〕牟宗三，《才性與玄理》，臺北：臺灣學生書局，2002，頁140。

致的，「不塞其原」就是不把適合萬物生長的環境破壞掉，以使得萬物能自己發展，「不禁其性」是不違反萬物的本性，順應萬物的自性，讓萬物能自己生長。即是期待人類能開其源，暢其流，也就是提供一個適合萬物生長的空間，讓萬物能自定自化地生長，而所有人爲的施爲讓開一步，讓萬物自己生長發展，不操縱主宰讓生態能開出一條生路，讓萬物能自己自在地發展。牟先生對於老子道的實現性以「不生之生」來實現天地萬物，又用了另一詮釋用語「不著的宇宙論」牟先生說：

> 「道生之」者，只是開其源，暢其流，讓物自生也。此是消極意義的生，故亦「無生之生」也。然則道之生萬物，既非柏拉圖之「造物主」之製造，亦非耶教之上帝之創造，且亦非儒家仁體之生化。總之，它不是一能生能造之實體。它只是不塞不禁，暢開萬物「自生自濟」之源之沖虛玄德。而沖虛玄德只是一種境界。故道之實現性只是境界形態之實現性，其爲實現原理亦只是境界形態之實現原理。非實有形態之實體之爲「實現原理」也。故表示「道生之」的那些宇宙論的語句，實非積極的宇宙論之語句，而乃是消極的，只表示一種靜觀之貌似的宇宙論語句。此種宇宙論之語句，吾名之曰「不著之宇宙論」。「不著」者，不是客觀地施以積極之分解與構造之謂也。而道之爲體爲本，亦不是施以分解而客觀地肯定之之存有形態之實體也。故其生成萬物，亦不是能生能成之實體之生成也。故生者，成者，化者，皆歸於物之自生自成，自定自化，要者在暢其源也。此種「不著之宇宙論」，亦可曰「觀照之宇宙論」。然則，物無體乎？曰：無客觀的存有形態之體，而卻有主觀的境界形態之體。沖虛玄德即體也。若因自生自成，自定自化，著於物而遮撥一切超越者，而成爲唯物論或自然主義，則悖矣。〔註20〕

如牟先生所提到的如果把老子的「道生之」，理解爲唯物論則完全背離了老子的原義，因爲老子的道既不是基督教上帝的客觀實有人格神，也不是儒家天道的創造萬物，而是以「不生之生」——「不塞其原、不禁其性」的方式來實現萬物，如此貌似有宇宙論創造萬物的樣子，然而深入理解老子文本會發現這「宇宙論」只是個姿態罷了，並非眞實的由「道」來創造萬物，所以牟先生稱之爲「不著之宇宙論」或是「靜觀之宇宙論」，所朗顯出的是「不塞其

〔註20〕牟宗三，《才性與玄理》，臺北：臺灣學生書局，2002，頁162。

原、不禁其性」的沖虛境界，在此境界中各依其道的生長化育以及各據其德
的實現自我，袁保新先生說：

> 王弼注《道德經》十章謂「不塞其原，則物自生」「不禁其性，則物
> 自濟」，正說明了道作為萬物存在的根源，只是消極的暢開萬物「自
> 生自濟」之源，根本不作任何干涉、操縱、把持。換言之，在老子
> 的形上體悟中，萬物之所以能夠得到生育長養，即在於存在界中每
> 一事物相依相存，共同形成一種有機的、和諧的存在秩序，而只要
> 這個秩序不受到干擾破壞，即每一事物能各安其位，那麼事物也就
> 可以各據其德的實現自我。這也就是說，擔負著萬物存在形上之道，
> 根本不需任何經營安排，生育長養的動力早已內在於每一事物之
> 中，它只要讓開一步，不操縱不宰制，其綿綿若存的造化神力就會
> 在事物各據其德的自我實現中完成。〔註21〕

道「不生之生」環境倫理觀的義涵，即是開其源、暢其流，讓物自生也，並
不積極主宰控制環境，讓所有萬物都能生育長養及實現自我。萬物均是由道
不生之生而實現出來的，所以都是來自於同一母親，所以每一物種應都是平
等的地位，並沒有說人類才是萬物之靈，人類與環境中的每一物種都是緊密
相連、互依互存的，所以應和諧共存的在這地球上生活著，讓生態環境能穩
定平衡的發展著。

　　深層生態學的「自我實現」，指的是由許多小我的自我實現達成的大我實
現的過程，是由心理的自我（ego）走向社會性的「我」（self），再從社會性的
「我」走向「生態我」大我（Self）的三個階段，自然界的每一存在物完成了
自身生命價值的實現，這些生命價值的實現，豐富了生態環境生命形式的多
樣性，促進了整體生態環境的實現。然而「自我實現」除了是小我（self）的
實現外，最終目的是要能夠完成大我的實現（Self-realization），也是整個生態
環境一體的實現，唯有生態環境大我的實現，才能真正幫助更多小我的自我
實現，戴斯·賈丁斯（Joseph R. Des Jardins）提到：

> 自我實現在深層生態學中也有重要的作用。但對深層生態學家而
> 言，自我的含義是與自然界相聯繫的自我。自我實現過程在於自我
> 省悟，以理解自己是更大整體的一部分，是個理解「在人與非人之
> 間本無固定的本體論劃分」的過程。這種自我是形而上學整體論所

〔註21〕袁保新，《老子哲學之詮釋與重建》，臺北：文津出版社，1997，頁205。

描述的那種自我。如果作爲人類我們是由與自然界其他部分的聯繫
所構成，自我實現就是要理解並完全致力於這個整體。〔註22〕

泰勒也提到：

> 理想的世界秩序地球上的這樣一種狀況：人們能追尋他們的個人利
> 益和生活方式，同時允許生物共同體實現它們的存在而不受到干
> 擾。對這些共同體的個體成員的傷害只能來自進化、自然選擇和環
> 境的自然變化，而不是來自人類的行爲。倫理上的理想世界是一個
> 非人類存在物的好和人類價值的完滿共同實現的地方。〔註23〕

自我實現即是理解在人類與非人類之間，其實是一個整體的關係，並不是敵
對或主從的關係，自我實現是自我內心的省悟，省悟我們是整體生態環境的
一部分，並致力於整體生態環境的實現。理想的生態環境應是不要干擾破壞
原有環境的生態，兼顧到人類與非人類的善及其內在價值，讓「所有生物及
非生物」〔註24〕能實現自我，繼而增進所有生物及非生物的多樣性及豐富性。
老子道的實現性其實和泰勒思想及深層生態學的「自我實現」頗有會通之處，
賴錫三先生提到：

> 總之，我們認爲道家這種「自然而然」的存有論精義，最能拓深深
> 層生態學強調萬物「自我實現」的根本意義。因爲這種萬物自發湧
> 現的生生自然，才是海德格所要回歸的「自然源初義」，它超越了傳
> 統形上學那種在萬物背後找形上實體的困境，也超越了西方宗教傳
> 統那種以上帝爲萬物之上的創造者且視自然物爲次級存在的偏見，
> 超越了西方知識論傳統、科技唯物觀那種視自然物爲客體物、無機
> 物，亦超越了任何人類中心主義那種相對意義、工具價值的決定；

〔註22〕戴斯‧賈丁斯（Joseph R. Des Jardins）著；林官明，楊愛民譯，《環境倫理學——
環境哲學導論》，北京：北京大學出版社，2002，頁253。

〔註23〕見汪瓊，〈一種生物中心主義的環境倫理學體系——從泰勒的《尊重自然》一
書看其環境倫理學思想〉，《浙江學報》第2期，2001，頁34。

〔註24〕「深層生態學」的道德關懷層面擴及到所有「生物及非生物」。「生物」就是
動物、植物等有生命的物體，「非生物」則包含河流、土地、岩石、空氣等沒
有生命的有機體。老子：「上善若水，水善利萬物而不爭，處眾人之所惡，故
幾於道。」（《道德經》第八章）水在天爲霧露，提供動植物、河流、土地等
水分，滋潤萬物不分孰好孰壞；在地爲源泉產出源源不絕的水源，供給動植
物、河流、土地等水份，涵養萬物不分物種類別。從上論述，本文認爲老子
「萬物」的概念包含所有的「生物及非生物」。

　　　　這個自使自取的「自然」本身就是具有絕對價值的生命力，就此而
　　　言的「自我實現」才是神聖的。〔註25〕

道以「不塞其原，不禁其性」自然的方式實現了天下萬物，提供萬物生長不
干擾的生態環境，提供土壤養分供應萬物生長化育，道為天地根，猶如大地
之母無偏無私的孕育著萬物，讓萬物能順應其性充分發展、如如實現自己，
所以說「夫唯道善貸且成」。「道生之，德畜之」，道以其實現原理遍在於天地
萬物，使天地萬物能順遂生長成就自己，所展現的生態環境是一整體和諧的
境界。老子「道的實現性」在環境倫理思想的啟發，超越了「強烈人類中心
倫理」的視野，不只是視萬物為人類的工具或附屬品，也不認為人類是所有
萬物的主宰，主張以「不塞其原，不禁其性」的方式，肯認萬物平等的存在
價值，讓天下萬物能如如實現自我，讓生態環境中的物種能保有其多樣性及
豐富性，使得生態環境能整體的和諧發展，在此的老子環境倫理思想和泰勒
及奈斯的環境倫理思想是有所會通的。老子環境倫理思想除了與西方環境倫
理思想有所會通之外，也有其自身獨特之處，即是在於老子「道」以「不生
之生」的實現性朗現了天地萬物，此一道家特有的主觀沖虛境界詮釋方式，
迥異於「強烈人類中心倫理」主宰創造萬物的詮釋方式，而泰勒及奈斯的環
境倫理思想對此「不生之生」的義理概念則未曾論述。老子環境倫理思想從
「道」不生之生的實現性出發，建構了一套完整體系的哲學義理，對於環境
倫理思想的啟迪及對環境倫理思想之實踐工夫的裨益，是西方環境倫理思想
所欠缺的，也正是老子環境倫理思想獨特見地之處。

第二節　「尊道貴德」的萬物平等義

一、道生之，德畜之

　　我們已知道老子「道」的實現性，是以不生之生的方式來實現萬物的，「不
塞其原，不禁其性」就是不把萬物生長化育的源頭塞死，提供一個環境，不
操縱把持、讓開一步，讓它能開其源暢其流，使萬物能自己實現自性、自己
化育自己，這就是老子道的不生之生，然而當老子道的不生之生讓萬物實現

〔註25〕賴錫三，〈「當代新道家」與「深層生態學」的形上基礎〉，南華管理學院哲學
　　　　研究所《揭諦》第 2 期，1999.07，頁 238。

自己後，是否需要下一步的畜養呢？老子提到：

> 道生之，德畜之，物形之，勢成之。是以萬物莫不尊道而貴德。道
> 之尊，德之貴，夫莫之命而常自然。故道生之，德畜之。長之，育
> 之，亭之，毒之，養之，覆之。生而不有，爲而不恃，長而不宰，
> 是謂玄德。(《道德經》第五十一章)

「道生之，德畜之，物形之，勢成之。」王弼注曰：「物生而後畜，畜而後形，
形而後成。何由而生？道也。何得而畜？德也。何(由)〔因〕而形？物也。
何使而成，勢也。唯因也，故能無物而不形；唯勢也，故能無物而不成。凡
物之所以生，功之所以成，皆有所由。有所由焉，則莫不由乎道也。故推而
極之，亦至道也。隨其所因，故各有稱焉。」〔註26〕萬物是由誰而生呢？是
道不生之生的生，也就是「道生之」；萬物生出來之後是誰畜養呢？是道內在
於萬物，後成爲萬物自身本性所畜養的，也就是「德畜之」；萬物依據自身本
性呈顯出萬物各種物質形態，也就是「物形之」；萬物有了各種物質形態之後，
又需要周圍的外在環境來培養，使萬物能成長成熟，也就是「勢成之」。萬物
形成發展的四個階段中，「道」和「德」是最根本的，沒有「道」，萬物無所
生成，沒有「德」，萬物就沒有自身的本性，沒有了「道」和「德」，也就無
法再繼續發展「物形之」、「勢成之」後面的階段，而「物形之」和「勢成之」
兩個階段，根源上可說是出自於「道」和「德」，所以可說「道」和「德」是
本，「物」和「勢」是末。「道生之」的義理在前面已著墨甚多，現就「德畜
之」的義理陳述如下，王邦雄先生提到：

> 道是超越之體，德是內在之用，道是無，德是有，道以其實現原理，
> 內在於萬物。此一生化作用，周流偏在，就是萬物所得自於道的德。
> 再細加簡別，德就個別體說，玄德就整體言。此老子云：「生而不有，
> 爲而不恃，長而不宰，是謂玄德。」(十章) 此玄德之有別於德者，
> 就在全與分，全者不爲器所限定，故謂之玄德。是全與分之別，當
> 在玄德與德，而道與德之別，就在一超越，一內在之分。故老子云：
> 「道生之，德畜之。」(五十一章) 〔註27〕

「道生之」，道以不生之生的生來實現萬物，接下來就以「德畜之」，畜，有
具有、含容、涵養的意思，道以其實現原理，內在於萬物，德是道內在於萬

〔註26〕王弼，樓宇烈校釋，《王弼集校釋》，北京：中華書局，1999，頁137。
〔註27〕王邦雄，《老子的哲學》，臺北：東大圖書公司，1993，頁81。

物的本性。萬物需要靠「德」來涵養含容，沒有「德」萬物將會是乾枯而無生命力，所以萬物都應潤澤於「德」中，雖然萬物需要靠「德」來潤澤涵養，然卻不能離開了「道」，否則將沒有其根源性，袁保新先生說：

> 德不但內在於萬物之中，而且擔負著每一事物的實現與成長。但值得深究的是，德作為個別事物的內在動力、原理，並不能終極圓滿的保障事物的自我實現，它必須遵從於道，事物才能夠得到最後的貞定。……在老子的觀念裡，道與德的尊貴，正在於「莫之命而常自然」，亦即不以任何宰制的方式使一切事物發育成長。〔註28〕

德者，「得」也，是得自於道，所以只有德而沒有了道，萬物將無法生之，也無法實現，故老子云：「孔德之容，惟道是從。」（《道德經》第二十一章）道是德的本體，德是道的作用；道是德之主，德是道之從，大德的一切，須能動作從道，完全根據道而來。然而最後若只從於道，而完全沒有珍貴於德，萬物仍無法涵養潤澤，所以必須兼顧「道生之」及「德畜之」才能畜養成全萬物，如王邦雄先生所說：「此道之所生，與德之所畜者，皆指天下萬物。是由根源之始言，是道；從生成之母言，是德。而『無，名天地之始；有，名萬物之母』，故道是無，而有就是道下貫的德。也就是說：道之生化萬物，是以德之內在的方式，以畜養成全萬物。」〔註29〕因此要畜養成長萬物則必須做到「尊道貴德」，如老子云：「道生之，德畜之，物形之，勢成之。是以萬物莫不尊道而貴德。道之尊，德之貴，夫莫之命而常自然。」（《道德經》第五十一章）為何要「尊道貴德」呢？如王弼所注：「道者，物之所由也；德者，物之所得也。由之乃得，故（曰）不得不（失）〔尊〕，（尊）〔失〕之則害，〔故〕不得不貴也。」〔註30〕「尊道貴德」是因為「道」是萬物的由來，而「德」是萬物得到於道的內在本性，所以不得不尊崇道，不得不珍貴德也，然講到「尊」和「貴」是似乎有著絕對權威的意味，如此的「道」和「德」好像是權威的創造者，正因為擔心誤解了其中的沖虛境界，所以智慧的老子在「道之尊，德之貴」後面又加上了一句很重要的話：「夫莫之命而常自然。」如吳怡先生所說：

> 這句話〔道之尊，德之貴，夫莫之命而常自然〕是一個很重要的轉

〔註28〕袁保新，《老子哲學之詮釋與重建》，臺北：文津出版社，1997，頁160。
〔註29〕王邦雄，《老子的哲學》，臺北：東大圖書公司，1993，頁82。
〔註30〕王弼，樓宇烈校釋，《王弼集校釋》，北京：中華書局，1999，頁137。

語。否則「道」和「德」便會變成權威的創造主，雖然爲萬物所尊所貴，卻操縱了萬物的生命。「生之」變成了「恃之」；「畜之」變成了「宰之」。爲了避免這一誤導，老子便按語說：「莫之命而常自然。」「莫之命」是「莫命之」，就是指「道」和「德」沒有威權似的命令萬物、左右萬物。「常自然」就是常本於萬物的自然。所以這句話特別說明「道」的生之、「德」的畜之乃是自然無爲的。〔註31〕

袁保新先生也提及：

> 在老子的觀念裡，道與德的尊貴，正在於「莫之命而常自然」，亦即不以任何宰制的方式使一切事物發育成長。但諷刺的是，在人類文明日趨繁盛的過程中，人心卻可能因仁義這些相對的價值而迷失自我，背叛道德，最後步入自我毀滅的命運。……它〔德〕作爲事物自我實現的內在動力、原理，與道作爲萬物生養的最後根源，一方面迥然有別，但另一方面又相互隸屬。其微妙深奧的關係，簡言之，即是：德固然因道而使每一事物得以自我實現，但道對萬物一切付諸自然的造化方式，卻又必須通過每一事物的各正其德，這才成爲可能。〔註32〕

老子的「道」和「德」，並不是像基督教的上帝有著主宰義的創生，而是要排除掉一切人爲妄作、私欲妄爲的外在環境，使萬物能在無爲自然的冲虛境界上，自生自長、自化自育，所以要尊道且貴德，而道之尊，德之貴的原因，乃是因順物自然的關係，如蔣錫昌先生說：「道之所以尊，德之所以貴，即在於不命令或干涉萬物，而任其自化自成也。」〔註33〕張岱年先生也說：「萬物皆由道生成，而道之生萬物，亦是無爲而自然的。萬物之遵循於道，亦是自然的。在老子的宇宙論中，帝神都無位置。」〔註34〕因此，「道生之」實現萬物，是自然如此的；「德畜之」畜養萬物使其能生長化育，也是自然如此，所以說：「莫之命而常自然。」因爲不是創生義，不是主宰義，沒有權威性，所以「生而不有，爲而不恃，長而不宰。」老子曰：「故道生之，德畜之。長之，育之，亭之，毒之，養之，覆之。生而不有，爲而不恃，長而不宰，是謂玄

〔註31〕吳怡，《新譯老子解義》，臺北：三民書局，2002，頁330。

〔註32〕袁保新，《老子哲學之詮釋與重建》，臺北：文津出版社，1997，頁161～162。

〔註33〕蔣錫昌，《老子校詁》。見陳鼓應，《老子今註今譯及評介》，臺北：臺灣商務印書館，2004，頁237。

〔註34〕見陳鼓應，《老子今註今譯及評介》，臺北：臺灣商務印書館，2004，頁237。

德。」(《道德經》第五十一章) 王澤應先生對此有進一步的詮釋:

> 在老子看來,「道」為天下之母,為宇宙的根源,產生了天地,天地
> 再生養萬物,所以萬物皆從「道」而化生,隨之便有了「德」之畜
> 養,其實「德」就是「道」的性能;由於道與德之功,既生既畜,
> 物才能成為物,萬物各成其形;物既成為物,自然就有了形狀貌象
> 聲色,各具用途。萬物既從「道」而化生,所以莫不尊崇「道」;既
> 受德之畜養,所以莫不貴重「德」。但是,「道」雖尊崇,「德」雖貴
> 重,卻不自以為尊崇,自以為貴重,也不自命不凡。並不是有誰給
> 它爵位,一切都是自然而然。它施與物的並不是有心命物,而是讓
> 物順其自然,各自化生,各自畜養。所以說,「道」雖產生天地,化
> 生萬物,「德」雖蓄養萬物,雖長育、安定、成熟、覆養萬物,卻是
> 化生萬物而不據為己有,興作萬物而不依恃己能,長養萬物而不自
> 任為主宰,像這樣微妙深遠的力量和功德,難道不是最高尚無私,
> 最公正無偏的德性嗎?!〔註35〕

「道」以不生之生的實現性,實現了天下萬物,繼而由道的內在化「德」畜
養之,萬物潤澤於「德」之中發育成長,沒有「德」畜養的萬物將會枯萎凋
謝的,雖然萬物需要靠「德」來涵養潤澤,然而卻不能離開了「道」,因為「道」
是不生之生的源頭。因為萬物都是由「道生之」,繼而由「德畜之」,因而萬
物才得以實現化育成長,所以萬物莫不「尊道貴德」,然而「道」雖然尊崇,
「德」雖然珍貴,卻不自以為尊貴,因為一切都是自然而然,一切在於不干
涉、不主宰,而任萬物其自化自育。從老子「道生之,德畜之」義理,開顯
出來「尊道貴德」的環境倫理觀,「尊道貴德」的環境倫理觀蘊含著深刻「萬
物平等義」的義理。因為「道生之,德畜之」,讓萬物能「不塞其源」及「不
禁其性」的化育成長,實現萬物沒有任何偏私,畜養萬物沒有任何偏愛,且
「生而不有,為而不恃,長而不宰」,因而深具公正無偏的「萬物平等義」。
所以說「尊道貴德」的環境倫理思想,並非像基督教上帝有著客觀實體的存
在決定萬物的存滅,深具強烈的主宰義,而是「不塞其源」、「不禁其性」及
「夫莫之命而常自然」任物生長,所以說「尊道貴德」的環境倫理思想,所
建構出的環境倫理格局,是超越「強烈人類中心倫理」視野的,如王澤應先

〔註35〕 王澤應,《自然與道德──道家倫理道德精粹》,長沙:湖南大學出版社,2003,
頁 258。

生所說：

> 道家尊道貴德的價值視角，從倫理思想史上說，實質上涉及純化道
> 德動機、端正道德意向和只問耕耘、不問收穫等問題，它以自己所
> 特有的方式提出了「追求而不要佔有」、「貢獻而不要索取」、「為公
> 而不必為私」等有關倫理學崇高的原則，旨在淨化人類道德心靈、
> 提升人類道德境界的命題和理論，對於廓清道德功利主義所污染的
> 道德氛圍，對於建構起一種視境高遠格調清新的倫理思想體系，無
> 疑具有重大的意義和價值。〔註36〕

　　老子的「德」是萬物得到於「道」的內在本性，而這「德」的存在肯認
了天下萬物的個別存在，並不因外在環境及人類意識而有所影響。「德」內在
於萬物之中，使天下萬物得以實現與成長，「德」蓄養萬物，但不據為己有、
不依恃己能及不自任為主宰，而由萬物能自然的實現自我。所以老子「德」
的概念在「人類中心倫理」的思維上，對於「強烈人類中心倫理」是有所省
思的。老子「德」所開顯出的環境倫理思想，除了對「強烈人類中心倫理」
有所省思外，和泰勒「天賦價值」及奈斯「內在價值」是有所會通的。泰勒
認為所有有生命的物體都有它們自身的「善」，這個「善」只是簡單地來自生
物有生命這個事實，生物有了自身的善就有了「天賦價值」。生物的「天賦價
值」不是來自於基督教上帝所賦予，也不是人類所能宰制影響的，而是簡單
地來自生物有生命這個事實，當生物有了天賦價值，就確立了其道德主體的
地位，都應受到平等的道德關懷和道德考慮，生物也都有其生長發展、持續
繁衍的權利和目的。因而泰勒拒絕「人類優越性」的獨斷看法，認為人類擁
有的能力並不比其他的生物多，人類和動植物的地位和價值應是平等的。深
層生態學者德維和塞申斯也提到：

> 生物圈的萬物都有平等的生存和繁衍權，有在更大的自我實現內達
> 到它們各自形式的表現（unfolding）和自我實現的權利。這一基本
> 直覺即作為相關整體的部分，所有生態圈中的生物和群體在內在價
> 值上是相等的。〔註37〕

〔註36〕王澤應，《自然與道德——道家倫理道德精粹》，長沙：湖南大學出版社，2003，
　　　　頁99～100。

〔註37〕轉引自戴斯・賈丁斯（Joseph R. Des Jardins）著；林官明，楊愛民譯，《環境
　　　　倫理學——環境哲學導論》，北京：北京大學出版社，2002，頁253～254。

深層生態學的思想，將內在價值擴展到生物及非生物，認爲所有生態圈中的生物及非生物都有自身的內在價值，也同時都擁有「自我實現」的權利，而所有生物及非生物都是生物圈整體的一部分，都有平等的內在價值，傷害了自然界的其他部分，就是傷害了生物圈的整體性，所以我們應尊重所有生物及非生物存在和發展的權利。老子的「道生之」道以不生之生實現萬物，繼而「德畜之」，「德」是道內在於萬物的自身本性，萬物靠「德」來涵養潤澤，繼而「長之育之」、「亭之毒之」、「養之覆之」。所以說「德」不但是道內在於萬物的自性，而且涵養潤澤著每一事物的長育安定，成熟覆養。由老子「德」所開顯出的環境倫理思想，和泰勒「天賦價值」及奈斯「內在價值」是有所會通的，都肯認了萬物均有其「德」或「天賦價值」或「內在價值」，確立了萬物均有平等的地位，因而都應受到等同的道德關懷；萬物也都因有其「德」或「天賦價值」或「內在價值」，得以「長之育之」、「養之覆之」繼續生長化育、發展繁衍，所以我們可以說老子「德」所開顯出的環境倫理思想，和泰勒「天賦價值」及奈斯「內在價值」是有所會通的。

二、水善利萬物而不爭

「道生之，德畜之。」「道」以不生之生的姿態實現了萬物，道繼而內在於萬物的本性——「德」來潤澤涵養萬物，生長萬物而不佔爲己有，化作萬物而不恃己功，長畜萬物而不爲主宰，如此涵養萬物、無私公平的作爲，在《道德經》文本中具有這些德性的象徵是——「水」，老子曰：「上善若水。水善利萬物而不爭，處眾人之所惡，故幾於道。」（《道德經》第八章）「上善」是指最高的善，最高的善的人德行像水一樣。水善於滋養萬物而不與萬物相爭，自處在大家所厭惡的卑下之處，有了這些特性，所以水是很接近「道」的。簡言之，水有三個特性，第一個特性是「善利萬物」，第二個特性是「不爭」，第三個特性是「處眾人之所惡」。水如何「善利萬物」呢？吳怡先生論及：

> 此處的「善」字當作動詞用，是「善於」的意思。所謂「善於利萬物」，就是指「水」能多方面的去利益萬物，而且是「利而不害」的，如果是害多於利，或利害參半，就不叫「善利」。然而水的利萬物只是水性的自然現象。它可以上天，而爲雨露，調節了生態的發展；它可以入地，而爲水分，滋養了一切植物；它可以進入動物體內，促進血液循環，而維護了生命。這是它的多樣功能。由於它對動植

　　物和生態有這樣大的功能如所以稱它為「善」，這是它的第一個特

性。〔註38〕

如河上公曰：「水在天爲霧露，在地爲源泉也。」水的自然現象，在天爲霧露，
提供大地水分，滋潤萬物不分孰好孰壞；在地爲源泉，產出源源不絕的水源，
供給動植物生長成熟，涵養萬物不分物種類別。如同泰勒所認爲所有有生命
的物體都有它們自身的「善」及「天賦價值」，所以人類都應等同對待所有生
物，奈斯的生物中心平等亦認爲在生態圈中所有生物及非生物都具有「內在
價值」，所以在生物圈中所有有機體具有同等的生存的權利，因而在解決環境
問題的思維上，人類應仿效「水善利萬物」的環境倫理思想，尊重每一生物
及非生物的內在價值，萬物都有其內在自身的「德」，肯認他們存在的事實。

　　水的第二個特性是「不爭」，老子曰：「夫唯不爭，故無尤。」（《道德經》
第八章）、「善爲士者不武，善戰者不怒，善勝敵者不與，善用人者爲之下。
是謂不爭之德，是謂用人之力，是謂配天古之極。」（《道德經》第六十八章）
及「聖人不積，既以爲人己愈有，既以與人己愈多。天之道，利而不害；聖
人之道，爲而不爭。」（《道德經》第八十一章）「強烈人類中心倫理」的環境
開發觀點，是與生態環境爭地，與生態環境爭物，認爲人類就是大地的主宰
者，可以任意擺佈萬物的命運，可以隨意決定大地的未來，「爭」字是它們的
特徵。然而老子在環境開發觀點上，站在「強烈人類中心倫理」的另一個角
度，聖人無私無欲，不會爲了自己的私利而積藏，他懂得幫助他者，反而自
己會更充足；他懂得給與他者，自己反而愈富裕，眞是因應無窮。天道無私，
出發點永遠是利益於萬物，絕對不會對萬物有害，聖人取法天道，因而也知
道服務施與他者，而不與他者爭奪，如此就是「配天古之極」合於天道也。
老子同時亦告誡我們：

　　人之所惡，唯孤、寡、不穀，而王公以爲稱。故物或損之而益，或
　　益之而損。人之所教，我亦教之。強梁者不得其死，吾將以爲教父。
　　（《道德經》第四十二章）

　　勇於敢則殺，勇於不敢則活。此兩者，或利或害。天之所惡，孰知其
　　故？是以聖人猶難之。天之道，不爭而善勝，不言而善應，不召而自
　　來，繟然而善謀。天網恢恢，疏而不失。（《道德經》第七十三章）

〔註38〕吳怡，《新譯老子解義》，臺北：三民書局，2002，頁48。

「強梁者不得其死」太過於爭強鬥狠，反而會招致死路，「勇於敢則殺，勇於不敢則活」勇於表現剛強的人，則招致殺身之禍；勇於表現柔弱的人，反而能保存其身，所以「強烈人類中心倫理」的開發觀念，人類最後將自取滅亡之路，因爲不順應天道而行。「天之道，不爭而善勝」王弼注曰：「（天）〔夫〕唯不爭，故天下莫能與之爭。」〔註39〕就是因爲天道不與天地萬物爭奪利益，因而就沒有任何事物能和天道爭奪了，因爲天道不爭，當能做到不爭不召，則天下萬物將自然歸復呈現和諧的生態環境。

水的第三個特性是「處眾人之所惡」，眾人皆厭惡處在卑下的地方，但是水的自然之性乃常流積於卑下之處，老子云：「江海之所以能爲百谷王者，以其善下之，故能爲百谷王。是以欲上民，必以言下之；欲先民，必以身後之。是以聖人處上而民不重，處前而民不害。是以天下樂推而不厭。以其不爭，故天下莫能與之爭。」（《道德經》第六十六章）江海之所以能夠成爲百川之王，爲天下河流所歸趨，是因爲它善於自處低下的地方，所以能夠成爲百川之王。因此聖人要想居萬民之上，言語必須要謙下；要想居萬民之前，必須處處設身處地居於後，不與人爭。所以聖人居於上位，然而萬民並不感到有負擔；居於萬民之前，然而萬民卻不感到有損害。因此天下萬物都樂於推崇他而不厭棄他。關鍵的因素在於他不和任何人相爭，所以天下萬物也不會和他爭。因爲處下不爭合於道，所以江海能爲百谷王，「譬道之在天下，猶川谷之於江海。」（《道德經》第三十二章）從上所述，可以清楚知道「水」德之三個特性，充滿了生命中心及生態中心倫理的思想，葉海煙先生說：

> 老子突出「水德」，乃老子哲學中最具生態保育意義者。老子云：「上善若水」（《老子》第八章）又云：「水善利萬物而不爭，處眾人之所惡，故幾於道。」（《老子》第八章）對老子而言，水已不只是一種自然現象。在老子大肆譬喻之下，水已儼然成爲一切生命的孕育者，而水的存在及活動也已成爲道的主要範式——善利萬物而不爭，處下而能容，並且含藏生命原初之種性。莊子所以讓水中之鯤化爲天上高飛之大鵬，並以暗黑之水底世界作爲生命躍動之基礎場域，應也是以水德爲核心的哲學想像。因此，以水爲貴，即是以生爲貴，而水文遍地之象其實可與人文通達於天地的理想正可遙相呼應。再者，水能滋養有生之物，水爲一切有生之物不可或缺的生存要件，

〔註39〕王弼，樓宇烈校釋，《王弼集校釋》，北京：中華書局，1999，頁182。

便可知重視水之力、水之能與水之德，其實幾乎等於為生態保育作了最重要的保證。〔註40〕

所以在環境倫理思想的啟發上，我們應效法「水」德——「善利萬物」、「不爭」及「處眾人之所惡」的特性。「水」肯認天下萬物均有其「天賦價值」及「內在價值」，以平等的態度善待天下萬物，因而江海能為百谷王，以其處下不爭之德，天下萬物歸復焉，所呈顯出的生態環境是相依相連、和諧整體的狀態，如同泰勒所認為：「自然界是個相依系統，地球上自然生態系統是一個整體，是各種不同因素『彼此相連』（interconnected）的複雜網。」〔註41〕深層生態學家德維亦提到：「生命為主的平等性之直覺，意即生界（biosphere）中一切事物有平等的生存和繁榮的權利，〔有權〕在較大的『自我實現』之內，以他們自己個別的形式，達致開展和自我實現。這基本的直覺即是：在生界中，一切生物和事物，如彼此連結的整體之各部分，因著內在價值得以平等。」〔註42〕因為自然生態系統是一個整體網絡，其中的整體的一部分出了問題，將影響到整個生態，深層生態學的觀點也認為，許多小我的自我實現才能達到整體大我意義的完成，任何生物及非生物都有平等的生存和繁榮的權利，以達致整體的「自我實現」。所以在環境倫理思想上應效法「水」德，不分物種的高低、不分族群的多寡，均能以「平等」的態度善待天下萬物，如此才能維護自然生態的「整體性」。本文認為由「水」德——「上善若水，水善利萬物而不爭，處眾人之所惡，故幾於道。」來詮釋出老子環境倫理思想的平等義及整體性，亦是老子環境倫理思想特色之一。

天地也和水一樣，看待萬物無所謂善與不善，也就是能無偏無私的平等對待天下萬物，如老子云：「天地不仁，以萬物為芻狗；聖人不仁，以百姓為芻狗。天地之間，其猶橐籥乎？虛而不屈，動而愈出。多言數窮，不如守中。」（《道德經》第五章）儒家中心思想是「仁」，「仁」是有為的，「仁」是指人為的仁愛道德，「仁」，作仁愛解，引申有偏私的意思，發諸人情，有為有私，有心愛物，因此有時往往愛得不夠普遍周全，而愛有所偏。但老子的思想中，

〔註40〕 葉海煙，〈生態保育與環境倫理的道家觀點〉，《哲學與文化》第25卷第9期，1998.09，頁817～818。

〔註41〕 見莊慶信，《中西環境哲學——一個整合的進路》，臺北：五南圖書出版公司，2002，頁238。

〔註42〕 轉引自莊慶信，〈中國大地哲學與西方環境哲學的會通〉，《哲學與文化》第21卷第3期，1994.03，頁222。

「仁」字並不是很重要的地位。老子:「失道而後德,失德而後仁。」(《道德經》三十八章),可見「道」才是老子思想中最重要的根源,天地生長萬物,一本於道,順物自然,而此處的「不仁」意謂無偏無私、公平對待於天下萬物。誠如蘇轍曰:「天地無私,而聽萬物之自然,故萬物自生自死。死非吾虐之,生非吾仁之也。」〔註43〕自然萬物生生滅滅的現象,均是自己如此,生不是我的功勞,滅亦不是我的問題,自自然然,無偏無私,依道而行。王弼曰:「天地任自然,無為無造,萬物自相治理,故不仁也。仁者必造立施化,有恩有為。造立施化,則物失其真。有恩有為,則物不具存。物不具存,則不足以備載。(矣)〔天〕地不為獸生芻,而獸食芻;不為人生狗,而人食狗。無為於萬物而萬物各適其所用,則莫不贍矣。若慧由己樹,未足任也。」〔註44〕天之寬,地之厚,天地對所有萬物都是一視同仁,平等相待所有萬物,不會特地對某物特別的好,也不會特別對某物特別的不好,天地盡是無限包容及無私承載。正如南懷瑾在《老子他說》中所指出:

> 人要跟大地學習很難。且看大地馱載萬物,替我們承擔了一切,我們生命的成長,全賴大地來維持。吃的是大地長的,穿的是大地生的,所有一切日用所需,無一不得之於大地。……人活著時,不管三七二十一,將所有不要的東西,大便、小便、口水等等亂七八糟地丟給大地,而大地竟無怨言,不但生生不息滋長了萬物,而且還承載了一切萬物的罪過。我們人生在世,豈不應當效法大地這種大公無私、無所不包的偉大精神嗎?〔註45〕

因天地法道,故能無所執物、無所棄物,不分左右,一切的自然變化,均是萬物自然如此,天地並沒有作任何的決定,故老子曰:「大道氾兮,其可左右。萬物恃之而生而不辭,功成而不有,衣養萬物而不為主。」(《道德經》三十四章)「天地不仁,以萬物為芻狗」,在此有個問題即是:人在萬物之中,人是萬物之一,若嘗試詮釋老子「天地不仁,以萬物為芻狗」這一句話,是否人亦是「芻狗」,如此是否會把人等同於動物、植物、昆蟲,進而否定了人的價值和特殊性呢?其實若深入了解老子文本意蘊,可以發掘老子重視人的價值及特殊性,但老子只是希望告知人們應把自己放在適當的位置上,不可無

〔註43〕 轉引自余培林,《新譯老子讀本》,臺北:三民書局,1993,頁2。
〔註44〕 王弼,樓宇烈校釋,《王弼集校釋》,北京:中華書局,1999,頁13。
〔註45〕 南懷瑾,《老子他說》,國際文化出版公司,1991,頁266。

限擴張人的價值，進而否決了天地萬物之精采，不可視天地萬物是任人捨棄、任人取用的物品，人與天地萬物之間並不是「主與屬」、〔註46〕「上與下」、「尊與卑」的關係，而應是「不講主屬」「不分左右」、「平等和諧」的關係。所以老子說：「故道大，天大，地大，人亦大。域中有四大，而人居其一焉。人法地，地法天，天法道，道法自然。」（《道德經》第二十五章），朱哲先生提到：

> 在老子看來，人是與天、地、道同大的，宇宙四大，人居其一，這
> 突出了人的「卓越位置」，人「實高於物」，「而非與物同等」。雖然
> 人高於物，但人並非宇宙中之獨大者，人還必須法地、法天、法道，
> 人再大也在天地之間，也要遵從自然之道。老子既看到了人之「大」
> 性，也認識到了人有自己的限度和範圍，這無疑是非常深刻、合理
> 的。老子可謂是中國最早對人在宇宙中的地位有如此清醒、合理認
> 識的哲學家。〔註47〕

所以人必須以虛靜的心態來面對天地萬物，用謙卑的情懷去體認事事物物的「內在價值」，如此會發現在「道」之中，「人」不是最獨大，也不是最渺小；「地」也不是最渺小，和最獨大的，原來此四大應是各有地位，並能各顯精采，彼此交相輝映，進而展露平等和諧之境界。人是有自己的限度和範圍的，我們需認清人的角色及地位，不應以為人才是所謂的萬物之靈。王澤應在《自然與道德——道家倫理道德精粹》一書中，引述到英國著名哲學家伯特蘭‧羅素（Bertrand Russell）的話：

> 我所知道對付人類那種常常流露出來的自高自大、自以為是的心理
> 的唯一方式則是提醒我們自己：地球這顆小小的行星在宇宙中只不
> 過是滄海之一粟，而在這顆小行星的生命過程中，人類只不過是一
> 個轉瞬即逝的過客。還要提醒我們自己：在宇宙的其他角落也許還

〔註46〕歷史學家懷特（Lynn White）在《生態、危機的歷史根源》指出人和自然界是「主」與「屬」的關係，基本上是二元的，《聖經》〈創世記〉中神依照自己形象造人，以治理大地，並且也要管理世界上所有的各種行動的生物。上帝賦予人類對其他生物及事物擁有支配權，因此人和萬物是分離的，是「主」與「屬」的關係，因而造成兩者之間的不和諧與生態環境的破壞因。參彭家源，《從生態環保看佛教的環保思想的實踐》，嘉義：南華大學哲學研究所碩士論文，2002，頁11。

〔註47〕朱哲，《先秦道家哲學研究》，上海：上海人民出版社，2000，頁102。本文對於「人實高於物，而非與物同等」此看法，不甚贊同，筆者認為人非高於物，人應和物等同，人與萬物是一平齊的地位。

存在比我們優越得多的某種生物，他們優越於我們可能像我們優越
於水母一樣。〔註48〕

王澤應先生論述到：「莊子和羅素均提倡謙卑以克服人類的自高自大或妄自尊
大，希望人類在謙卑的心態驅使下樹立起尊重自然和與自然爲友的意識，樹
立起宇宙一體的整體觀念，而這正是生態倫理的最根本也是最重要的觀念，
捨此就可能走向上非生態倫理和反生態倫理的道路上去。」〔註49〕我們人類
與大自然相處之時，往往會忘了以生命中心和深層生態學的視野去看待萬
物，忽略了瓦礫小草有其內在價值、忘卻了白雲藍天也有其自身的善。其實
人類在地球歷史發展中只有短短的年齡而已，人類面對地球上的一切事物應
懂得謙虛，因爲我們也不過是地球萬物中滄海之一粟而已，莊子在〈秋水〉
中也提到：「吾在天地之間，猶小石小木之在大山也，方存乎見少，又奚以自
多，計四海之在天地之間也，不似礨空之在大澤乎？計中國之在海內，不似
稊米之在大倉乎？號物之數謂之萬，人處一焉；人卒九州，穀食之所生，舟
車之所通，人處一焉；此其比萬物也，不似豪末之在於馬體乎？」人類並沒
有自己想像中的那麼重要及偉大，對比於天下萬物，好比是豪毛之於馬體一
般，那麼的渺小、微不足道，所以，吾人應秉持謙虛感恩的心情面對大地，
感念大地無私無偏的衣養我們；也須懷著物我一體的平等理念，順應自然無
爲之規律懷抱著宇宙萬物。

「強烈人類中心倫理」主張的是人類優越於其他物種，其他物種和人類
不是平等的地位，其他物種並不能享有人類所擁有的道德主體地位，「強烈人
類中心倫理」不肯認其他物種的內在價值，否決了其他物種自我生存發展的
意義。泰勒對於人類優於其他生物這一觀點提出他的看法：

我們確實有一些其他生物所缺乏的能力，但是爲什麼這些能力應被
看作我們優於它們的標誌呢？從什麼立場這些能力被判斷是優越性
的標誌呢？很多非人類的物種也有人類所缺乏的能力，如鳥的飛
翔，綠葉的光合作用，等等。爲什麼這些不被當作它們優於我們的
標誌呢？理性、審美創造、個體自由和自由意志對人類說是有價值

〔註48〕轉引自王澤應，《自然與道德——道家倫理道德精粹》，長沙：湖南大學出版
社，2003，頁254。

〔註49〕王澤應，《自然與道德——道家倫理道德精粹》，長沙：湖南大學出版社，2003，
頁254。

的，但這是從人類的立場出發的。我們需要做的是從動物、植物的

好的立場來看它們的能力，從而找出優越性的相對判斷。〔註50〕

若我們只從人類的視角出發，所看到的就是人類優越於其他物種的結論，但泰勒認為我們應從動植物的觀點來看它們自身的價值，而不是只從人類的利益來看動植物的利益；奈斯也主張所有生物及非生物都有自身的內在價值，不因人類的肯認與否而有所存滅問題；而老子也以「天地不仁，以萬物為芻狗」的視角來看天下萬物，發現所有的物種都具有等同的道德權利，也都應受到平等的道德關懷。所以老子「天地不仁，以萬物為芻狗」所推展出的環境倫理思想，是反對「強烈人類中心倫理」的視角，而是肯認其他萬物也有自身存在的價值，也都具有平等的生存權利，而不只是人類的財產和工具而已，但老子也認同人類為了基本生存可以運用生態環境的適當資源。

　　老子「天地不仁，以萬物為芻狗」所推展出的環境倫理思想，除了反對「強烈人類中心倫理」的視角外，更具有更高層次的「生命中心倫理」和「深層生態學」的思維在其中，如泰勒說：「因此，殺一朵野花，就這行為本身而論，是與殺一個人同等的錯誤 —— 假如兩種行為的其他有關因素均同。」〔註51〕及奈斯所認為：「在生命過程中，所有物種互相利用為食物及庇護所等現象，這是普遍存在的事實。而若干動物解放運動者避開此問題，而認為整個植物界，包括熱帶雨林，沒有生存的權利，這種藉口忽視了平等的基本意義。」〔註52〕所以無論是野花或是熱帶雨林都應得到平等的道德關懷，因為它們都有自身的善及內在價值，它們的存在就是因為它們自身存在的事實，不因人類的肯定而存在，也不因人類的否定而消失，所以它們都是平等的倫理關懷對象，因而泰勒及奈斯的環境倫理思想，和老子「水善利萬物」及「天地不仁，萬物為芻狗」所推展出的環境倫理思想是有所會通之處。

〔註50〕轉引自汪瓊，〈一種生物中心主義的環境倫理學體系 —— 從泰勒的《尊重自然》一書看其環境倫理學思想〉，《浙江學報》第 2 期，2001，頁 32～33。

〔註51〕Paul W. Taylor, In Defense of Biocentrism, Environmental Ethics 5, 1983：237～43,citation on p.2 轉引自羅斯頓（Holmes Rolston, III）著，王瑞香譯，《環境倫理學 —— 對自然界的義務與自然界的價值》，臺北：國立編譯館，1996，頁151。

〔註52〕轉引自楊冠政，〈環境倫理學說概述（四）生態中心主義〉，《環境教育季刊》第 30 期，1996d，頁 24。

第三節　「無爲自然」的環境倫理觀

一、無　爲

　　老子的道以「無」爲本，牟宗三先生認爲「無」是簡單化地總持的說法，它是從「無爲」所引出，而「無爲」可說是「無」的動詞表現，最主要是要「無掉、化掉、否定掉」人類的有爲造作，所以說老子的無爲是針對有爲而來，而有爲包含自然生命的紛馳、心理情緒的起伏及思想意念的造作等，當行爲情緒有爲有執時，就會產生許許多多的紛紛擾擾，如牟宗三先生所說：

> 老子之道，本是由遮而顯，故況之曰「無」。他首先見到人間之大弊在有爲，在造作，在干涉，在騷擾，在亂出主意，在亂動手腳，故有適，有莫，有主，有宰，故虛妄盤結，觸途成滯。其弊總在「有爲」，「有執」也。〔註53〕

老子曰：「將欲取天下而爲之，吾見其不得已。天下神器，不可爲也，不可執也。爲者敗之，執者失之。」（《道德經》第二十九章）王弼注云：「神，無形無方也。器，合成也。無形以合，故謂之神器也。萬物以自然爲性，故可因而不可爲也，可通而不可執也。物有常性，而造爲之，故必敗也。物有往來，而執之，故必失矣。」〔註54〕老子這位智者告訴我們，想要治理天下用有爲的方式去作，那是辦不到的，「天下」爲一神聖的器物，治理它不能太有爲，也不能太過於執著己意。太過於有爲，注定天下敗亂；太過於執著己意，必定失去天下。因爲天下萬物皆有其自性，若刻意造作妄爲，則必定自取失敗；天下萬物皆順性成長，若執意干擾破壞，則注定失去天下萬物，所以說人世間最大的問題在於「有爲」、「有執」，在於造作干涉，在於亂出主意、亂動手腳，當行爲舉止有適有莫、有主有宰時，一切事物將虛妄盤結，觸途成滯，因而應無爲無事，如老子云：

> 以正治國，以奇用兵，以無事取天下。吾何以知其然哉？以此：天下多忌諱，而民彌貧；民多利器，國家滋昏；人多伎巧，奇物滋起；法令滋彰，盜賊多有。故聖人云：我無爲，而民自化；我好靜，而民自正；我無事，而民自富；我無欲，而民自樸。（《道德經》第五十七章）

〔註53〕牟宗三，《才性與玄理》，臺北：臺灣學生書局，2002，頁162～163。
〔註54〕王弼，樓宇烈校釋，《王弼集校釋》，北京：中華書局，1999，頁77。

以正道可以治理國家，以奇術可以帶兵作戰，但是惟有用無爲之道才能治理天下，爲什麼呢？因爲天下的禁令越多，人民反而更貧窮；政府的權謀越多，君臣間互相勾心鬥角，國家就越陷於昏亂；在上位的技巧越多，人民就會起而仿效，邪惡壞事就會連連發生；法令越繁瑣越嚴苛，盜賊反而會大爲增加，所以聖人乃以「無爲、好靜、無事、無欲」心態對待之，反而能得到「民自化、民自正、民自富、民自樸」的結果，因此應該化掉太多的有爲造作，回歸無爲無事之道才是應爲的。而「好靜、無事、無欲」其實都有「無爲」的義涵，陳鼓應先生《老子今註今譯》一書中提到：

> 事實上，「好靜」「無事」「無欲」就是「無爲」思想的寫狀。「好靜」是針對於統治者的騷亂攪擾而提出的；「無事」是針對於統治者的煩苛政舉而提出的；「無欲」是針對於統治者的擴張意欲而提出的。可知「好靜」「無事」「無欲」都是「無爲」的內涵。如果爲政能做到「無爲」，讓人民自我化育，自我發展，自我完成，那麼人民自然能夠安平富足，社會自然能夠和諧安穩。〔註55〕

而老子的「無爲、好靜、無事、無欲」，是希望能拋掉人爲的有爲妄作，回歸事物原來的本性本貌，如老子云：「絕聖棄智，民利百倍；絕仁棄義，民復孝慈；絕巧棄利，盜賊無有。此三者以爲文，不足。故令有所屬：見素抱樸，少私寡欲，絕學無憂。」（《道德經》第十九章）此處的「絕」與「棄」並非從實有層上去否決「聖智仁義」的本身，而是希望透過「無」的作用層來化掉多餘的舉止行爲，回歸到「見素抱樸、絕學無憂」的境界，如牟宗三先生說：「道家不是從存有層否定聖、智、仁、義，而是從作用層上來否定。『絕』、『棄』是作用層上的否定字眼，不是實有層上的否定。」〔註56〕所以說老子《道德經》是以「無」作本，以「無」爲體，拓展出的「無爲」並不是什麼事都不做，而是著眼於作用層的工夫義，牟先生說：

> 道家從作用上透出「無」來，即以無作本，作本體，從這裏講形而

〔註55〕陳鼓應，《老子今註今譯》，臺北：臺灣商務印書館，2004，頁29～30。陳鼓應先生在老子「道」的詮釋系統上，是採「客觀實有形態」的形上學，本文在老子「道」的詮釋系統上，是採「主觀境界形態」的形上學，爲求本文論述的一致性，將避免引用陳鼓應先生等「客觀實有形態」論者對於老子「道」的形上學詮釋內容，然而在老子「道」的形上學詮釋內容之外，本文將審慎斟酌的引用相關老子哲學義理詮釋之資料。

〔註56〕牟宗三，《中國哲學十九講》，臺北：臺灣學生書局，2002，頁133。

上學，講道生萬物，這個「生」是不生之生。雖言「道生之，德畜之」，這個生不是實有層次上肯定一個道體，從這個道體的創造性來講創生一萬物。它從作用層上看，通過「忘」這種智慧，就是說讓開一步，「不塞其源，不禁其性」，萬物自己自然會生，會成長，會成就，這就等於「道生之」。這當然是消極的意義，而這消極的意義也夠啦。所以道家講「無爲而治」，這是一個很高的智慧。有人說：「無爲而不治。」那你這個無爲，不是道家的無爲。你這個無爲是在睡覺。無爲而治，這當然是最高的智慧，它背後有很多原理把它支撐起來。〔註57〕

牟先生這一段文字詮釋可謂是妙契之言，因爲一般人從字面上瞭解「無爲」會認爲是「什麼都不爲」，若如此則就誤解了老子《道德經》的奧義。如前所述「無」的理解應先了解老子《道德經》是以「無爲」出發，而「無爲」乃是針對「有爲」而來，然後再從「無爲」普遍化、抽象化而提煉出「無」這個觀念來。而「無爲」可說是「無」的動詞表現，乃是要「無掉」人類的有爲造作、私欲妄爲，若能如此則繼而正面呈顯出一個「虛一而靜」、「無爲而無不爲」的境界來，此刻反而遮顯出「有」來，所以無爲不是「無爲而不治」，也不是「在睡覺」，而是有最高的智慧及深遠義理在其中的，吳怡先生在《新譯老子解義》一書中指陳出「無爲」的六個義涵：

歸納《道德經》全書，約有以下六義：

（一）不爭：「聖人之道，爲而不爭。」（第八十一章）

（二）不生事：「使夫智者不敢爲也，爲無爲，則無不治。」（第三章）

（三）不逞己能：「爲而不恃。」（第二章）

（四）因物性：「我無爲而民自化。」（第五十七章）

（五）循自然：「道常無爲，而無不爲。」（第三十七章）

（六）治於未然：「爲之於未有，治之於未亂。」（第六十四章）

從以上六點來看，老子的無爲，並不是什麼事都不做。相反的，卻是以極爲高明的方法來處理事務。這種方法有二：一是從德上，做到無欲、謙虛；一是從智上，把握事物的要點，解決問題於未然之前。所以他們雖然是「爲」，但他們沒有私欲，「爲」得非常自然，「爲」

〔註57〕牟宗三，《中國哲學十九講》，臺北：臺灣學生書局，2002，頁145。

得非常簡要，等於「無爲」。〔註58〕

綜合牟宗三先生及吳怡先生對「無爲」的詮釋及《道德經》文本有關「無爲」的章節，本文認爲「無爲」可析釐出下列四個義理：

（一）去有為

無爲的第一個義理：「無爲」，是針對人類的「有爲」而來，這裏的有爲是以個人私欲妄想爲出發點的爲，去掉這樣的爲，就是要做到不干擾、不爭功及不生事，如老子曰：「是以聖人處無爲之事，行不言之教；萬物作焉而不辭，生而不有，爲而不恃，功成而不居。夫唯弗居，是以不去。」（《道德經》第二章）聖人能以「無爲」的態度來處理事務，實行「不言」的教導，任萬物自然生長，而不加以干擾；生養萬物而不據爲己有；作育萬物，而不自恃其己能；功業成就，而不自居其功。正因爲不誇耀自身功績，所以反而不會被抹滅。若太過於有爲妄行反而走不遠，自我居功者反而得害，自以爲是者反而無法長久，故老子云：「企者不立；跨者不行；自見者不明；自是者不彰；自伐者無功；自矜者不長。其在道也，曰：餘食贅行。物或惡之，故有道者不處。」（《道德經》第二十四章）所以「無爲」的第一個義理就是要解消掉自私的妄想，排解掉自以爲是的自我中心想法，消融掉太多的有爲造作，達臻不干擾、不恣意以及不任己「無」的工夫，陳德和先生說：

> 先說「無」，作爲功夫義的「無」是「無掉」的意思，「無掉」是說使原先存在的變成不存在，這和「亡」字的本義很接近，《道德經・六十四章》說：「爲者敗之，執者失之，是以聖人無爲故無敗，無執故無失。」「爲」和「執」是「敗」與「失」的原因，凡人有爲有執都將難逃失敗的惡運，惟有除去了「爲」和「執」的聖人才能無敗無失，「無掉」就是除去的意思，《道德經》中還有許多其他的否定詞，如：不、絕、棄、去等，都可歸於「無掉」一語以表示「無」的工夫義……。作爲工夫義的「無」就是要「無掉」生命中不乾淨的東西，使生命回復原來的「清明」，而當人眞能將生命中的渣滓去除殆盡，以還其本來面目時，即是充分實現了自己而顯一生命境界。〔註59〕

《道德經》處處可看到「無」、「不」、「絕」及「去」等字詞，這些的否定字

〔註58〕吳怡，《新譯老子解義》，臺北：三民書局，2002，頁15。

〔註59〕陳德和，〈試論道的雙重性 —— 道德經中的「無」與「有」初探〉，《鵝湖月刊》總號第189期，1991.03，頁32。

詞並非只是表面單純的否定而已，所要呈顯的是，「反反以顯正」的義蘊，道家的無並不是客觀的實有層，而是主觀實踐的作用層，從生活實踐上來否決人類私欲的太有為，無掉人為的造作妄為，達臻自然不干擾、虛靜清明的境界。

（二）為無為

無為的第二個義理：「為無為」。「無為」二字應拆開來理解──「無為」和「為」，無掉妄想造作、化解掉私心強行及否定掉逞知逞欲的為後，然後可以有所「為」，所以老子文本中無為並不是什麼都不做，無為也不是如胡適所說的是「放任主義」。〔註60〕然而一般詮解老子的義理較偏重於「無」，而較避談老子義理中的「為」，其實老子文本中是有談到「為」的，如老子云：

> 是以聖人之治，虛其心，實其腹，弱其志，強其骨。常使民無知無欲。使夫智者不敢為也。為無為，則無不治。（《道德經》第三章）
>
> 上士聞道，勤而行之；中士聞道，若存若亡；下士聞道，大笑之。
>
> 不笑不足以為道。（《道德經》第四十一章）

所以「為」在老子文本中其實仍有其地位，否則為什麼不直接說是「無為，則無不治」，而說成是「為無為，則無不治」，所以本文認為老子《道德經》中不只是只談「無為」，它也談「為無為」，所以說「上士聞道，勤而行之」勤而行之就是有所「為」也。何謂「為無為」？它是以「無為」為本的「為」，陳鼓應先生提到：

> 「為『無為』」是說以「無為」的態度去「為」。可見老子並不反對人類的努力，他仍然要人去可為的。老子又說：「為而不恃」（二章）「為而不爭」（八十一章）。他鼓勵人去「為」，去做，去發揮主觀的能動性，去貢獻自己的力量，同時他又叫人不要把持，不要爭奪，不要對於努力的成果去伸展一己的佔有欲。〔註61〕

老子曰：「是以聖人處無為之事，行不言之教；萬物作焉而不辭，生而不有，為而不恃，功成而不居。夫唯弗居，是以不去。」（《道德經》第二章），「大道氾兮，其可左右。萬物恃之而生而不辭，功成不名有。衣養萬物而不為主。」（《道德經》第三十四章）若老子只強調「無為」而否定「為」，就不

〔註60〕 胡適，《中國古代哲學史》，臺北：臺灣商務印書館，1970，頁60。另見袁保新，《老子哲學之詮釋與重建》，臺北：文津出版社，1997，頁203。

〔註61〕 陳鼓應，《老子今註今譯》，臺北：臺灣商務印書館，2004，頁30。

會說「作」焉而不辭，「生」而不有，「為」而不恃，「功成」而不居，「衣養」
萬物而不為主，如霍姆斯・偉爾奇（Holmes Welch）所提：「『無為』並不是意
指避免一切行動，而是避免採取一切充滿敵意的侵犯性的行動。」〔註62〕所
以「為無為」的「為」，不是蠻橫任意的為、為己私欲滿足的為、也不是妄作
強行的為，而是以「無為」為本的「為」，是「無心無執」的「為」，其實老
子有更進一步論述「為」，只是較為人所忽略了，吳怡先生提到：

> 「其安易持，其未兆易謀，其脆易泮，其微易散。為之於未有，治
> 之於未亂。合抱之木，生於毫末；九層之台，起於累土；千里之行，
> 始於足下。為者敗之，執者失之。」（《道德經》第六十四章）這是
> 告訴我們任何事態的發展都有一個起點。這個起點必定是整個過程
> 中最微最脆之處，所以也就是弱點。老子要我們用弱，即是把握住
> 這一起點，在問題尚未形成之前，先予以打消；在問題尚未發展到
> 成熟階段時，先予以解決。這種「圖難於其易，為大於其細」（《老
> 子》六十三章）的功夫，才是真正的應變之術。〔註63〕

「為之於未有，治之於未亂」的義理，運用於現今環境議題上，其實是十分有
其啟發性的，當生態環境問題尚未開始的時候，就應該想辦法事先預防它的出
現；當生態環境尚未發生動亂的時候，就應該想對策事先預防它的發生，因為
「合抱之木，生於毫末；九層之台，起於累土；千里之行，始於足下。」所有
的環境問題都是從毫末細節之處開始的，所有生態破壞也是從一個錯誤觀念造
成的，因而老子的環境倫理思想可以說是環境問題的「預防思想」，警告人類勿
秉持「強烈人類中心倫理」的想法，因為星星之火可以燎原，一個錯誤觀念所
破壞的環境生態，造成的遺害是世世代代子孫所要承受的，如老子曰：

> 為無為，事無事，味無味。大小多少，報怨以德。圖難於其易，為
> 大於其細。天下難事，必作於易；天下大事，必作於細。是以聖人
> 終不為大，故能成其大。夫輕諾必寡信，多易必多難。是以聖人猶
> 難之，故終無難矣。（《道德經》第六十三章）

因而在環境倫理思想上，應效法聖人不要「強烈人類中心」自以為偉大，反

〔註62〕Holmes Welch, Taoism : the parting of the way , Boston: Beacon Press, 1966, p.33.
譯文參見陳鼓應，《老子今註今譯及評介》，臺北：臺灣商務印書館，2004，
頁 56。
〔註63〕吳怡，《禪與老莊》，臺北：三民書局，2003，頁 171。

而能夠成就他無私的偉大，在環境問題處理方面處有爲於無爲之境，處事於無事之處，品味於恬淡無味之中，懂得在細微處解決困難之事，知道從小事預防大事發生。天下最難的事往往由容易的事發展而來，天下最偉大的事往往造端於最細微的地方。聖人懂得以謹愼態度處理看是細微的環境議題，因而反而較不會造成生態環境議題。老子的環境倫理思想除了是環境問題的「預防思想」外，在必要的時刻亦告知我們要法「道」，適度的有所爲調節生態環境，老子云：

> 古之善爲道者，微妙玄通，深不可識。夫唯不可識，故強爲之容：豫兮若冬涉川；猶兮若畏四鄰；儼兮其若客；渙兮若冰之將釋；敦兮其若樸；曠兮其若谷；混兮其若濁。孰能濁以靜之徐清？孰能安以動之徐生？保此道者不欲盈。夫唯不盈，故能蔽而新成。(《道德經》第十五章)

> 天之道，其猶張弓與？高者抑之，下者舉之；有餘者損之，不足者補之。天之道，損有餘而補不足；人之道，則不然，損不足以奉有餘。孰能有餘以奉天下？唯有道者。是以聖人爲而不恃，功成而不處，其不欲見賢。(《道德經》第七十七章)

面對環境問題，天道是「高者抑之，下者舉之；有餘者損之，不足者補之。」然而人類卻是「下者抑之，高者舉之；不足者損之，有餘者補之。」因而會傷害生態環境如此嚴重，所以老子告知我們應效法天道——「有餘者損之，不足者補之。」對於環境開發行爲應「豫兮若冬涉川，猶兮若畏四鄰，儼兮其若客，渙兮若冰之將釋」，以尊敬謹愼的態度來處理，通徹「濁以靜之徐清，安以動之徐生」的義理，知曉何時無爲，而何時應以「無爲」爲本而有所爲，懂得謙虛面對自然、虛靜面對自我，若能順應天道而爲，如此生態環境將如如存有、實現自我，陳榮波先生說：

> 《老子道德經》：「上德不德，是以有德；下德不失德，是以無德。上德無爲而無以爲；下德無爲而有以爲。」(第三十八章) 老子所謂「無爲」是一種順其自然之道而無私心之所爲，「有爲」是違背自然之道而有私心之所爲。人的私心私欲是一種有爲之心，它是破壞天道的不正行爲。老子反對「人爲過度的破壞」之用意，不僅要救人，而且更要救物。因此，吾人應該發揮純眞樸實的赤子之心來保註萬

物的永恆性與人性的尊嚴性。〔註64〕

總之，老子的環境倫理思想，期許人類勿以滿足私欲的動機來開發生態環境，用充滿敵意的侵犯性行為破壞大地，面對環境生態告知我們應以「無為」為立足點，必要時應適度的以「無為」為本而有所為，知曉「為之於未有，治之於未亂」、「圖難於其易，為大於其細」的環境預防思想，清楚「聖人終不為大，故能成其大」的義理，不以「強烈人類倫理中心」的立場傷害所有生物及非生物，明瞭「濁以靜之徐清，安以動之徐生」的思想，適度的採取「高者抑之，下者舉之；有餘者損之，不足者補之」的補償措施，以實現生態環境的和諧平衡的理想狀態。泰勒環境倫理規範「四項法則」中的「補償公正法則」，認為當人類行為違背「不傷害法則」、「不騷擾法則」、「誠信法則」三項法則時，因而造成生態環境中有機體的傷害，則必須以第四項「補償公正」法則給予補償，以維持道德上的公正和公平。老子的「有餘者損之，不足者補之」亦蘊含了補償的義理，認為過多的應加以減損，不夠的應加以增補，所以說老子的「有餘者損之，不足者補之」的義理和泰勒環境倫理規範「四項法則」中的「補償公正法則」是有所呼應的。

（三）無為而無不為

無為的第三個義理：「無為而無不為」。這裏的「無為」應包含「無為」及「為無為」前述的二個義理，一切以「無為」為出發，秉持不干擾造作、不恣意及不任己的做事心境，再輔以「為無為」，就是以「無為」、「無心無執」的態度在生活中去實踐去「為」，若如此則能臻至「無為而無不為」的境界，如吳怡先生在《新譯老子解義》一書中提及：

> 「無為」兩字，我們常解為沒有欲望、沒有目的或順任自然，但這些解釋或作法都是就現象來說的。我們生活中，有時候，我們也會做到沒有欲望、沒有目的或順任自然，難道這樣就能達到「無不為」的境界嗎？答案不是肯定的，……它的「無為」，就是它的「為」，所以它「無為」，才能「無不為」。……所以「無為」和「為」並不是截然的毫不相關，事實上卻是一體的兩面，明乎此，我們才能體悟到「道」的「無為」，就是它的「無不為」。〔註65〕

「無為」和「為」是有其相關性，所以老子說：「為無為，則無不治。」（《道

〔註64〕陳榮波，〈老子的環保美學〉，《哲學雜誌》第7期，1994.01，頁102。
〔註65〕吳怡，《新譯老子解義》，臺北：三民書局，2002，頁237。

德經》第三章）「爲」時以「無爲」當起始點，若能如此則「爲無」則能「無不治」、「無不爲」，如老子說：

> 道常無爲而無不爲。侯王若能守之，萬物將自化。化而欲作，吾將鎮之以無名之樸。無名之樸，夫亦將無欲。不欲以靜，天下將自定。
> （《道德經》第三十七章）
>
> 不出戶，知天下；不闚牖，見天道。其出彌遠，其知彌少。是以聖人不行而知，不見而明，不爲而成。（《道德經》第四十七章）
>
> 爲學日益，爲道日損。損之又損，以至於無爲。無爲而無不爲。取天下常以無事，及其有事，不足以取天下。（《道德經》第四十八章）

「道常無爲而無不爲。侯王若能守之，萬物將自化。」道乃恆常無爲而無不爲，所以若能守道，萬物將自生自長、自化自育；「不欲以靜，天下將自定。」沒有私念邪心的爲，以無私不仁的爲，那麼天下將自然復歸於安靜平定；「不爲而成」不妄作施爲，萬物自化自成；「爲學日益，爲道日損。損之又損，以至於無爲。無爲而無不爲。」要損的是欲望無窮、自我中心及妄想妄爲，損到最後復歸於無爲，以無爲而本，萬物各位其所，各遂其生，所以可說是無所不爲也，陳德和先生將「無爲而無不爲」論述爲「無心無執的爲就是無一不可行無一不可成的爲。」〔註66〕可謂是極其妙契之詮釋。蔡忠道先生提到「無爲」的眞正目的是「無不爲」：

> 無爲並非毫無作爲，就如：「道常無爲而無不爲」（第三十七章），聖人也是「無爲而無不爲」（第四十八章）無爲只是實踐的方式，無不爲才是眞正目的。因此，老子的無爲絕無消極之意，才會講「爲無爲」（第六十三章）。〔註67〕

牟宗三先生也論述到「無爲」與「無不爲」爲體用之關係，他說：

> 「無爲」，王弼註：「順自然也。」「無爲」就等於頭一章的「無」。道無爲，但它又不停在無爲，它又「無不爲」。「無不爲」等於頭一章，「有名，萬物之母。」「常有欲以觀其徼。」那個徼向之「有」。「無爲」、「無不爲」，總是兩個在一起。假定只是「無爲」，那就死掉了，它沒有作用了嘛。假定停在「無不爲」，它就沒有本，它所以

〔註66〕陳德和，〈略論老子年代與思想〉，《南華哲學通訊》，南華管理學院哲學研究所，1999，頁41。

〔註67〕蔡忠道，《魏晉儒道互補之研究》，臺北：文津出版社，2000，頁141～142。

能「無不爲」，那是它以「無爲」作本。要不然，你不能無不爲嘛。你怎麼能無不爲呢？要是你沒有「無爲」作本，你爲了這一個，就不能爲那一個。所以，「無爲」與「無不爲」這兩個體用是分析地在一起，不是綜和地在一起的，拆不開的，是同義語。所以，頭一章說：「此兩者，同出而異名。同謂之玄。」這個「無爲而無不爲」就是玄。它無不是無，無而又有；有不能停於有，它又是無。它就來回這麼轉。「道常無爲，而無不爲。」就呼應頭一章，也呼應「道法自然。」順「自然」就是無爲。順「自然」不是死在這嘛，它是教你「在方而法方，在圓而法圓，於自然無所違。」這樣你就能「無不爲」嘛。所以，「無爲而無不爲」不是分成兩段。〔註68〕

如牟先生所提若只是一直停留在「無爲」，最後就會死掉了，因爲無法起任何作用，但若一直停在「無不爲」，也不行，因爲它就沒有以「無爲」作本，最後將造就無數的人爲災難及許多的橫行作爲，所以「無爲」與「無不爲」應是互爲體用的關係，以「無爲」爲本，一切復歸於「無爲」的爲，如此「無爲」則能「無不爲」，而順應「自然」就是「無爲」，而「無爲」也涵映著另一義理「自然」。

（四）無為之自然義

無爲的第四個義理：「無爲之自然義」。如前所述無爲並非不爲，無爲乃是不干擾、不恣意、不任己，如天地化育萬物一樣，不揠苗助長也不干擾破壞，一切順依自然而行，如此天地萬物將自生自長、自化自滅，所以無爲中是函著「自然」的義理，牟宗三先生提到：

> 道家老莊所說的自然不是〔西方自然〕這個意思，它就是自己如此，就是無待。所以講無爲函著自然這個觀念，馬上就顯出它的意義之特殊。它針對周文疲弊這個特殊機緣而發，把周文看成是形式的外在的，所以嚮往自由自在，就一定要把這些虛僞造作通通去掉，由此而解放解脫出來，才是自然。自然是從現實上有所依待而然反上來的一個層次，道家就在這個意思上講無爲。〔註69〕

老子曰：「道常無爲而無不爲。」（《道德經》第三十七章）王弼注：「順自然

〔註68〕牟宗三，〈老子《道德經》講演錄（六）〉，《鵝湖月刊》總號第 339 期，2003.09，頁 2。
〔註69〕牟宗三，《中國哲學十九講》，臺北：臺灣學生書局，2002，頁 90。

也。萬物無不由為，以治以成也。」〔註70〕又曰「善行無轍跡，善言無瑕讁；善數不用籌策；善閉無關楗而不可開，善結無繩約而不可解。」（《道德經》第二十七章）王弼注：「順自然而行，不造不始，故物得至而無轍迹也。順物之性，不別不析，故無瑕讁可得其門也。因物之數，不假形也。因物自然，不設不施，故不用關楗繩約，而不可開解也。此五者皆言不造不施，因物之性，不以形制物也。」〔註71〕無為乃順自然也，若能無為順應萬物自性，則萬物無不由為，以治以成也。「善行」、「善言」、「善數」、「善閉」、「善結」此五者皆告知我們不應有太多施為，一切依物自然，不要以外在的措施來抑制萬物生長，由上可知「無為」和「自然」是互有關係的，牟宗三先生說：

> 「道」的本質是「無」，「道」的作為是「無為」；但是，「道」雖然屬自然，雖然不像人間世的追逐名利的有為，其「無為」的成果和功能卻是有為的，而且是無所不為的，因而說出：「道常無為而無不為」（《道德經‧第三十七章》）。因此，道之所以為最高以其「法自然」，無為而無不為，無為故無敗（為者敗之），無執故無失（執者失之）之故也，此明示「道」為圓滿之境。〔註72〕

陳德和先生說：

> 自然、無為、無不為三者視為相同，並說它們其實都指涉著道，只是因為論述的側面的不同所以才有說項的不同，由是自然（包括無不為）和無為是全體是用、全用在體的體用關係，這是不是更能合乎文本的脈絡和整體性的解讀呢？〔註73〕

所以若說無為函著自然，或說自然函著無為，其實都可以，因為它們二者可說是互為體用，都是指陳於道。綜上所述，無為四個義理：「無為」、「為無為」、「無為而無不為」及「無為之自然義」，都是以「無」或「無為」為本，而「無」及「無為」最後又歸屬於「道」，所以可以說無為的四個義理都是指陳於「道」且互為體用的。「無為」意旨在解消掉自私的妄想造作及排解掉自以為是的自我中心想法，以達到不干擾、不恣意及不任己的「無為」工夫。「為無為」意旨在否定掉自我中心的逞知逞欲、化解掉私心強行的為後，人們是可以有所

〔註70〕王弼，樓宇烈校釋，《王弼集校釋》，北京：中華書局，1999，頁 91。
〔註71〕王弼，樓宇烈校釋，《王弼集校釋》，北京：中華書局，1999，頁 71。
〔註72〕牟宗三，《圓善論》，臺北：臺灣學生書局，1985，頁 280。
〔註73〕陳德和，〈略論老子年代與思想〉，《南華哲學通訊》，南華管理學院哲學研究所，1999，頁 42。

「爲」的，但這個「爲」須以「無爲」當作出發點和復歸處。「無爲無不爲」指陳以「無爲」爲本，一切復歸於「無爲」的爲，如此則能「無爲而無不爲」。「無爲之自然義」指陳在不干擾、不恣意、不任己的無爲中，順物自然，則天地萬物將自生自長、和諧發展。

二、自　然

「道生一，一生二，二生三，三生萬物。」（《道德經》第四十二章），老子認爲，道是化育天地萬物的根源，是萬物之宗。故老子說：「天得一以清，地得一以寧，神得一以靈，谷得一以盈，萬物得一以生，侯王得一以爲天下正。」（《道德經》第三十九章）道生一，一所以也可以代表是道。道充盈於天地萬物之間，它是一，是一切，更是萬物之宗。但老子爲何又曰：「人法地，地法天，天法道，道法自然。」（《道德經》第二十五章）呢？「道法自然」這句話似乎表達了「自然」比「道」層次更高一層，境界更勝一籌，果眞如此？其實不然。從王弼注：「法，謂法則也。人不違地，乃得全安，法地也。地不違天，乃得全載，法天也。天不違道，乃得全覆，法道也。道不違自然，乃得其性，法自然者。在方而法方，在圓而法圓，於自然無所違，自然者，無稱之言，窮極之辭也。」〔註74〕及吳澄《道德眞經註》曰：「道之所以大，以其自然，故曰法自然。非道之外，別有自然也。」〔註75〕我們可以清晰明瞭其實「自然」是「道」的性質，也是「道」的法則，亦可當作「道」的境界，所以並不是另有一個高過「道」的東西叫做「自然」。牟宗三先生說：

> 道尚是一稱謂，尚有所由。（「道也者，取乎萬物之所由也。」）故道尚是虛說，至乎「道不違自然，乃得其性」，直認取道以自然爲性，而達乎「自然」，則方是拆穿一切稱謂虛說，而歸於實，乃落於平平。……「自然」一詞，乃直如如之描述詞語也，故是「窮極之詞，無稱之言」也。〔註76〕

又說：

> 依道家看，「人」、「地」、「天」這些具體的東西都要跟著道走，道是

〔註74〕王弼，樓宇烈校釋，《王弼集校釋》，北京：中華書局，1999，頁65。
〔註75〕元・吳澄，《道德眞經註》，無求備齋老子集成初編，臺北：藝文印書館，1965。見吳怡，《新譯老子解義》，臺北：三民書局，2002，頁178。
〔註76〕牟宗三，《才性與玄理》，臺北：臺灣學生書局，2002，頁155。

最高的，而且「道法自然」，沒有一個具體的東西叫做「自然」，「自然」是一個抒義字。所以，說「道法自然」，也就是說：道是自然。「道法自然」這句子要講出來是很難的，你們看王弼的註，那個註註得很好，但王弼這個註比原文更難瞭解。王弼註：「法，謂法則也。」就是說：取法於它以為自己的一個準則。「法」與「則」連合起來當動詞用，你不要把它看成是現在的人所說的法則（law）。〔註77〕

余培林先生論及：

> 二十五章說：「人法地，地法天，天法道，道法自然。」「道」是老子哲學的基礎，是宇宙萬物創生的本源，所以人、地、天都要法「道」；但「道」並不是毫無規律，為所欲為的，它還必須要以「自然」為法。當然，我們不能說在「道」之上另有一個叫做自然的東西，為「道」所遵循，因為如此就混亂了老子哲學的體系。可是如果我們說「自然」是「道」的精神所在，是「道」所具有的一切特性（如虛、柔等）中最主要的部份，該不會有什麼不妥的吧。〔註78〕

所以從上論述可以清楚疏通「自然」是一抒義字或是一描述詞語，是一「窮極之詞，無稱之言」，「自然」並不是一個具體的東西，「自然」也不是高於「道」的另一概念，自然可說是「道」的性質、精神，「道法自然」所以我們也可說：道就是自然為法則，牟宗三先生曾說：「『為道』底目的是在反身自證自知自明以求洒然自適，所謂『自然』。」〔註79〕瞭解「自然」的性質後，另一須釐清的概念是老子《道德經》的自然，與西方所稱的「自然」有何不同，對此牟宗三先生曾論述到：

> 道家所說的「自然」，不是我們現在所謂自然世界的自然，也不是西方所說的自然主義 Naturalism。自然主義和唯物論相近，就是一種唯物主義，指的是自然科學所對的自然世界，自然科學研究的都是物理現象，所指的自然是物理世界的自然。就西方宗教講，自然是被造物 Creature，被上帝所創造的有限物屬於自然，上帝是超自然 super-nature，自然和超自然相對反。……道家講的自然就是自由自

〔註77〕 牟宗三，〈老子《道德經》講演錄（五）〉，《鵝湖月刊》總號第 338 期，2003.08，頁 14。

〔註78〕 余培林，《新譯老子讀本》，臺北：三民書局，1993，頁 14。

〔註79〕 牟宗三，《智的直覺與中國哲學》，臺北：臺灣商務印書館，1993，頁 203。

在、自己如此，就是無所依靠、精神獨立。精神獨立才能算自然，所
以是很超越的境界。西方人所講的自然界中的現象，嚴格都是他然、
待他而然、依靠旁的東西而如此。自然界的現象都是因果關係裏面，
你靠我我靠你，這正好是不自然不自在，而是有所依待。〔註80〕

所以老子的「自然」，不同於自然世界的自然，也不同於西方的自然主義，西
方人所講的自然，大都是他然、待他而然、有所依靠，也不是經驗科學研究
對象的自然，自然並不是指陳具體存在的東西，而是另有其屬於老子獨特哲
理的義涵，陳德和先生曾詮釋出老子的「自然」有其三個義理：

故「自然」的第一義是自己如此，自由如是，不受人我宰制亦不宰
制人之逍遙無待；其次，「知和曰常」（五十五章），「常善救人，故
無棄人，常善救物，故無棄物」（二十七章），則「自然」也表示了
天清地寧的物我和諧：最後，「為天下谿」「為天下谷」（二十八章）、
「知足」（四十六章）、「守柔」（五十二章），則「自然」乃是一使物
我相容之開放性理念，總之，自由而無情枷欲鎖之牽累（自由無待）、
和諧而無你爭我奪之傷害（和諧無傷）、開放而無凡慮俗計之恚礙（開
放無礙）三義，雖不一定能盡「自然」之義蘊，但亦不遠矣。〔註81〕

所以「自然」的義理有「自由無待」意謂自己如此、自由自在、無所依靠、「和
諧無傷」表詮天清地寧的物我和諧及「開放無礙」象徵物我相容之開放性理
念等三個義涵內蘊，其實這三個義理都可歸結於王弼的注解：「道不違自然，
乃得其性，法自然者。在方而法方，在圓而法圓，於自然無所違。」牟先生
進一步詮釋「自然」說到：

是以此「自然」亦是沖虛境界所透顯之「自然」，非吾人今日所謂之
自然世界或自然主義所說之「自然」也。「自然世界」之自然乃指客
觀實物自身之存在言，而境界上之自然則是指一種沖虛之意境，乃
是浮在實物之上而不著於物者。故「天地任自然」是依沖虛而觀所
顯之境界上之自然。又，自然世界中之自然物，一是皆他然者，即
是相依相待而有條件者，依條件而存在。依此而言，正皆非「自然」，
而實是「他然」。而境界上之自然既不著於物而指物，則自亦無物上

〔註80〕牟宗三，《中國哲學十九講》，臺北：臺灣學生書局，2002，頁90。
〔註81〕陳德和，〈試論道的雙重性——道德經中的「無」與「有」初探〉，《鵝湖月刊》
　　　　總號第189期，1991.03，頁36。

之他然，而卻眞正是自然。正是遮撥一切意計造作而顯之「洒脫自
在」之自然，此即是沖虛而無所適、無所主之朗然自在。〔註82〕

陳德和先生說：

「道法自然」，意謂道即是自然；是故，在老子哲學當中，自然不是
西方自然主義的自然，也不是做爲經驗科學研究之對象的自然，而
是從人爲、我執的超克而顯之具實踐性的德慧，它表示一種虛以待
物、應而無方的心境理境，這種心境理境正是證道成德的自我圓現，
也是對萬物存在的保證。〔註83〕

故境界義理的「自然」是指消融掉人爲我執，化掉欲望的橫行，否定掉自私
的意妄造作，遮撥一切主、適、莫、宰，足以禁其性塞其源者，呈顯出一沖
虛而無所適、無所主之朗然自在的境界，是一虛以待物、應而無方的境界，
要體現此一境界是須透過實踐工夫而加以證成的，展現出的是一種超越我執
而顯之具實踐性的德慧。

王弼注《道德經》第四十九章曰：「若乃多其法網，煩其刑罰，塞其徑路，
攻其幽宅，則萬物失其自然，百姓喪其手足，鳥亂於上，魚亂於下。是以聖
人之於天下歙歙焉，心無所主也。爲天下渾心焉，意無所適莫也。」〔註84〕
對於生態環境太過於有爲，將干擾到生態環境物種的生活，所謂「萬物失其
自然，百姓喪其手足，鳥亂於上，魚亂於下。」「強烈人類中心倫理」的思想，
認定人類是萬物的尺度，因而能決定萬物的一切，濫用科技工具挖掘大地的
礦藏，捕抓海中的魚類，生態環境失去原有的穩定狀態，如同羅馬俱樂部總
裁貝怡對「人類」這一物種誕生提出了評論：「至今也弄不清，這一瞬間究竟
是進化過程中光榮的時刻，還是愚蠢的開始；也不清楚自然創造了人是誕生
了永恆的傑作，還是誕生了即將消滅其他生命體勢力的怪物。」〔註85〕「強
烈人類中心倫理」的思想來傷害其他物種，其實是不符合生態環境的自然之
道，道以不生之生實現了天下萬物，然卻生而不有、爲而不恃，不替萬物決

〔註82〕牟宗三，《才性與玄理》，臺北：臺灣學生書局，2002，頁144。

〔註83〕陳德和，〈論牟宗三對人間道家的哲學建構——以老子思想的詮釋爲例〉，南
　　　　華大學哲學研究所《揭諦》第3期，2001.05，頁179。

〔註84〕王弼，樓宇烈校釋，《王弼集校釋》，北京：中華書局，1999，頁130。

〔註85〕池田大作、貝怡著，卞立強譯，《二十一世紀的警鐘》，北京：中國國際廣播
　　　　出版社，1988，頁7。轉引自楊通進，《走向深層的環保》，成都：四川人民出
　　　　版社，2000，頁43。

定牠們的生死，只提供不干擾自然的環境，讓萬物自生自化，違反自然之道太過於有爲，將傷害到人類自身，如老子言：「民不畏死，奈何以死懼之？若使民常畏死，而爲奇者，吾得執而殺之，孰敢？常有司殺者殺。夫代司殺者殺，是謂代大匠斲，夫代大匠斲者，希有不傷其手矣。」(《道德經》第七十四章) 天地之間冥冥中有專司殺生者來殺戮天下萬物，根本不需人類來代勞。人類若代替天地之間的殺生者來殺戮萬物，就像是不會工藝的人代替木匠來砍斷木頭，代替木匠來砍斷木頭的人，很少不砍傷到自己手的。

　　如同泰勒「尊敬自然」環境倫理思想所認爲的人類其實並沒有比其他生物優越，每一物種都是生命目的中心，自身的存在就是萬物自身最終目的，可以用自己的方式來追尋其自己本身的善及天賦價值，因而我們必須以終極態度來「尊重自然」，泰勒的「不傷害法則」、「不騷擾法則」及「最少錯誤原理」，即是老子「無爲自然」環境倫理觀的展現，也是泰勒「尊重自然」的落實，因爲人類是自然整體的一部分，所以應懂得尊重自然的發展，使生態環境能呈現相依相連、和諧整體的狀態，也就是老子「無爲而無不爲」的理想生態環境。美國生態學家德維在《深刻的生態學運動》一文中提到：「人既不在自然界之上，也不在自然界之外，人是不斷創造的一部分。人關心自然，尊重自然，熱愛並生活於自然之中，是地球家庭中的一員，要聽任自然的發展，讓非人的自然沿著與人不同的進化過程發展吧！」〔註86〕我們人類既不是處在自然界之上，也不是身處於自然界之外，我們和自然界是一體的，唯有尊重自然界的所有物種，法老子環境倫理思想「自然」的觀念聽任自然界的發展，化解掉太多的妄作妄爲，如此自然界才會保持穩定和諧的生態進化。李奧波也認爲大地金字塔中是一個整體穩定的食物鏈，只要人類不要侵略破壞原有的自然生態，這大地金字塔食物能量的流動就會處在一個穩定的狀態，生物將各有其生命的生長規律，而大地金字塔所呈顯出和諧穩定的狀態，即是一種自然生態美的展現。

　　奈斯深層生態學的基本原則第三、四、五條中，指出我們應肯認所有生物及非生物的內在價值，尊重生態環境中生命形式的豐富度和多樣性，而人類除了維持生命的基本需求外，並沒有權利去傷害這樣的豐富度和多樣性，目前人類過多的人口數量及過度的開發生態環境，已造成地球環境快速惡化

〔註86〕轉引自王澤應，《自然與道德——道家倫理道德精粹》，長沙：湖南大學出版社，2003，頁248。

當中，所以應避免對生態環境過多不必要的干擾，奈斯深層生態學的這些基本原則和老子「無為自然」的環境倫理觀是相互呼應的。另外奈斯深層生態學的基本原則第六條：「政策必須加以改變，因為這會影響基本的經濟、科技和意識形態三者的結構；這將使得最終狀態，與現在狀態完全不同。」及第八條：「認同上述觀點的人，都有義務直接或間接參與必要的改革。」這二條基本原則即是告知人類面對日益惡化的科技工業污染，我們應有所覺醒應針對環保政策加以改變，並有義務直接或間接參與必要的改革，如此才能為當今生態環境的困境做一些改變，奈斯深層生態學的這二條原則和老子「為無為」的義理是相符合的，即是以「無為」為本而有所「為」，福永光司說：

> 老子的無為，乃是不恣意行事，不孜孜營私，以捨棄一己的一切心思計慮，一依天地自然的理法而行的意思。在天地自然的世界，萬物以各種形體而出生，而成長變化為各樣的形態，各自有其一份充實的生命之開展；河邊的柳樹抽發綠色的芽，山中的茶花開放粉紅的花蕊，鳥兒在高空上飛翔，魚兒從深水中躍起。在這個世界，無任何作為性的意志，亦無任何價值意識，一切皆是自爾如是，自然而然，絕無任何造作。〔註87〕

老子「無為自然」所開顯出來的環境倫理觀，否決了「強烈人類中心倫理」的立場，主張去掉有為有執、有主有宰的造作施為，回歸不塞其原、不禁其性的無為自然。並能適時的以「無為」為本而有所為，落實環境問題的「預防思想」──「為之於未有，治之於未亂」，如此鳥兒高飛、魚兒悠游，所朗現的是物我自如的自由自在、天清地寧的物我和諧的生態環境，如此的整體和諧的生態環境，亦為「生命中心倫理」及「生態中心倫理」所追求及肯認的。

〔註87〕福永光司著，陳冠學譯，《老子》。轉引自陳鼓應，《老子今註今譯及評介》，臺北：臺灣商務印書館，2004，頁56～57。

第五章　老子環境倫理思想之實踐工夫

第一節　「守道修德」之環境倫理實踐工夫

一、若能守道，萬物將自賓

　　道以「不生之生」的方式實現了天地萬物，因為實現的根源都是道，天地萬物因而擁有平等的地位及權利，所以可說是道實現了天地萬物平等的地位，也可說是道讓天地萬物能如如朗顯自己、肯定自我，使得生態環境能呈顯穩定和諧的狀態，所以在環境倫理的實踐工夫上，「守道」的工夫就顯得最為重要，因而老子提到：

> 道常無名，樸雖小。天下莫能臣也。侯王若能守之，萬物將自賓。天地相合以降甘露，民莫之令而自均。（《道德經》第三十二章）
> 道常無為而無不為。侯王若能守之，萬物將自化。化而欲作，吾將鎮之以無名之樸。（《道德經》第三十七章）

道永遠是沒有名稱而質樸的，雖然很微小，可是天下卻沒有一人能指使它。侯王若能守住它，則天地萬物的生命將能順適化育、賓服於道，牟宗三先生提到：

> 所以，《道德經》說：「侯王若能守之，萬物將自化。」「萬物將自化」就是說它不鬧彆扭，不出事情，它自然就轉化、超化了。就像春天一來，冰塊自然就融化了。這個「化」就是這個意思，就是轉化、超化、融解的意思。生命很順適、條暢，不凝結、凍結，不出麻煩。〔註1〕

〔註1〕牟宗三，〈老子《道德經》講演錄（六）〉，《鵝湖月刊》總號第 339 期，2003.09，

守道則能順應自然、不施不設，好像無所作為，然而卻能使萬物自然化育生長，如春天一到，大地凝結的冰塊會自然融化一般，天地萬物各遂其性而自生自長，如此的道似乎無為而又無所不為。「守道」是一種環境倫理的實踐工夫，人們若能做到「守道」的實踐工夫，即是遵行自然無為之道，如老子云：「人法地，地法天，天法道，道法自然。」（《道德經》第二十五章）「道法自然」所以能虛其心、弱其志、無欲於萬物，因而天地萬物能自然化育。自化是一種「故常無欲，以觀其妙」的展現，對待天地萬物是一種無所偏愛的平等立場，所以萬物能自化自賓，陳榮波先生說：

> 自化是天道的妙用。《老子道德經》：「道常無為而無不為，侯王若能守之，萬物將自化。化而欲作，吾將鎮之以無名之樸。」（第三十七章）此種自化是博大真大，不是虛偽之大——「萬物歸焉而不為主，可名為大。以其終不自為大，故能成其大。」（第三十四章）道之自化彰顯萬物平等性的成長。人若能體會天道的自化功能而力行弘揚天道，才能挽救環保危機。這樣才是人類真正的福報。〔註2〕

所以人類在環境倫理的實踐工夫方面，首要的工夫即是「守道」，因為「守道」展現出無為自然的平等性，使得萬物都能以一平等的立場自生自化，無所妄作、不受干擾的生長茁壯，所以如陳榮波先生所說：「人若能體會天道的自化功能而力行弘揚天道，才能挽救環保危機。」而當人們能盡心達到「守道」的環境倫理實踐工夫時，所朗現出的生態環境又是怎樣的一種境界呢？老子云：「昔之得一者：天得一以清；地得一以寧；神得一以靈；谷得一以盈；萬物得一以生；侯王得一以為天下貞。其致之。」（《道德經》第三十九章）王弼注：「各以其一，致此清、寧、靈、盈、生、貞。」〔註3〕「一」即是萬物之宗——「道」，「天、地、神、谷、萬物、侯王」若都依道而行、守道而為則將呈顯出「清、寧、靈、盈、生、貞」和諧境界，馮滬祥先生提及：

> 本段所強調的「一」，即「大道」，同樣代表一種「和諧的統一」。「和諧」代表不要被破壞，「統一」代表不要被割裂。兩者合而言之，正是今天保護生態不被割裂，並且維護環境不被破壞的重要哲學基礎。所以根據老子，天若「得一」，則可清明，不致污染，地若「得

頁4。

〔註2〕 陳榮波，〈老子的環保美學〉，《哲學雜誌》第7期，1994.01，頁102。

〔註3〕 王弼，樓宇烈校釋，《王弼集校釋》，北京：中華書局，1999，頁106。

一」，則可安靜，不受破壞，神若「得一」，則可充靈，不致消歇，
山谷若「得一」，則可充盈，不會枯竭。擴而充之，對大自然生命來
講，萬物都要能有和諧的統一，才能生生不息，如同政治也要有和
諧的統一，才能安定天下。凡此種種，都肯定同樣的重要道理——
那就是「和諧的統一」！〔註4〕

人們的經濟開發行為、消費行為若都能「守道」、「得道」，則生態環境將維持
和諧一體的狀態，「得一」是一修養工夫實踐的過程，須去除私欲妄作、虛心
守靜才能達到的境界，天地萬物均「得一」時，即是道遍及天地萬物自身，
朗顯出的即是和諧穩定、自給自足的生態環境，故老子云：「執大象，天下往。
往而不害，安平太。」（《道德經》第三十五章）、「曲則全，枉則直，窪則盈，
敝則新，少則多，多則惑。是以聖人抱一為天下式。」（《道德經》第二十二
章）及「執古之道，以御今之有。」（《道德經》第十四章）只要能「執古之
道」則能安平太、為天下式及以御今之有，解決現今的環境倫理問題，因此
「守道」、「得一」是最為重要的環境倫理實踐工夫，葉海煙先生說：

> 因此，所謂「侯王得一以為天下貞」，實乃老子對現實人間的最重要
> 的關懷，而這幾乎等於將老子超越的價值論放入實踐論的脈絡中，
> 以得一之侯王作為價值實現與道德實踐的典範，「道徵」之意義即在
> 此。貞者，貞定、貞常之意，即由貞常之道上達於貞定之境，其間
> 勢必通過種種價值意識的反思，以使吾人在價值定位的活動中不斷
> 實現道的超越性與普遍性，而唯經超越之行動，道的普遍性（其中
> 已孕育了人的普遍性、物的普遍性以及人與物相待相成的普遍而平
> 等的終極意義）才可能得以體現。老子之所以由道而德，由玄同之
> 境轉向人與世界共存的秩序是否可能不斷調整不斷進於和諧的思
> 考，原來就是「道如何通遍於人世」的基本的倫理向度。〔註5〕

老子在環境倫理實踐工夫上，希冀能做到「守道」的工夫，以體現道的普遍
性，體現了道的普遍性，也就是肯認了物我平等的道德倫理關係，使得「天、
地、神、谷、萬物、侯王」都能達臻「得一」的和諧境界，然而聰明的人類
卻不就大道，而好小徑，如老子云：「使我介然有知，行於大道，唯施是畏。

〔註4〕馮滬祥，《環境倫理學——中西環保哲學比較研究》，臺北：臺灣學生書局，
　　　　1991，頁271。
〔註5〕葉海煙，《老莊哲學新論》，臺北：文津出版社，1997，頁45～46。

大道甚夷，而民好徑。」(《道德經》第五十三章) 老子又云：

> 上士聞道，勤而行之；中士聞道，若存若亡；下士聞道，大笑之。
> 不笑不足以爲道。故建言有之：明道若昧；進道若退；夷道若纇；
> 上德若谷；大白若辱；廣德若不足；建德若偷；質德若渝；大方無
> 隅；大器晚成；大音希聲；大象無形；道隱無名。(《道德經》第四
> 十一章)

上士聽見了道，就會努力不懈的去實踐它，而其餘的中士和下士聽見了道，
只是覺得道似有若無或是哈哈大笑起來，不被哈哈大笑，則不足以爲道了。
爲何「明道若昧」、「進道若退」、「上德若谷」及「廣德若不足」，因爲道與德
乃須經過不自見及不自是的修爲工夫，才能有所體悟的，道與德的顯現，不
是外顯的，而是透過歸根復命的實踐工夫所隱顯的，所以雖然「若昧、若退、
若谷、若不足」，然應效法「上士聞道，勤而行之」，以達「明道、進道、上
德、廣德」之境，因而在環境倫理的實踐工夫上，除了「守道」爲首要的工
夫外，「修德」也應並重的。

二、修之於天下其德乃普

　　王邦雄先生提到：「道與德之別，就在一超越，一內在之分。」及「道是
超越之體，德是內在之用，道是無，德是有，道以其實現原理，內在於萬物。
此一生化作用，周流徧在，就是萬物所得自於道的德。」〔註6〕「道」以不生
之生的實現天地萬物，繼而就是以「德」畜養天地萬物，老子曰：「道生之，
德畜之，物形之，勢成之。是以萬物莫不尊道而貴德。道之尊，德之貴，夫
莫之命而常自然。故道生之，德畜之。長之，育之，亭之，毒之，養之，覆
之。生而不有，爲而不恃，長而不宰，是謂玄德。」(《道德經》第五十一章)
「德」是「道」之內在於天地萬物的本性，天地萬物依靠「德」得以順其自
性涵養化育，牟宗三先生說：

> 「道生之，德畜之」「生之」就是創始，這就是「無名，天地之始」，
> 「德畜之」就是拿「德」來涵育它，萬物靠「德」來涵育、涵養。「畜」
> 就是涵育，也就是包含涵養的意思。「道生之」就是道作萬物之始。
> 「無名，天地之始；有名，萬物之母。」　這就是「道生之」。這要

〔註6〕王邦雄，《老子的哲學》，臺北：東大圖書公司，1993，頁81。

靠「德」來涵育、潤澤。沒有「德」就是乾枯的。一切東西要涵潤
於「德」之中。〔註7〕

　　天地萬物依靠「德」來涵育發展，使天地萬物能順其自性實現自我，所
以「德」的概念猶如泰勒的「天賦價值」和奈斯的「內在價值」，都是天地萬
物得以有平等的地位生長發育，繼而使天地萬物能順其自性實現自我，所以
「德」有「內在價值」的義蘊。然而「德」除了有萬物的「內在價值」義蘊
外，另有一種「生命實踐」修養工夫的義蘊，人和萬物一樣都具有這內在化
的道——「德」，人可以透過實踐自身內在的「德」而來體現出「道」，陳德
和先生認為：「德在《道德經》中是用來表示人的生命主體。」，「德之做為生
命理想實踐的主體義既已確立。」〔註8〕所以德是人內在化的道，也是人實踐
價值理想的生命主體與特徵，牟宗三先生說：

　　　中國人以前講，德者，得也。凡是對於某一種東西，你心中真正有
　　　所瞭解，有所得，這就變成德（virtue）。某種東西得之於心，進到
　　　你的生命裡面去，你就得到了，這就變成你的 virtue。這個 virtue 的
　　　意思不就道德的意義講，那就是變成你的 essence，或者說變成你的
　　　character。道家開始說「德」是這個意思。……《道德經》說：「孔
　　　德之容，惟道是從。」這是根據道來的德，它不一定有道德的意義。
　　　所以不要直接瞭解成 virtue，你可以比較哲學地瞭解，把它瞭解為進
　　　到你生命裡面去而變成你的生命的一個主要的特徵。〔註9〕

德是根據道而來，德是人內在化的道，而德進入我們生命後，又靠著修養工
夫內化為我們生命特徵，成為我們人生命中真正的主體，因而人須透過對於
德的實踐工夫，才是能真正達到「守道」及「得一」的境界。因此在環境倫
理的實踐工夫上，「守道」為首要的工夫外，「修德」也應並重的，因為「道」
與「德」是超越與內在的關係，本是內外呼應的，而應如何修德呢？老子曰：

　　　善建者不拔，善抱者不脫，子孫以祭祀不輟。修之於身其德乃真；
　　　修之於家其德乃餘；修之於鄉其德乃長；修之於國其德乃豐；修之

〔註7〕牟宗三，〈老子《道德經》講演錄（八）〉，《鵝湖月刊》總號第 341 期，2003.11，
　　　　頁 14。
〔註8〕陳德和，《從老莊思想詮詁莊書外雜篇的生命哲學》，臺北：文史哲出版社，
　　　　1993，頁 21。
〔註9〕牟宗三，〈老子《道德經》講演錄（五）〉，《鵝湖月刊》總號第 338 期，2003.08，
　　　　頁 5～6。

於天下其德乃普。(《道德經》第五十四章)

治人事天,莫若嗇。夫唯嗇,是謂早服。早服,謂之重積德。重積
德,則無不克,無不克,則莫知其極。莫知其極,可以有國。有國
之母,可以長久。是謂深根固柢,長生久視之道。(《道德經》第五
十九章)

善建內心的德,是不容易被外力拔除的,善抱持道,不會被外物脫去,子孫
能依然建德抱道,就能世世代代祭祀不斷。依此「修身、修家、修鄉、修國
及修天下」,則「德眞、德餘、德長、德豐及德乃普」。治人事天,莫若愛惜
節省精神,若能愛惜節省精神,將內心欲望無掉、虛靜掉,則能及早服從於
道,及早服從於道就能不斷積累內心的德,不斷積累內心的德,則能無爲而
無不爲,牟宗三先生說:

一切東西要涵潤於「德」之中。雖然「道」屬於客觀地講、形式地
講;而「德」屬於主觀地講、內容地講,但還是屬於同一層次,這
個層次是屬於超越的。道生、德畜,這抽象得很。「德」是甚麼也沒
有人知道,還是要通過「有」、「無」、「玄」來瞭解。這個「德」是
玄德,要有這種虛靈的心境,你才能創生萬物,涵育萬物。〔註10〕

「治人事天,莫若嗇。」即是無掉私欲妄爲,化掉有爲造作,愛惜節省精神,
進而使內心達臻虛一而靜的境界,此時的人類面對萬物則能以不干擾、不妄
爲的態度對待之,如此則能使天地萬物如如朗現自己、實現自我,當「修德」
能不離於己常於內心時,則能復歸到嬰兒的無欲無爲、自然和諧的境界,老
子云:

知其雄,守其雌,爲天下谿。爲天下谿,常德不離,復歸於嬰兒。
知其白,守其黑,爲天下式。爲天下式,常德不忒,復歸於無極。
知其榮,守其辱,爲天下谷。爲天下谷,常德乃足,復歸於樸。(《道
德經》第二十八章)

含德之厚,比於赤子。蜂蠆虺蛇不螫,猛獸不據,攫鳥不搏。骨弱
筋柔而握固。未知牝牡之合而全作,精之至也。終日號而不嗄,和
之至也。(《道德經》第五十五章)

含德深厚的人,可以用初生的嬰兒來比擬,而嬰兒是最柔軟無爲、純樸自然

〔註10〕牟宗三,〈老子《道德經》講演錄(八)〉,《鵝湖月刊》總號第341期,2003.11,
頁14。

及無私無欲的，而當能像嬰兒般的常德不離，則「蜂蠆虺蛇不螫，猛獸不據，攫鳥不搏。」如此則能保生全生，葉海煙先生說：

> 而保生全生之道不外乎「任自然之氣，致至柔之和，能若嬰兒之無所欲乎？則物全而性得矣。」（《老子》十章王弼注）在此，所謂「物全」實即「生全」或「全生」之意，而「性得」則意謂生命內在之屬性得以保全而充盈。由此看來，老子全生或保生的哲學，是從人德而天德，再由天德以至於全生之德，終形成始終一貫，圓滿其德的生命系統觀——其間，人文秩序（包括社會秩序，倫理秩序與政治秩序）與宇宙秩序終歸向於生生不已的道的場域，而今日保育之道所以須以人與環境之關係為主軸，並從人出發，向天地開放，基本上仍以「道」或「自然之道」為一切秩序之所依循，而秩序乃生之活動不斷回歸物物自然所形成的網絡總體。〔註11〕

環境保護工作應以「人與環境」關係為主軸，從人出發，由人德而天德，再由天德以至於全生之德，而一切秩序又以「道」為依循。所以在環境倫理的實踐工夫上以「守道」為根源，繼而應認真落實「修德」的環境倫理實踐工夫，將「道」內化為我們的生命特徵，成為我們生命中真正的實踐主體。落實「守道修德」的環境倫理實踐工夫，則是要求人類應解消掉過多的私欲妄為、化約掉不當的人類中心本位意識，回歸到純樸自然及無私無欲的嬰兒模樣，將「道」內化於我們的生命之中，如此人類與萬物則能保生全生、永續發展。「守道修德」是老子環境倫理實踐的首要工夫，一切環境倫理實踐工夫都應以「守道修德」為依歸，踐履「守道修德」的環境倫理實踐工夫，萬物才得以如如順應自性、實現自我，繼而達到生態環境整體穩定以及自然和諧的境界。

　　當我們能落實「守道修德」的環境倫理實踐工夫時，就能呼應到泰勒「生命中心倫理」所宣稱的所有生物都應有平等的道德考量及道德權利，不應有人類優越於其他物種的觀念，人類和其他動植物是平等的地位，泰勒說：「人是地球生物圈自然秩序的一個要素，因此人類在自然系統中的地位與其他物種的地位是一樣的。」〔註12〕人類只是地球生物圈一個物種而已，其他物種

〔註11〕 葉海煙，〈生態保育與環境倫理的道家觀點〉，《哲學與文化》第 25 卷第 9 期，1998.09，頁 821。

〔註12〕 Paul W. Taylor, Respect for Nature: A Theory of Environmental Ethics, Princeton University Press, 1986, p.101. 譯文參見汪瓊，〈一種生物中心主義的環境倫理學體系——從泰勒的《尊重自然》一書看其環境倫理學思想〉，《浙江學報》

和人類都一樣具有天賦價值，所以都有受到平等的道德考量和道德權利。奈斯「深層生態學」也主張，不管是人類、動植物或非生物都擁有生存和發展的權利，奈斯指出：

> 深層生態學的一個基本準則就是，原則上每一種生命形式都擁有生存和發展的權利。當然，正如現實所示，我們爲了吃飯而不得不殺死其他生命，但是，深層生態學的一個基本直覺是若無充足理由，我們沒有任何權利毀滅其他生命。深層生態學的另一基本準則是：隨著人類的成熟，他們將能夠與其他生命同甘共苦。當我們的兄弟、一條狗、一隻貓感到難過時，我們也會感到難過；不僅如此，當有生命的存有物（包括大地）被毀滅時，我們也將感到悲哀。在我們的文明中，我們已具有了隨我們支配的強大的毀滅性工具，然而我們的情感卻是相當不成熟的。迄今爲止，絕大多數人的情感都是十分狹隘的。〔註13〕

在此所說的第一個基本準則，即是深層生態學「生物中心的平等」的準則，而第二個基本準則，即是深層生態學「自我實現」的準則。老子的「道」不是宇宙創生的第一因，和基督教上帝的第一因有所不同，老子的道是不干擾、不控制的不生之生，不是有主宰控制的創造之生，是一作用層而不是一實有層。所以落實老子「守道修德」的環境倫理實踐工夫，就是以「不塞其原、不禁其性」的方式來對待生態環境，用「無爲、好靜、無事、無欲」的態度面對天地萬物，化掉過多的有爲造作，回歸無爲無事的心境，讓天地萬物能順其自性自化自育，落實這些就是老子「守道修德」實踐工夫的具體展現。所以在環境倫理實踐工夫上，能身體力行實踐「守道修德」，則天就能「得一」就會清明，不致空氣污染產生溫室效應，地就能「得一」就會安寧，不會被濫墾濫伐而發生土石流，自然環境呈顯出和諧整體的生態，因爲萬物都有平等的道德權利，也都能順其自性的實現自我。

在環境倫理思想上能知悉「尊道貴德」的萬物平等義，繼而在環境倫理實踐工夫上，體踐「守道修德」的工夫，則物物均能自化自賓、實現自我。

第 2 期，2001，頁 32。

〔註13〕 Bodian S. Simple in Means, Rich in Ends: A Conversation With Arne Naess. Ten Directions（California:Institute for Transcultural Studies）. Zen Center of Los Angeles, 1982, Summer/Fall. 轉引自雷毅，《深層生態學思想研究》，北京：清華大學出版社，2001，頁 44。

然而當今生態環境卻是天不清、地不寧的，主要原因在於人類對於生態環境有過多的主宰控制，未能知悉「尊道貴德」的萬物平等義，落實「守道修德」的實踐工夫，因而造成了生態環境「不道早已」的狀況，袁保新先生說：

> 何謂「自化」？如果我們原則上肯定道乃一切存在變化的最後根源，則「萬物自化」是不能成立的。但是，如果我們認爲萬物自化是指每一事物的內在之德圓滿具足，那麼在德之上再肯定「道生之」，顯然又是多餘的。因此，唯一合理的解釋是：道之生化萬物只是消極地「讓」每一個物各據其德的實現自我。換言之，道之生化萬物是這樣的：它以處理的方式，表徵著存在界一切事物之間的和諧關係、秩序，當事物遵循這個秩序時，道就會保障這個事物的實現與完成，但是當事物背離這個秩序時，事物的相刃相靡就使得它不免墜入「不道」「早死」的命運。〔註14〕

老子云：「故從事於道者，同於道；德者同於德；失者同於失。道者，同於道者，道亦樂得之；同於德者，德亦樂得之；同於失者，失於樂得之。」（《道德經》第二十三章）所做所爲合於道就能得到道，一切施爲依於德就能得到德，思想作爲不道不德，就會得到不道不德的結果，「同於道、同於德、同於失者」，「道亦樂得之、德亦樂得之、失於樂得之」，逞強而不守柔，驕矜而不處下，則將不道也，老子曰：

> 以道佐人主者，不以兵強天下。其事好還。師之所處，荊棘生焉。大軍之後，必有凶年。善有果而已，不敢以取強。果而勿矜，果而勿伐，果而勿驕。果而不得已，果而勿強。物壯則老，是謂不道，不道早已。（《道德經》第三十章）

王弼注：「以道佐人主，尚不可以兵強於天下，況人主躬於道者乎。言師凶害之物也。無有所濟，必有所傷，賊害人民，殘荒田畝，故曰荊棘生焉。壯，武力暴興，喻以兵強於天下者也。飄風不終朝，驟雨不終日，故暴興必不道早已也。」〔註15〕何謂「其事好還」？李息齋說：「殺人之父，人亦殺其父；殺人之兄，人亦骸其兄，是謂好還。」（《道德眞經義解》），〔註16〕而又爲何

〔註14〕袁保新，《老子哲學之詮釋與重建》，臺北：文津出版社，1997，頁162。
〔註15〕王弼，樓宇烈校釋，《王弼集校釋》，北京：中華書局，1999，頁78～79。
〔註16〕元·李衎，《道德眞經義解》四卷，無求備齋老子集成初編，臺北：藝文印書館，1965。轉引自陳鼓應，《老子今註今譯及評介》，臺北：臺灣商務，2004，頁168。元·李衎（1245～1320），元初畫家。字仲賓，號息齋道人，薊丘（今

說「物壯則老」，壯大強盛應該是能有所作為的，為何「物壯則老」呢？吳怡先生提到：

> 前面老子舉用兵好強的例子，最後歸結到「物壯則老」的普遍原則。但物之壯，物之老，這也是自然的現象，為什麼又說「不道」呢？在這裏，我們必須再檢討「自然」一義。在第十七章中，我們曾分析過一般的所謂「自然」之義，萬物由生、到壯、到老，這是物理現象的，自然，這也是必然的，我們無法加以阻止。如果橫加阻止，卻正違反了自然。那麼，為什麼又說「物壯則老」是「不道」呢？因為這裏的「物壯」不是自然現象的物壯，而是人類欲念的求強，譬如吃丹藥以求長生不老，這正違反了自然的發展，也就是道的作用，因此反而早衰、早死。〔註17〕

王邦雄先生說：

> 惟物自求其生命壯大的強度表現，走離其本然素樸的陰陽之和，而有一單向偏鋒的發展，如此必造成生命力的透支耗費，有如飄風驟雨的突地激起，而迅即沉落，這就是所謂的「物壯則老」。而凡背反道之實現原理之和者，必自落衰亡之境，是謂「不道早已」。〔註18〕

如王弼所言：「壯，武力暴興，喻以兵強於天下者也。」因為暴興不合於道，違反了自然，指為個人欲念著想而不守道，故將「不道早已」自取滅亡也，人不守道，將早已；物不守道，將早已；天不守道，將早已；地不守道，亦將早已，故老子曰：「昔之得一者：天得一以清；地得一以寧；神得一以靈；谷得一以盈；萬物得一以生；侯得一以為天下貞。其致之。天無以清將恐裂；地無以寧將恐發；神無以靈將恐歇；谷無以盈將恐竭；萬物無以生將恐滅；侯王無以貴高將恐蹶。」（《道德經》第三十九章）「一」代表道，「得一」將「天清、地寧、神靈、谷盈、萬物生、侯王天下貞」，「天」沒有「得一」而不能清明，恐將要崩裂；「地」沒有「得一」而不能寧靜，恐怕要覆滅；「神」沒有「得一」而不能靈妙，恐將要消失；「谷」沒有「得一」而不能充營，恐怕要涸竭；「萬物」沒有「得一」而不能生長，恐將要滅絕；「侯王」沒有「得一」而不能保持清靜，恐怕要被顛覆失位。王弼注「昔之得一者」曰：「昔，

北京）人。

〔註17〕吳怡，《新譯老子解義》，臺北：三民書局，2002，頁207～208。

〔註18〕王邦雄，《老子的哲學》，臺北：東大圖書公司，1993，頁105。

始也。一，數之始而物之極也。各是一物之生，所以爲主也。物皆各得此一以成，既成而舍〔一〕以居成，居成則失其母，故皆裂、發、歇、竭、滅、蹶也。」〔註19〕牟宗三先生說：

> 此以「一」代表道。物皆各得此一以成，即下經文「天得一以清，地得一以寧」等。天得一以成其爲清，地得一以成其爲寧。「既成」後，若舍一以居於成，則即「失其母」，而裂、發、歇、竭、滅、蹶也。一即母也。失其母即失其本。萬事萬物皆由「一」以成。「一」成之，而居於成，則即與一脫節，如魚脫水，必至枯死也。〔註20〕

老子云：「天下有始，以爲天下母。既得其母，以知其子；既知其子，復守其母，沒身不殆。」（《道德經》第五十二章）王弼注此章曰：「善始之，則善養畜之矣。故天下有始，則可以爲天下母矣。母，本也。子，末也。得本以知末，不舍本以逐末也。」〔註21〕王弼注《道德經》第三十八章提及：「守母以存其子，崇本以舉其末，則形名俱有而邪不生，大美配天而華不作。故母不可遠，本不可失。」〔註22〕「母」爲何物？「道生一，一生二，二生三，三生萬物。」（《道德經》第四十二章）「道」以不生之生的方式實現了萬物，所以稱之爲「母」。「子」爲何物？蘇轍注：「其子則萬物是也。」〔註23〕所以說「子」代表萬物。失其母即失其本，沒有了母親當然不可能有孩子的存在，失其母則如魚脫水必定滅亡，所以母不可遠，本不可失，守母以存其子，崇本以舉其末，得本以知末，不舍本以逐末也，馮滬祥先生說：

> 老子在此所說的「天下有始，以爲天下母」，這個天下之「始」與「母」，就是「道」。他所謂「既得其母，以知其子」，代表人若能體認「道」乃係萬物根源的大生命體，便能領悟自然一切存在，均傳承與分受了這種生命體，正如同「知其母即知其子」一樣。另外，「既知其子」，代表若能從大自然中發現萬物均含生命之後，便能善守大道，如此「復守其母」，才能終身不殆！〔註24〕

〔註19〕王弼，樓宇烈校釋，《王弼集校釋》，北京：中華書局，1999，頁 105～106。
〔註20〕牟宗三，《才性與玄理》，臺北：臺灣學生書局，2002，頁 157～158。
〔註21〕王弼，樓宇烈校釋，《王弼集校釋》，北京：中華書局，1999，頁 139。
〔註22〕王弼，樓宇烈校釋，《王弼集校釋》，北京：中華書局，1999，頁 95。
〔註23〕吳怡，《新譯老子解義》，臺北：三民書局，2002，頁 333。
〔註24〕馮滬祥，《環境倫理學 —— 中西環保哲學比較研究》，臺北：臺灣學生書局，1991，頁 230。

守母方能保存其子、崇本方能善舉其末，道是「天下母」、「天地根」及「萬物之宗」，萬物的實現性根源來自於道。善於守道修德則能保障萬物的實現與成長，但失道遺德時萬物將塞其源及禁其性，則墜入「不道早已」的地步，故「守道修德」實爲老子最重要的環境倫理實踐工夫。本章以下所論述的「吾有三寶」、「知足知止」、「簡樸生活」、「知常知和」、「致虛極，守靜篤」等，也都是老子「守道修德」的實踐工夫。

老子「守道修德」所推展出來的環境倫理實踐工夫，和泰勒的環境倫理規範中的「不傷害法則」和「不騷擾法則」是有所呼應的。落實老子「守道修德」的環境倫理實踐工夫，是以「不塞其原、不禁其性」的方式來對待生態環境，也就是以不干擾、不破壞及無爲自然的態度面對天地萬物，尊重天地萬物的天賦（或內在）價值，賦予天地萬物平等的倫理關懷地位，讓天地萬物均能如如順應自性、實現自我。所以實踐體現老子「守道修德」的環境倫理實踐工夫，也就呼應了泰勒的「不傷害法則」，除非是爲了人類的基本需求外，要求我們不可以危害有機體自身的「善」，不要去傷害任何動植物。泰勒的「不騷擾法則」，要求我們不要去騷擾生物個體、生命社群、生物圈原來的生態環境，我們沒有義務去協助有機體完成它的目標，這一點和老子以「不塞其原、不禁其性」的方式，讓萬物自生自長、自化自育，頗有呼應的平臺。奈斯「深層生態學」基本原則的第一條：「地球上不論人類或其他生物的生命本身就具有價值，而此生命價值，並不是以非人類世界對人類世界的貢獻來決定。」；第二條：「生命形式本身就具有價值；而且，生命形式的豐富度和多樣性，有助於這些生命價值的實現」；第五條：「目前人類已經對其他生物造成過度的干擾，並且在快速惡化當中。」奈斯「深層生態學」的上列基本原則和老子「守道修德」的環境倫理實踐工夫也是頗有對話的空間，老子肯認天地萬物是「道生之，德畜之」（《道德經》第五十一章），都是道以不生之生實現了萬物，並都有內在的德存在，所以天地萬物都有其化育的平等權利。「致虛極，守靜篤。萬物並作，吾以觀復。」（《道德經》第十六章）因著天地萬物都有其化育的平等權利，所以保存了生命形式的豐富度和多樣性，呈顯出天地萬物欣欣向榮、永續發展的生態環境。「天地之間，其猶橐籥乎？虛而不屈，動而愈出。多言數窮，不如守中。」（《道德經》第五章）天地之間充滿了讓萬物生長的空間，只要不要有太多施造施爲，萬物將能各正其位、各正其德。

　　西方環境倫理規範原則告知人們哪些行為是應該做的，哪些行為是不應該做的，如此的規範原則，似乎是希望能從外部的要求來改變人的行為，然而行為若不是發自內心、自然而然的將不能長久有效，莊慶信先生對於環境倫理規範的限制性提到：「當道德者（正常人類）在具體情境遇到實際的環境倫理個案時，常發現意志很難下決定，環境倫理規範只提供我們採取行動的好理由，並未提供充分的道德、理由。在考慮周詳的判斷下所得出的一個充分的道德理由應該是：辨認並適當地衡量它在道德上所有相關的特性後，斷定某一行為應不應該做。」〔註 25〕本文認為西方環境倫理學說討論的倫理規範，大多有其啟發意義，然似乎較少從培養良好德性、重視實踐工夫的角度來探討環境倫理思想的根本改變，也就是回歸到現代生態危機的基礎性思考，賴錫三先生提到：

　　　　所謂基礎性思考是意指，我們必需洞察到現代式的「生態危機」，它同時與現代式的「心靈危機」、「文化危機」……等根本性的「生存危機」交融關涉。此話的重要性不僅指出了以上三大危機休戚相關的深層現象而已，同時它更揭露了：生態危機的治療絕不只是技術性層次的課題而已，它必同時必得涉及到「心靈的治療」和「文化的治療」；否則將只停留在以洞補洞的問題循環中，無力以基礎性的思考來探討一種「澈底」且「整體」的拯救之道。〔註26〕

牟宗三先生說：

　　　　中國儒釋道三教都很重工夫，古人的學問不像西方人用思辨的、知解的方式，而都由工夫實踐的緯上著手，由此呈現出一些觀念。後人就先對所呈現出的觀念作客觀的了解，反而常把緯忘了，於是整個系統就飄蕩無著而衍生許多不相干的誤解。因此當了解了經之後，還應該轉回來把握住其在工夫實踐上的根據——即緯——才行。〔註27〕

面對當今的生態環境危機，不只是須用科技技術來解決環境問題、或是提出環保法令、環境倫理原則等技術性的層次來規範人類的行為，更應論及到更

〔註25〕莊慶信，《中西環境哲學——一個整合的進路》，臺北：五南圖書出版公司，2002，頁 242。

〔註26〕賴錫三，〈「當代新道家」與「深層生態學」的形上基礎〉，南華管理學院哲學研究所《揭諦》第 2 期，1999.07，頁 199～200。

〔註27〕牟宗三，《中國哲學十九講》，臺北：臺灣學生書局，2002，頁 113。

基礎、更根本的層次——環境倫理思想實踐工夫之「心靈治療」。老子環境倫理思想獨特之處，即是強調從環境倫理思想之實踐工夫下手，老子環境倫理思想之實踐工夫是一種的「心靈治療」，如此的實踐工夫是從內心出發的，是自發自願的、自然內化的，因而能真正成為生命理想實踐的主體特徵，讓人能自然而然的從心靈中具備應有的環境倫理原則，而不須從他人或法律外在層面來約束規範。老子環境倫理實踐工夫偏重於向內修練的工夫，強調通過體現「守道修德」、「吾有三寶」、「知足知止」、「簡樸生活」、「知常知和」、「致虛極，守靜篤」、「靜觀美學」等實踐工夫，讓「道」和「德」內化為生命理想實踐的主體特徵，面對環境問題時自然而然能從內在心靈尋求解答，而非一直向外在尋找更多的物質滿足。相對而言，西方環境倫理思想較注重對環境問題的實在關切，主張遵守環境倫理規範原則，改變現有的環境相關政策，通過實踐解決環境問題。所以我們應以西方環境倫理思想與倫理原則的基礎，再加上老子環境倫理思想重「心靈治療」的環境倫理實踐工夫，才能建構一種更全面、更整體的環境倫理思想學說。

第二節　「簡樸生活」之環境倫理實踐工夫

一、吾有三寶

　　老子曰：「我有三寶，持而保之。一曰慈，二曰儉，三曰不敢為天下先。慈故能勇，儉故能廣，不敢為天下先，故能成器長。今舍慈且勇，舍儉且廣，舍後且先，死矣！夫慈，以戰則勝，以守則固。天將救之，以慈衛之。」（《道德經》第六十七章）老子《道德經》中很少自我炫耀有什麼樣的寶藏，都是勸人應不自是、不自見的含藏自我光芒，為何老子會說他有三寶呢？可見得這三寶是很重要的，所以老子才直言「我有三寶」，且告知我們應「持而保之」，這三寶是「慈」、「儉」及「不敢為天下先」，這三寶也是老子環境倫理思想中很重要的實踐工夫。

　　焦竑《莊子翼》引蘇子由《老子注》謂「以慈衛物，物愛之如父母，雖為之效死而不辭，故可以戰，可以守。天之將救是人也，則開其心志，使之無所不慈。無所不慈，則物皆為之衛矣。」〔註28〕所謂「慈故能勇」慈愛之

────────────────

〔註28〕明·焦竑，《莊子翼》，臺北：廣文書局，1979。轉引自王煜，《老莊思想論集》，

心深厚，便可自然產生勇氣，老子這裏的「慈」並不是有恩有爲的愛，也不是有所偏私的愛；而是泛愛無心的愛，是「道」所自然流露出天地不仁之愛，所以「可以爲天下母」，因爲「道」無所求無所欲，所以「慈故能勇」，葉海煙先生說：

> 聖人之慈旨在保全——是對生命個體的關照，也是對存在物全體的維護，而關照與維護之心皆是大公之心，皆是已然超越一己之私與一人之情的普遍心。因此，天道無親，聖人不仁。但也由於此一具超越性與普遍性的精神不斷作用於生命的個體性與存在的全體性，故雖天道無親，卻仍「常與善人」（老子七十九章），而聖人之救人救物乃一本普遍公心，由那向一切「慈而不仁」、「以普遍公心容一己之私」、「以開放的精神不斷顯豁一切之存在性」似乎並無不妥。由此看來，以慈爲德，即是與物同在的一體之感的眞主體性又超主體性的流露。〔註 29〕

老子云：「聖人常無心，以百姓心爲心。善者，吾善之；不善者，吾亦善之，德善。信者，吾信之；不信者，吾亦信之，德信。聖人在天下歙歙焉，爲天下渾其心。百姓皆注其耳目，聖人皆孩之。」（《道德經》第四十九章）聖人都以開放的無私而不仁的慈心面對天下萬物，聖人對待天下萬物，也都是如自己的孩子般的公平愛護他們，此即「慈而不仁」、「以慈爲德」的展現，馮滬祥先生提到：「老子這一段，雖然是在申論爲政之道，但同樣可以代表環保之道。其精神在強調，人類應該自我節制，不能自我膨漲，自以爲可以控制萬物，尤其對待一切眾生，不論大小萬物，或草木鳥獸岩石，均應像對嬰兒一般的心情，加以呵護憐愛，這正是當今環保工作最重要的態度與精神修養。」〔註 30〕李遠國先生也說：「道本身衣養萬物，是萬物的依歸，它就像偉大的母親一樣愛護著所有的生命，所有的生命依靠道的養育而生。」〔註 31〕「道」如慈母般實現天地萬物，不管是善者或不善者均善之，不管是信者或不信者均信之，「道」是如此遍在性而又公平性，老子的「慈」是天地不仁，要求自

臺北：聯經出版公司，2003，頁 273～274。

〔註 29〕葉海煙，《老莊哲學新論》，臺北：文津出版社，1997，頁 71～72。

〔註 30〕馮滬祥，《環境倫理學——中西環保哲學比較研究》，臺北：臺灣學生書局，1991，頁 283。

〔註 31〕李遠國，〈論道家衣養萬物的生態理念〉，狄明德、魏明德主編，《環保與人文智慧》，臺北：光啓文化，2001，頁 77。

我無欲無求地對待天下萬物，無所偏愛的面對天下萬物，因而天下萬物自能生育自我、實現自我，所以「慈」正如馮滬祥先生所說的是「當今環保工作最重要的態度與精神修養」，因為當人類能以「慈」的態度面對萬物時，則能像「生命中心倫理」所認為的，天下萬物都具有其自身的善及其天賦價值，如此就能自然而然的兼容並蓄生態環境之一切，進而維護生態環境的和諧平衡，王邦雄先生說：

> 道沒有自己，萬物就在道的無為虛靜之地，找到了自己，老子即由此義說道為包容萬物的奧藏之所。天將救斯民，必以其慈衛護他，因為母德之慈，是最無條件而又深根固柢，徧在一切而又兼容並蓄的。由慈暉普照，始能開出一為善人之所寶，又為不善人之所保的沖虛妙有之所。善人得其德貴之寶，不善人得其免罪不害之保。〔註32〕

老子曰：「夫慈，以戰則勝，以守則固。天將救之，以慈衛之。」（《道德經》第六十七章）三寶之中，慈愛不仁之心最為重要，以慈愛不仁的心戰爭，將獲得最後的勝利；以慈愛不仁之心守衛，則能自我鞏固不受傷害。天道若要救助人，一定會給與他慈愛不仁之心，使他能自衛自救，由此可見「慈」在老子心目中地位的重要。雖然說「夫慈，以戰則勝」，然而面對戰爭一事，老子是厭惡的、是不希望世界有戰亂發生的，智慧的老子早在幾千年前，即告知我們勿以強烈人類中心主義的態度來宰制征服生態環境，老子曰：

> 以道佐人主者，不以兵強天下。其事好還。師之所處，荊棘生焉。大軍之後，必有凶年。善有果而已，不敢以取強。（《道德經》第三十章）
>
> 勝人者有力，自勝者強。（《道德經》第三十三章）
>
> 天下有道，卻走馬以糞；天下無道，戎馬生於郊。（《道德經》第四十六章）
>
> 夫佳兵者不祥之器，物或惡之，故有道者不處。君子居則貴左，用兵則貴右。兵者不祥之器，非君子之器，不得已而用之，恬淡為上。勝而不美，而美之者，是樂殺人。夫樂殺人者，則不可得志於天下矣。吉事尚左，凶事尚右。偏將軍居左，上將軍居右，言以喪禮處之。殺人之眾，以悲哀泣之，戰勝以喪禮處之。（《道德經》第三十一章）

〔註32〕王邦雄，《老子的哲學》，臺北：東大圖書公司，1993，頁151。

老子告訴我們：「勝而不美，而美之者，是樂殺人。夫樂殺人者，則不可得志於天下矣。」、「殺人之眾，以悲哀泣之，戰勝以喪禮處之。」就是告誡我們若沒有以「慈」的德行對待這片土地，則將產生「師之所處，荊棘生焉。大軍之後，必有凶年。」、「天下無道，戎馬生於郊。」如此的慘狀，因為我們沒有將這片土地視為倫理對象，如李奧波先生所說：「對土地若沒有愛、尊重、和欽佩，對它的價值無高度的關注，而這種對土地的倫理關係卻能存在。對我來說，這是無法想像的。」〔註33〕這就是告訴我們應以「慈」的德行對待這片土地，視所有的生物都有其「天賦價值」，泰勒尊重自然的環境倫理思想即是以道德關懷為其出發點，「泰勒把道德關懷（moral concern）視為基本（一般）德行的特徵之一，由慈善心（benevolence）、憐憫心（compassion）、同情心（sympathy）、關心（caring）四種成分組成。凡是在「尊重自然」脈絡下的道德關懷，大多與道德者有直接關聯，因為道德者視自然界裡的所有野生物為具有天賦價值，而對待它們的一種德行。」〔註34〕泰勒提到的道德關懷和老子「慈」的德行有其異曲同工之處，即是將道德倫理關懷擴及到所有生物，視所有生物有其天賦價值，並且是道德倫理關懷的對象，不再只是以人類自身利益為出發點，能從其他生物的利益作考量，而老子「慈」所推展出來的環境倫理思想實踐工夫，也呼應到泰勒環境倫理規範中的「補償公正法則」。「補償公正法則」即是要求人類除了為了滿足人類生存的基本需求外，應盡量對避免傷害所有的動植物，而對於因人類活動而遭受傷害的有機體，也應給予補償。「不傷害法則」、「不騷擾法則」及「誠信法則」這三項法則建立了人類和其他生物的倫理道德關係，但是當人類違背這三項法則的時候，則必須以第四項「補償公正法則」給予補償，以維持道德上的公正和公平。「補償公正法則即是慈愛動植物及關懷所有生命的展現，和老子「慈」的德行，都是一種不為己私己欲，慈愛萬物的工夫展現。

老子曰：「儉故能廣」（《道德經》第六十七章）王弼注：「節儉愛費，天下不匱，故能廣也。」〔註35〕「五色令人目盲，五音令人耳聾，五味令人口爽」，人類的五官欲望是無窮無盡的，若不加以節制反思，將會「馳騁畋獵令

〔註33〕莊慶信，《中國哲學家的大地觀》，臺北：師大書苑，1995，頁302。

〔註34〕莊慶信，《中西環境哲學——一個整合的進路》，臺北：五南圖書出版公司，2002，頁243。

〔註35〕王弼，樓宇烈校釋，《王弼集校釋》，北京：中華書局，1999，頁170。

人心發狂」，所以在環境倫理思想的工夫上，「儉」告知了我們在消費習慣上應不奢靡、爲腹而不爲目，在自我精神的要求上應做到含藏培畜、收斂精神，吳怡先生說：

> 「儉」，是節省、節約，一般都是指金錢或物資。但老子的「儉」，
> 正如第五十九章中的「嗇」，除了節省金錢、物資外，還有不浪費精
> 神的意思。所以「儉」是收斂之德。在《易經‧否掛‧象辭》便說：
> 「否，君子以儉德辟難。」而伊川注爲：「以儉損其德，辟免禍難。」
> 可見這個「儉」也正是老子「損之又損以至於無爲」的意思。唯有
> 能儉損，「無爲而無不爲」，才能用廣、德廣。〔註36〕

老子云：「治人事天，莫若嗇。夫唯嗇，是謂早服。」（《道德經》第五十九章）韓非曰：「嗇之者，愛其精神，嗇其智識也。」〔註37〕治人修身，最好的方法莫過於愛惜精神，節省智識。因爲只有愛惜精神，節省智識，才能及早服從於道；及早服從於道，就是厚積德；能厚積德，就沒有事不能克服。「嗇」就是心神內斂涵藏，精神愛惜節儉的意思，跟「儉」同義，「儉」的環境倫理思想實踐工夫是「去」的工夫，如老子說：「是以聖人去甚，去奢，去泰。」（《道德經》第二十九章），「民不畏威，則大威至。無狎其所居，無厭其所生。夫唯不厭，是以不厭。是以聖人自知不自見；自愛不自貴。故去彼取此。」（《道德經》第七十二章）「儉」是「去」的工夫，「去」即是一種「損」的工夫，老子曰：「爲學日益，爲道日損。損之又損，以至於無爲。無爲而無不爲。取天下常以無事，及其有事，不足以取天下。」（《道德經》第四十八章）牟宗三先生曰：

> 「爲學」指學經驗知識，需要天天累積增加；但學道不可用經驗知
> 識、科學知識的方式學，方向恰恰相反，要將這些知識都化除掉，
> 故「日損」……所損的就是上講所說的生理的欲望、心理的情緒、
> 意念的造作等，如此才能虛一而靜，無限心才能呈現，而無限心就
> 是智的直覺。〔註38〕

老子「儉」所推展出來的環境倫理思想實踐工夫，即是一種「嗇」、「去」及「損」的工夫展現，告訴人類應在物質享受方面應不奢靡不浪費，應「爲腹

〔註36〕吳怡，《新譯老子解義》，臺北：三民書局，2002，頁405。
〔註37〕余培林，《新譯老子讀本》，臺北：三民書局，1993，頁96。
〔註38〕牟宗三，《中國哲學十九講》，臺北：臺灣學生書局，1997，頁123。

而不爲目」滿足人類基本需求而不追求過度的享受，應克制身心無限的欲望需求，收斂精神並節省智識，以能及早服從於道，老子「儉」的環境倫理思想實踐工夫亦是「守道」工夫的展現，葉海煙先生說：

> 此外，儉德尚有一源自於道的根本原由，此即由道的遍在性看來，面對自然世界，吾人並無任何得以私而有之的所有權或獨佔權，因此老子先建立「生而不有，爲而不恃，功成而弗居。」（老子二章）的基礎性理念，再以「見素抱樸，少私寡欲」（老子十九章）爲儉德的理想境界，而「少私寡欲」其實也是具體可行的修養之道，由此，聖人之治乃以「治人事天，莫若嗇。」（老子五十九章）爲實踐之道，「嗇」不只旨在於保養有形之資財，還在於保養吾人有限的精神能力與心智能力。至於儉德若由聖人作最完好的體現，其最終之結果則是：「是以聖人常善救人，故無棄人；常善救物，故無棄物，是謂『襲明』。」（老子二十七章）救人救物同時並進，未始不是環境倫理意義的全般實現，而人與物同時得以保全，也當是環境倫理系統的一體完成。〔註39〕

老子「儉」的實踐工夫，告訴我們在物質享受方面應減少過多欲望，精神上應含藏培畜、收斂精神，是一種「嗇」、「去」及「損」的修養工夫。在環境倫理應用上，即是告知我們人類在開發大地時，不應過度開發導致影響生態環境原有的平衡，除非是爲了人類基本生存需求，否則應儘量避免過多的傷害和干擾，也就是應做到泰勒環境倫理規範五個優先原理中的「最少錯誤原理」。「最少錯誤原理」是在解決人類的非基本利益和其他生物的基本利益之間的衝突。它是指當人類在追求非基本利益時，應該儘量減少違背泰勒環境倫理規範四項法則的次數或機會。泰勒的「最少錯誤原理」，也可說是一種「儉」、「嗇」、「去」及「損」的想法，無非是希望人類在開發環境時應避免過度開發，在物質消費上應以滿足基本生存需求爲原則，減少非基本需求的享受。

老子曰：「不敢爲天下先」（《道德經》第六十七章）王弼注：「唯後外其身，爲物所歸，然後乃能立，成器爲天下利，爲物之長也。」〔註40〕如老子云：「是以聖人後其身而身先，外其身而身存。非以其無私耶？故能成其私。」

〔註39〕葉海煙，《老莊哲學新論》，臺北：文津出版社，1997，頁70～71。
〔註40〕王弼，樓宇烈校釋，《王弼集校釋》，北京：中華書局，1999，頁170。

（《道德經》第七章）將自己的過度欲望排除在外，將自己的利益放在最後，如此萬物將各歸其根，反而能成為萬物之長，而「成器」的目的乃為了天下萬物的利益，而非己利。老子在此告知我們的環境思想，即如深層生態學的環境倫理思想，認為天下萬物都有其「內在價值」並都能「自我實現」，人類面對天下萬物時，想的不應只是自我利益而已，而應以環境整體和諧為最大考量，而此處所要求的環境倫理思想的實踐工夫，即是「不敢為天下先」的工夫，也是一種「不爭」的工夫，葉海煙先生提及：

> 所謂「不敢為天下先」是對「人類中心主義倫理觀」的具體的揚棄，由此，老子進而以「不爭」為德，「夫唯不爭，故天下莫能與之爭。古之所謂：『曲則全』者，豈虛言哉！誠全而歸之。」（老子二十三章），這分明是以存在之保全為目的，並以「不爭」為實現此一目的的實踐之路，而其中，通過生存之基本利益的保全，天道與聖人之道實大可並行不悖並兩全其美。「天之道，利而不害；聖人之道，為而不爭。」（老子八十一章）而此一「保全」的觀點對救人救物的聖人而言，亦即慈儉之德在聖人之人格與心靈中的實質體現。〔註41〕

泰勒的「自衛原理」是指當我們的健康或生命受到其他生物威脅的時候，才可以將該生物殺死，這項原理是指當人類的基本利益（interests）受到威脅的時候，才能以人類的基本利益優先考量，所以泰勒的「自衛原理」是一種「不爭」的想法。老子「不敢為天下先」所推展出來的環境倫理實踐工夫，告知我們不應像「強烈人類中心倫理」一樣，爭著當自然萬物的主人，搶著當地球生態圈的管理者，而應懂得「是以聖人後其身而身先，外其身而身存。」（《道德經》第七章）的道理，因而「不敢為天下先」也是一種「不爭」的實踐工夫。所以我們可以說老子「不敢為天下先」的環境倫理實踐工夫，和泰勒環境倫理規範五個優先原理中的「自衛原理」彼此是可以有其呼應對話的。

老子曰：「今舍慈且勇，舍儉且廣，舍後且先，死矣！」（《道德經》第六十七章）老子告誡我們人類，面對生態環境中所有生物及非生物時，若未能秉持著「慈」、「儉」及「不敢為天下先」環境倫理的三大寶，而追求滿足人類私欲的逞兇鬥狠，未知應收斂精神、處下居後，如此的下場即是自我滅絕，

〔註41〕葉海煙，《老莊哲學新論》，臺北：文津出版社，1997，頁71。

所謂「強梁者不得其死」(《道德經》第四十二章)，由此可推論老子環境倫理思想，反對的是「強烈人類中心主義」的宰制殘害環境，希冀的是泰勒「尊敬自然」及奈斯「深層生態學」所追求的天下萬物的和諧共處，生態環境整體發展，如葉海煙先生說：

> 老子的環境倫理以其機體主義為軸心，向等同於生活世界的天地作兼具「開放」、「回歸」及「超越」的行動。而所謂「返本復初」並不是無意義的循環運動，也不是對社會的進化予以否定或作任何的撤退。生而是，是而有，有而在，此一歷程全在自然與自化的廣大意義中，於是老子之照應環境即以尊生重德為準則，其慈儉之道與今日之環境主義者或生態論者所提倡的反人類中心之思維，同樣具有公道原則與正義精神，而這對偏狹的人文發展及所有以實用取向為唯一關切的自利主義者，自是當頭一棒。〔註42〕

馮滬祥先生說：

> 事實上，這三寶，同樣也可說是環境倫理的三大寶——一曰慈，代表關愛萬物生命，二曰儉，代表節約各種能源，三曰不敢為天下先，更代表不敢凌駕萬物眾生，而能以謙下精神與自然萬物打成一片。由此充份可見，這段話與當今環保的中心觀念，可以說完全不謀而合！〔註43〕

所以在老子的環境倫理實踐工夫上，我們應落實老子環境倫理實踐工夫的三寶——「慈、儉及不敢為天下先」。落實「慈」的環境倫理實踐工夫，就是以無偏無私的慈愛心對待天地萬物，因而能包容天地萬物的存在，肯認天地萬物的內在價值。體現「儉」的環境倫理實踐工夫，就是避免不當的環境開發，減少過多的物質欲望，重視精神世界的昇華，是一種「嗇」、「去」及「損」的工夫展現。老子「不敢為天下先」的環境倫理實踐工夫，是對於「強烈人類中心倫理」的揚棄，是一種「不爭」的工夫展現，除非是危及人類基本生存的需求，否則就是應秉持老子的「不敢為天下先」。充分實踐老子環境倫理實踐工夫的三寶——「慈、儉及不敢為天下先」，也就是體現了泰勒所主張環境倫理規範的「補償公正法則」與「最少錯誤原理」和「自衛原理」。

〔註42〕葉海煙，《老莊哲學新論》，臺北：文津出版社，1997，頁57。
〔註43〕馮滬祥，《環境倫理學——中西環保哲學比較研究》，臺北：臺灣學生書局，1991，頁303。

二、知足知止

當今生態環境的嚴重破壞，其真正原因來自於人心的不知足，造成了山林濫墾濫伐、河川污染枯竭以及物種急速滅絕等現象，老子說：「天下有道，卻走馬以糞；天下無道，戎馬生於郊。禍莫大於不知足；咎莫大於欲得。故知足之足，常足矣。」（《道德經》第四十六章）當人們在環境議題上能尊道貴德、知足知止時，則生態環境將生生不息，反之生態環境將被破壞殆盡，王從恕先生提到：

> 「禍莫大於不知足，咎莫大於欲得。故知足之足，常足矣。」（《老子》第四十六章）老子指出了當今環境問題的根源：因為人類對於物欲的追求，往往是不能知足的，所以不斷地開發自然資源，消耗自然資源，並在製造產品的過程中污染了環境，因此，以老子的觀點，我們必須先做好「心靈環保」，才有可能改變現有的環境狀況，徹底解決環境問題。〔註44〕

人類最大的災禍源頭就是「不知足」，處處想要上山下海大肆的開挖自然資源，以滿足人類無限的欲望，時時想要捕抓奇禽異獸來賺取利益，盧風先生提到：「人類在保護環境方面所克服不了的頑症，不在本體論或形上學層次的主、客二分，而在實踐層次的享樂主義，在人類難以遏止的追求享樂的貪欲。」〔註45〕所以只有徹底的從內心修證，遏止追求享樂的貪欲，才能較有效的解決環境問題，老子提供給我們的環境實踐的工夫，即是很好的「心靈環保」的修證，除了應守道修德、及善守三寶外，「知足知止」亦是重要的修證工夫，當我們能「知足知止」時，不只是環境問題能有所改善，內在心靈的充實富有也將與日俱增，所以老子說：

> 道常無名，樸，雖小。天下莫能臣也。侯王若能守之，萬物將自賓。天地相合，以降甘露，民莫之令而自均。始制有名，名亦既有，夫亦將知止，知止可以不殆。譬道之在天下，猶川谷之於江海。（《道德經》第三十二章）

> 知人者智，自知者明。勝人者有力，自勝者強。知足者富。強行者

〔註44〕王從恕，《環境倫理思想研究》，臺北：臺灣師範大學科學育研究所博士論文，2001，頁37。

〔註45〕盧風，〈主客二分與人類中心主義〉，《哲學與文化》第22卷4期，1995.04，頁338。

有志。不失其所者久。死而不亡者壽。（《道德經》第三十三章）

名與身孰親？身與貨孰多？得與亡孰病？是故甚愛必大費，多藏必厚亡。知足不辱，知止不殆，可以長久。（《道德經》第四十四章）

「知足者富」知足的人懂得適當的滿足基本欲望，而不奢望過多的私欲，心靈反而是富有的，知足知止的人知道適可而止，所以可以不辱不殆，生命可以久長，而不會死於非命也，老子告誡我們：

出生入死。生之徒十有三，死之徒十有三，人之生，動之死地，亦十有三。夫何故以？以其生生之厚。蓋聞善攝生者，陸行不遇兕虎，入軍不被甲兵。兕無所投其角，虎無所措其爪，兵無所容其刃。夫何故以？以其無死地。（《道德經》第五十章）

因為奉養太厚、享受過當，所以很多人會動之於死地，所以不論是在人生修養或是環境實踐上，都應知足知止、少私寡欲，才是懂得養護生命的人，所以老子告訴我們：「故貴以賤為本，高以下為基。是以侯王自謂孤寡不穀。此非以賤為本耶？非乎？故致數輿無輿。不欲琭琭如玉，珞珞如石。」（《道德經》第三十九章）眾人皆愛美玉寶石，唯有聖人侯王懂得以賤為本、以下為基，因為聖人侯王知曉若沒有尊道貴德所得到的終將消失，如同「天無以清將恐裂；地無以寧將恐發」一般，因而聖人侯王懂得知足知止及少私寡欲，葉海煙先生說：

老子將人間之效益原則擺放在利害相權的理性天秤之上，而由「少私寡欲」的主體活動加以適度之約束，而此一約束其實不必然造成個別存在物之間的緊張，卻可能引來吾人莫大之心靈之解放與自由。〔註46〕

老子「知足知止」的環境倫理實踐工夫，即是認為人類為了基本生存需求，可以適度的開發生態環境，但對於追求物質滿足的享樂主義，則是希望藉由「知足知止」、「少私寡欲」等心靈環保的實踐工夫來加以遏止，如此生態環境才能永續發展，所謂「知足不辱，知止不殆，可以長久。」王澤應先生提到：

生態倫理學認為，人來自於自然界，自然界是人類生命的搖籃。人類衣食住行的原材料都取之於自然界。為了生存，人不得不利用和開發自然界。但是，利用和開發自然界應有一定的限度，應當適可

〔註46〕葉海煙，《老莊哲學新論》，臺北：文津出版社，1997，頁64。

而止。應當把利用開發自然和保護自然有機地結合起來。如果人們
一味地向自然索取，一個勁地改造自然，那麼勢必破壞生態平衡，
從而使開發利用自然成爲泡影。生態倫理學的這一基本思想和基本
原則，在道家倫理思想中亦有生動而深刻的反映。〔註47〕

　　老子反對「強烈人類中心倫理」的觀點，因爲他希望的生態環境是「天下
有道，卻走馬以糞」的穩定狀態，而非「天下無道，戎馬生於郊」的災禍年年。
老子「知足知止」具有「生命中心倫理」與「深層生態學」更廣度的環境倫理
關懷視野。泰勒環境倫理規範五個優先權原理中的「比例原理」、「分布公正原
理」及深層生態學基本原則的第三條原則，是可以和老子「知足知止」所推展
出來的環境倫理實踐工夫有所對話的。泰勒的「比例原理」是指處理人類的非
基本利益和其他生物的基本利益相衝突時的解決原則，它是指在比例上，禁止
人類的非基本利益超越其他生物的基本利益。「分布公正原理」是在解決人類和
其他生物之間基本利益的衝突，例如，原住民因栽種不易，爲滿足其基本利益
而獵殺野生物，是可以被允許的。而深層生態學基本原則的第三條原則：「人類
沒有權利減少這樣的豐富度和多樣性，除非是爲了維持生命的基本需求。」不
論是泰勒的「生命中心倫理」或是奈斯的「深層生態學」，對於滿足人類生存的
基本需求，都是不予以否定的。但是對於人類的非基本生存需求則是採取節制
的態度，因爲過多的非基本生存需求將嚴重影響生態環境物種的豐富度和多樣
性。這些觀點和老子的「知足知止」環境倫理實踐工夫理念不謀而合，老子曰：
「五色令人目盲；五音令人耳聾；五味令人口爽；馳騁畋獵，令人心發狂；難
得之貨，令人行妨。是以聖人爲腹不爲目，故去彼取此。」(《道德經》第十二
章)就是告知我們在欲望的滿足上可以「爲腹」但「不爲目」，因爲過多的「五
色、五音及五味」會令人「目盲、耳聾及口爽」，常常過著奢華享樂的生活，將
令人心靈混亂發狂，所以老子說：「使我介然有知，行於大道，唯施是畏。大道
甚夷，而民好徑。朝甚除，田甚蕪，倉甚虛；服文采，帶利劍，厭飲食，財貨
有餘，是爲盜夸。非道也哉！」(《道德經》第五十三章)「服文采、帶利劍、厭
飲食及財貨有餘」是盜夸的行爲，非道也哉。老子同時也講「朝甚除、田甚蕪
及倉甚虛」也是非道也哉！從這段文字可以知道，老子認爲爲了滿足基本生存
需求，是贊成適度開發生態環境的。

〔註47〕 王澤應，《自然與道德——道家倫理道德精粹》，長沙：湖南大學出版社，2003，
　　　　頁 264。

　　除了贊成適度開發生態環境外，老子也強調應讓生態環境中的萬物能如如成長化育，老子曰：「致虛極，守靜篤。萬物並作，吾以觀復。夫物芸芸，各復歸其根。歸根曰靜，是謂復命。」(《道德經》第十六章) 及「故道生之，德畜之；長之育之；亭之毒之；養之覆之。」(《道德經》第五十一章) 提供良好的生長環境，讓天地萬物均能長之育之、亭之毒之及養之覆之，並能生長成熟，最後能復歸其根，避免「竭澤而漁」及「殺雞取卵」的開發方式，所以這是一種保護生態環境資源的理念。綜上所述，老子「知足知止」的環境倫理實踐工夫，是主張為了滿足基本生存需求，是贊成適度開發生態環境的；但相對的對於非基本生存需求，則是希望能做到「少私寡欲」、「知足知止」的工夫，並且能進一步做到「長之育之、亭之毒之、養之覆之」的保護天地萬物的工夫，所以落實老子「知足知止」的環境倫理實踐工夫，就是將開發生態環境和保護生態環境能有機地結合起來。

　　老子曰：「持而盈之，不如其已；揣而銳之，不可長保。金玉滿堂，莫之能守；富貴而驕，自遺其咎。功遂身退，天之道也。」(《道德經》第九章) 對於物質生活要求過多過滿，不如應懂得知足知止，因為舉止行為若是鋒芒太露，則勢必難以維持長久。即使是金玉滿堂，若不懂得知足知止及少私寡欲，往往也無法保存得住，自居富貴之身而驕傲不已，最後一定會自取災禍。所以懂得在功業完成時，含藏收斂，才真正符合自然之道。可見得從世俗眼光看來是受益的，但實際上卻是有所損害的，而從世俗眼光看來是受損的，實際上卻是有所得益的，所以老子說：「少則多，多則惑。」(《道德經》第二十二章)、「故物或損之而益，或益之而損。」(《道德經》第四十二章) 因而人類在環境開發上好像獲得利益，但實際上是卻是傷害了生態環境，也傷害了自己。當溫室效應產生的氣候變化，造成了極地極原的融化，導致海洋生態物種的改變，也造成了陸地豪雨成災。開發山林造成的物種滅絕，因而生態環境失去原來的和諧平衡，破壞了大地金字塔食物能量流動的過程，最後也將回報人類身上，因此老子告訴我們要：「絕聖棄智，民利百倍；絕仁棄義，民復孝慈；絕巧棄利，盜賊無有。此三者以為文，不足。故令有所屬：見素抱樸，少私寡欲，絕學無憂。」(《道德經》第十九章) 老子告知我們應拋棄自以為是、自我中心的立場，如此則天下萬物將能獲得百倍的利益；放下欺世盜名的仁義道德回歸於道，那麼人們將恢復原有的慈愛之性；絕棄投機取巧以及自我私利，如此自然而然傷害生態環境的人們將會自然不見。因為此「聖智、仁義、巧利」三者都只是外在的

粉飾，不是根本原則，不足於治理天下環境，所以內在心境應歸屬於「見素抱
樸、少私寡欲、絕學無憂」，這些才是治道的根本，而「見素抱樸」其實就是尊
道守道的工夫展現，老子云：「道常無名，樸，雖小。天下莫能臣也。侯王若能
守之，萬物將自賓。」（《道德經》第三十二章）、「道常無爲而無不爲。侯王若
能守之，萬物將自化。化而欲作，吾將鎭之以無名之樸。無名之樸，夫亦將無
欲。不欲以靜，天下將自定。」（《道德經》第三十七章）王弼注三十二章曰：

> 道無形不繫，常不可名，以無名爲常，故曰「道常無名」也。樸之
> 爲物，以無爲心也，亦無名，故將得道，莫若守樸，夫智者，可以
> 能臣也；勇者，可以武使也；巧者，可以事役也；力者，可以重任
> 也。樸之爲物，憒然不偏，近於無有，故曰「莫能臣」也。抱樸無
> 爲，不以物累其眞，不以欲害其神，則物自賓而道自得也。〔註48〕

「樸」爲「道」的本質之一，樸之爲物是「憒然不偏」，猶如「道」對待天下
萬物以不仁爲心，所以說「侯王若能守之」，守道修德、知足知止及見素抱樸，
則天下萬物將自賓自化，而這些的具體實踐就是「簡樸生活」，從「簡樸生活」
的環境倫理實踐工夫修證，才能比較有效的解決環境問題，而這也是老子很
重視的修證工夫，沈清松先生說：

> 正如美國生態保育學者諾爾曼（Jim Norman）所指出的，環境的危
> 機是起自我們每個人的內心，只要我們調整內心與自然的關係，即
> 可改進此種危機。我想，環境的危機既然是始自人的心中，也應自
> 心靈做起，藉以終止此一危機。換言之，當前環境的各種危機是始
> 自人心的貪得無饜，濫用自然，宰制自然。其解決之道，就是今後
> 每個人應學會度簡樸的生活，降低物質需求，溫柔的對待地球。反
> 璞歸眞，見素抱樸，度素樸的生活，這是出自我國古代道家哲學教
> 導，而不是晚近才在歐美、日本出現的新興思潮。在今天出現的「清
> 貧思想」與「簡樸生活」的呼聲，可以說是道家哲學在今日環境危
> 機中的嶄新回響。不過，由於今天環境危機的刺激，現代人對於道
> 家的智慧更有深刻的體認。〔註49〕

王從恕先生也說：

〔註48〕王弼，樓宇烈校釋，《王弼集校釋》，北京：中華書局，1999，頁81。
〔註49〕沈清松，〈論心靈與自然的關係之重建〉，《簡樸思想與環保哲學》，臺北：立
緒文化公司，1997，頁34。

老子和莊子重視「心靈環保」，過著簡樸的生活。老子和莊子都認為
應該減少對物欲的追求，轉而提昇精神的層次。老子和莊子的學說，
對於環境倫理，以及如何解決環境的議題提供了非常好的理論基
礎，尤其是他們「少欲知足」的生活態度。因為當今的環境問題，
大多起因於人類無止境的貪婪以及對物欲的追求，造成資源耗竭，
環境污染的現況，所以，我們必須學習老子和莊子的生活態度，追
求精神層面的快樂和滿足，才能從根本去徹底解決環境問題。〔註50〕

「簡樸生活」的理念其實早已存在於道家的思想中，老子和莊子的思想充滿
了「心靈環保」義涵，陳政揚先生提到：「莊子考辨天下大亂、價值混淆的原
因，是以通過融通淘汰、虛欲去執的修養工夫，試圖將人從成心的壓迫與我
執的禁錮中解放出來，使人與人、人與物之間的種種虛構隔閡皆能一一泯除，
重新還與生命自由自在的美好。」〔註51〕莊子希冀透過融通淘汰、虛欲去執
的修養工夫，破除心靈主觀的妄想私念，復歸萬物如如自性的本性，以達臻
人類與萬物和諧相處。老子亦希冀人們能過著簡樸的生活，在物質上的要求
能知足知止，在欲望的滿足應少私寡欲，因為塞閉欲望，則能終身沒有憂患，
而開啟欲望，那麼終身將不可救治，老子說：「塞其兌，閉其門，終身不勤；
開其兌，濟其事，終身不救。」（《道德經》第五十二章）「塞其兌，閉其門」
並不是完全否決了欲望需求，老子對於基本需求仍是認同的，否決的是過多
的私欲及不必要的需求，如老子云：「是以聖人之治，虛其心，實其腹，弱其
志，強其骨。」（《道德經》第三章）滿足基本的需求，懂得少私寡欲的過著
簡樸生活，才能解決地球環境的危機，而簡樸生活的義涵，著有《自求簡樸》
一書的艾爾金（Duane Elgin）有深入的見解，他說：

> 甘於素樸是一種身心一體的生活方式……就是用心感受生活，在現
> 實生活中直接品嚐生活的體驗，它使人有意識的敞開心靈，全心全
> 意，滿懷愛心和耐心迎接日常生活中無窮的奧秘。過簡樸的生活就
> 是使生活與廣大生態中的所有生命協和一致。這是一種收支平衡的
> 生活……我們取得的不超過所需要的，在取得的同時也付出我們能

〔註50〕 王從恕，《環境倫理思想研究》，臺北：臺灣師範大學科學育研究所博士論文，
2001，頁36。

〔註51〕 陳政揚，《孟子與莊子「內聖外王」研究》，臺中：東海大學哲學研究所博士
論文，2002，頁107～108。

力所及的，凡是選擇度感受生活、服務生命的人，其身心都會發生
一種自我增強的良性發展。〔註52〕

「簡樸生活」除了要求我們知足知止——「取得的不超過所需要的」之外，
更希望有其積極義理——「取得的同時也付出我們能力所及的」，能敞開心靈
用心於天下萬物，希冀能與生態環境中所有生命達到和諧整體的狀態，所以
「簡樸生活」除了有其「溯源」的義理，另一方面有其「開顯」的義理，沈
清松先生說：

> ……，簡樸的生活必須繼之以豐富的文化生活與社會溝通的要旨。
> 更重要的是，這更顯示了中國哲學不但考量「溯源」的一面，而且
> 兼顧「開顯」的一面。就其溯源的一面而言，人必須化繁為簡，追
> 本溯源，反璞歸真，就其開顯的一面而言，人也必需從心靈的源頭
> 出發，從意義的原初動力與溝通能力出發，開展並重建豐盈的文化
> 創造與社會生活。〔註53〕

所以說「簡樸生活」除了要求我們返回內心去修證外，更期許人類能更積極
的開創實踐，如黎建球先生在〈簡樸生活的倫理原則〉一文中提及，他認為
簡樸生活具有二種倫理原則：一種是簡樸生活的消極性原則，另一種是簡樸
生活的積極性原則。〔註54〕簡樸生活的消極性原則在於重視「物質生活的重
建」，物質生活的需求是無度的，然而物質本身卻是有止盡的一天，因而必須
有所適度調節，所以在「物質生活的重建」上應考量到「確定需要」、「簡單
夠用」以及「適當的使用及善待資源」三方面。而簡樸生活的積極性原則在
於重視「精神生活的建構」，對於為何「精神生活的建構」是簡樸生活的積極
性原則，黎先生提到：

> ……，乃在於物質生活的發展永遠不能滿足於精神生活的要求，如果
> 精神生活的需要不幸落入物質生活的條件中，人類的苦悶及思於解脫
> 就成了人類痛苦的旅程，相反的，如果精神生活的修練能提昇物質生
> 活的能量及品質時，則人類的發展就成了快樂的果實，因此精神生活

〔註52〕艾爾金著（Duane Elgin），張至璋譯，《自求簡樸》，臺北：立緒文化公司，1996，
　　　　頁155～156。

〔註53〕沈清松，〈論心靈與自然的關係之重建〉，《簡樸思想與環保哲學》，臺北：立
　　　　緒文化公司，1997，頁25。

〔註54〕參黎建球，〈簡樸生活的倫理原則〉，《簡樸思想與環保哲學》，臺北：立緒文
　　　　化公司，1997，頁224～231。

的建構就成了簡樸生活的積極性及必要性條件。精神生活所以能成爲簡樸生活的積極性條件，乃是因爲簡樸生活在面對物質生活時，必須有一更内在、更積極的選擇方式，才能使簡樸生活有更深的意義，不然，只是消極的削減或刪除物質生活的享受，又如何能算是眞正的簡樸生活？因此，簡樸生活的積極性原則，乃在簡樸之餘，能使人有更高尚的修養及提昇，以使這萬物之靈，能更具有尊嚴與信心。〔註55〕

黎建球先生簡樸生活的二種倫理原則——簡樸生活的消極性原則和簡樸生活的積極性原則，即是認爲在物質方面應少私寡欲、知足知止就好，而不是完全否決物質需求，重要的是藉由物質來轉化爲精神層面，來提升道德實踐的層次，使得人類能過著更有品質的生活。因此在黎先生所提的「簡樸生活」二種倫理原則，應以簡樸生活的積極性原則——「精神生活的建構」最爲重要，但是簡樸生活的消極性原則——「物質生活的重建」也必須兼顧，若能如此「簡樸生活」的溯源義理及開顯義理才能眞正建構，繼而落實「簡樸生活」的環境倫理實踐工夫才較能解決環境問題，美國學者布朗認爲：

> 自願的簡化生活或許比其它任何倫理更協調個人、社會、經濟以及環境的各種需求，它是對唯物質主義空虛性的一種反應。它能解答資源稀缺、生態危機和不斷增長的通貨膨脹壓力所提出的問題。社會上相當一部分人實行了自願的簡化生活，可以緩和人與人之間的疏遠現象，並可緩和由於爭奪稀少資源而產生的國際衝突。〔註56〕

所以老子的「簡樸生活」環境倫理實踐工夫，不只有消極意義——「物質生活的重建」，更具有其積極意義——「精神生活的建構」，提昇精神生活的修練，若人人均願意實踐奉行，則能有效的改善生態環境危機，葉海煙先生說：「清貧思想與簡樸生活，其實是吾人身處自然環境與人爲環境對峙的嚴峻形勢中所不能不反思以身體力行的。而若『見素抱樸，少私寡欲』（《老子》十九章）能作爲一理想、生活的目標，則如何使人文秩序與宇宙秩序二者之

〔註55〕黎建球，〈簡樸生活的倫理原則〉，《簡樸思想與環保哲學》，臺北：立緒文化公司，1997，頁228〜229。黎建球先生〈簡樸生活的倫理原則〉一文，論述的較屬於西方之簡樸生活的倫理原則，本文認爲與老子環境倫理思想之實踐工夫——「簡樸生活」有其會通之處，故加以引用論述。

〔註56〕布朗，《建設一個持續發展的社會》，北京：科學技術文獻出版社，1984，頁283〜284。轉引自王豐年，〈老子消費觀的環保意義〉，《哲學與文化》第25卷第9期，1998.09，頁862。

間的關係得以調和，並從人人之爲『道德社群』或『倫理體制』延伸到整個
生態環境，便是一重大的的公共課題。」〔註57〕「簡樸生活」對於生態環境
是有良好的影響，然而如何落實「簡樸生活」環境倫理實踐工夫，從個人到
群體進而到整體人類，其實是一條漫長然而又是值得追尋的環保之路。

　　老子的「簡樸生活」環境倫理實踐工夫，可呼應到泰勒的環境倫理規範
「四項法則」中的「誠信法則」，「誠信法則」要求我們不可以欺騙或誘導野
生動物。例如：打獵、釣魚時所設計的陷阱，就是使用欺騙或誘導的方式來
捕獲野生動物，這些都違背了誠信法則。老子也告訴我們要：「絕聖棄智，民
利百倍；絕仁棄義，民復孝慈；絕巧棄利，盜賊無有。此三者以爲文，不足。
故令有所屬：見素抱樸，少私寡欲，絕學無憂。」（《道德經》第十九章）不
論是泰勒或是老子其實都是告訴我們，應以滿足人類基本生存的需求爲主，
儘量減少非基本生存的需求，若是爲了基本生存的需求而獵殺生物，老子告
知我們應「絕聖棄智」、「絕巧棄利」及「見素抱樸」，也就是泰勒所主張的「誠
信原則」來捕抓，不應以毒魚、炸魚或是趕盡殺絕的方式來獵捕，這些都是
違反「見素抱樸」或「誠信原則」的。老子的「簡樸生活」環境倫理實踐工
夫，和奈斯深層生態學的基本原則第七條頗有呼應之處，奈斯基本原則的第
七條：意識型態的改變，主要在於對「生命品質」（life quality）的讚賞，而不
是追求更高的生活水準。我們將會深深的覺知，在「大」（bigness）和「偉大」
（greatness）之間是不同的。老子的「簡樸生活」積極意義──「精神生活的
建構」，是在面對物質生活時，有一種更內在、更積極的精神生活方式，其實
就是對於「生命品質」的追求，是一種「偉大」（greatness）的精神生活品質，
而不只是「大」（bigness）的物質生活品質而已。

第三節　「靜觀美學」之環境倫理實踐工夫

一、知常知和

　　老子云：「歸根曰靜，是謂復命。復命曰常，知常曰明，不知常，妄作，
凶。」（《道德經》第十六章）王弼注曰：「歸根則靜，故曰靜。靜則復命，故

〔註57〕葉海煙，〈生態保育與環境倫理的道家觀點〉，《哲學與文化》第25卷第9期，
　　　　1998.09，頁821。

曰復命也。復命則得性命之常，故曰常也。常之爲物，不偏不彰，無皦昧之狀，溫凉之象，故曰知常曰明也。唯此復，乃能包通萬物，無所不容，失此以往，則邪入乎分，則物離其分，故曰不知常則妄作凶也。」〔註 58〕植物生長化育於大地，開展出了美麗的花朵，吸引了蝴蝶蜜蜂飛舞，日子久了，花兒逐漸凋謝，花謝落土後化作春泥，含養於大地一段時間後，成爲沃土再度被植物的根所吸收，不久植物又將開出鮮豔的花朵，如此循環反復的發生著。「花謝落土，化作春泥」謂之「歸根」，「根」是道，也可說是一「虛靜」的境界，莊慶信先生說：「道家主張大自然和人類由道所生出，道是它的根源；萬物都須『各復歸其根』，所以人類要回歸本根的道，最簡便的途徑在是把回歸自然、重返自然，當作復歸於常道的必經通道（《老子》二十八章）。因而道家爲環境思想及倫理實踐，奠定了修養論的理論基礎。」〔註 59〕所以「歸根」不是死亡而是回歸於道，進入一種「虛靜」的境界，「虛靜」的境界也是一種「復命」的境界。「復命」是復其性命之本眞，回歸到本身的自然狀態，返歸於大地之中，在「虛靜」的境界中孕育著花的生命，此即所謂「靜曰復命」，如此有規律的循環反復是爲「復命曰常」，「常」是萬物運動變化的法則，也是萬物生長消弱的內在律則。

在老子的思想中「道」是天地根，也是常，而常也是自然，是一種自是如此的法則，如老子曰：「人法地，地法天，天法道，道法自然。」（《道德經》第二十五章）人以大地的無私承載爲法則，大地以天的無我覆育爲法則，天以道的不生之生爲法則，道最後又以自然爲法則，「自然」是本來如此、自己如此，自由如是，所以老子的「道法自然」即是復其萬物性命之本眞，復其萬物自身自是如此的意思，對於生態環境不太多干擾，開發大地不要有太多作爲，若違法了道之「常」及「自然」，則凶事將至，故曰「不知常，妄作，凶。」「常」是宇宙萬物運動變化的法則，也是天地萬物生長消弱的內在律則，如此有規律的循環反復。猶如植物生長於大地，開出美麗的花朵，一段時間後，花謝落土後化作春泥，成爲沃土再度被植物的根所吸收，不久植物又將開出動人的花朵，如此循環反復不已，這就是植物生長的「常」。在植物未種植在大地上時，就破壞了大地的土壤；在植物未開出花朵，就予以連根拔起，

〔註 58〕王弼，樓宇烈校釋，《王弼集校釋》，北京：中華書局，1999，頁 36。

〔註 59〕莊慶信，《中西環境哲學：一個整合的進路》，臺北：五南圖書出版公司，2002，頁 451。

這些就是違反了植物生長的「常」。同樣的，亂伐山林造成水土流失，亂採礦藏造成資源破壞，工業發展引起環境污染和生態失調等問題，這些都是違反了「常」，「不知常，妄作，凶」，所以當今生態環境亂象叢生，即是我們違反了「常」、離開了「道」所造成的結果。「知常」就是法道，也是法自然，不偏不彰包通所有萬物，尊重萬物平等存在的權利，順應萬物自性實現自我，繼而使天地能並生並育的恆常發展，達到與萬物渾化合一的自然境界。老子云：「知常曰明，不知常，妄作，凶。知常容，容乃公，公乃全，全乃天，天乃道，道乃久，沒身不殆。」（《道德經》第十六章）王弼注：

> 常之為物，不偏不彰，無皦昧之狀，溫涼之象，故曰知常曰明也。唯此復，乃能包通萬物，無所不容，失此以往，則邪入乎分，則物離其分，故曰不知常則妄作凶也。無所不包通也。無所不包通，則乃至於蕩然公平也。蕩然公平，則乃至於無所不周普也。無所不周普，則乃至於同乎天也。與天合德，體道大通，則乃至於〔窮〕極虛無也。窮極虛無，得道之常，則乃至於不窮極也。無之為物，水火不能害，金石不能殘。用之於心，則虎兕無所投其齒〔爪〕角，兵戈無所容其鋒刃，何危殆之有乎！〔註60〕

「知常」則能對於天下萬物不偏不彰，包通萬物，無所不容，故曰「知常容」，無所不包通也，無所不包通需與致虛守靜的工夫相呼應，虛化我執、靜下私欲，方能對所有生物及非生物無所不包通，能後才能「容乃公」，如此對待天下萬物蕩然公平，平等不仁的對待萬物，就能無所不周普，即是「公乃全」，平等包容的普及一切萬物，則乃至於同乎天也即「全乃天」，同乎天就是符合自然的境界，符合自然的境界就是「道」的境界，「天乃道」乃是指一切作為都能依循自然而行，依道而為，則能保全萬物，朗現出萬物共生共榮、和諧共處的境界，馮滬祥先生說：

> 值得重視的是，老子強調，整個天地萬物不但是開放的生命系統，同時也是一種旁通的機體系統。此所以老子特別強調：「曲則全」。這句話看似講人與人的關係，其實同樣可應用在人與物的關係。也就是說人類如果能自我節制，不自大，不自傲，不以自我為中心，也不駕凌於萬物之上，那麼看似委曲自己，其實反正可以保全萬物，進而透過生態保護而保全自己。根據老子，唯有如此，才能深入體

〔註60〕 王弼，樓宇烈校釋，《王弼集校釋》，北京：中華書局，1999，頁36～37。

認大道精神，也才可以周全的保存萬物生命，因此老子明白指出：「成全而歸之」，正是這種深義！〔註61〕

「知常」能對待天下萬物「容、公、全」，無所不包通、蕩然公平及無所不周普，當我們依循常道而行時，則能保存萬物生命之整全；當我們依循自然而為時，則能維護生態環境的和諧完整。而老子告知我們要「知常」後，更要進一步「習常」，老子曰：「見小曰明，守柔曰強。用其光，復歸其明，無遺身殃；是為習常。」（《道德經》第五十二章）「習常」即是因循承襲於常道，因襲於常道則能「見小曰明，守柔曰強。」可以看到環境問題的細微之處，就是能「明」環境問題的癥結，知道人類面對生態環境時不可強勢而行，因為守強則為死之徒也，老子曰：「人之生也柔弱，其死也堅強。草木之生也柔脆，其死也枯槁。故堅強者死之徒，柔弱者生之徒。是以兵強則不勝，木強則兵。強大處下，柔弱處上。」（《道德經》第七十六章）所以要守柔的面對生態環境，處下的對待天下萬物，因襲於「常道」而行，不要以「強烈的人類中心倫理」來處理環境議題，而應以泰勒的環境倫理思想及奈斯的「深層生態學」來善待所有生物及非生物，尊敬他們自身的善及天賦（內在）價值，並認知人與所有生物及非生物地位是平等的，如此處理環境議題則能「無遺身殃」也。「道」本來是很平坦易行的，然而聰明的人類，卻喜歡走小徑邪路來圖利自己，不喜歡也不願意去「知常」及「習常」，如老子曰：「使我介然有知，行於大道，唯施是畏。大道甚夷，而民好徑。朝甚除，田甚蕪，倉甚虛；服文采，帶利劍，厭飲食，財貨有餘，是為盜夸。非道也哉！」（《道德經》第五十三章）十八世紀法國著名的思想家盧梭也曾說過：「禽獸根據本能決定取捨，而人則通過自由行為決定取捨。因此，禽獸雖在對它有利的時候，也不會違背自然給它規定的規則，而人則往往雖對自己有害也會違背這種規則。」〔註62〕動物在對它有利的時候，也不會違背自然的規則，而人即使對自己長遠來講是有害的，他也為了眼前近利，而違背自然的規則。正因為人類容易不行於大道，而好走小路捷徑，不依循常道而行，因而產生了許許多多的生態環境問題，所以在環境倫理的實踐工夫上當務之急就是要求人類「復

〔註61〕馮滬祥，《環境倫理學——中西環保哲學比較研究》，臺北：臺灣學生書局，1991，頁258。
〔註62〕轉引自葛榮晉主編，《道家文化與現代文明》，北京：中國人民出版社，1991，頁189。

歸於道」、「知常習常」，如此生態才會回歸於自然和諧，環境才能永續發展。

在環境倫理思想的實踐工夫上，明瞭「知常」、「習常」對於生態環境的永續發展的重要，遵循道之規律及自然的法則，天下萬物將各復歸其位、各展其內在的善及內在價值，所有生物及非生物都有其平等的地位，大地平等包容的普及一切萬物，呈顯出平衡穩定的生態環境，所朗現出的即是一種和諧自然的境界，老子曰：「萬物負陰而抱陽，沖氣以為和。」（《道德經》第四十二章）「含德之厚，比於赤子。蜂蠆虺蛇不螫，猛獸不據，攫鳥不搏。骨弱筋柔而握固。未知牝牡之合而全作，精之至也。終日號而不嗄，和之至也。知和曰常，知常曰明。益生曰祥。心使氣曰強。物壯則老，謂之不道，不道早已。」（《道德經》第五十五章）王澤應先生說：

> 在老子看來，「道」作為天地萬物生存發展的規律，就是陰陽之和諧。陰陽二氣相互作用而形成了「沖氣」，「和氣」或「中和之氣」。「沖氣」、「中和之氣」即是一種平衡、和諧的自然狀態。正是由於這種狀態的形成和維持，萬物才得以生存發展；失去了這種狀態，萬物就會終止其生存發展。從這個意義上說，和諧是根本的規律，「道」之本即是和。自然本身是和諧的，道法自然也就是「道」以和諧為自己的根本存在形式。知道和諧也就是理解和把握了「道」，因此崇尚自然也就是崇尚和諧。〔註63〕

無論是陰氣和陽氣所調和而成的「沖氣」所呈顯出的和諧之氣，或是無和有所渾化而成的玄所朗現出的虛一而靜的狀態，其實都是「道」自然和諧的境界。萬物唯有在平衡和諧的自然狀態，才得以保存其內在的善生存發展；和諧平衡的生態環境，生態系統的循環機制和反饋機制才會得以正常運行；食物能量的金字塔輸出與輸入的結構處於平衡狀態；所有生物「相依相連」的關係得以穩定，繼而生物圈每個物種才能完成其「內在目的性」及「自我實現」。所以深具環境倫理思想的老子即告知我們人類，對於生態環境的自處之道應效法嬰兒「含德之厚」，依循道之規律及自然的和諧，因而能達臻「蜂蠆虺蛇不螫，猛獸不據，攫鳥不搏」的保生之道，因為嬰兒所作所為能「知和」及「知常」，如此則不會導致生態環境破壞滅絕，即不會「物壯則老，謂之不道，不道早已」。知曉尊道貴德及守道修德，則將如老子所云：「道常無名，

〔註63〕王澤應，《自然與道德——道家倫理道德精粹》，長沙：湖南大學出版社，2003，頁262。

樸，雖小。天下莫能臣也。侯王若能守之，萬物將自賓。天地相合，以降甘露，民莫之令而自均。」（《道德經》第三十二章）「天地相合，以降甘露」王弼注：「言天地相合，則甘露不求而自降。」〔註64〕當人類能守道之規律時，則生態環境物種的生長消滅，則將呈現穩定和諧的狀態；而當人類不能體現「知常知和」的環境倫理實踐工夫，爲了經濟利益大肆破壞生態環境，爲了物質享受而太有所施爲，生態環境將失去平衡和諧的整體機制，最後不論是生態環境或是人類都將大難臨頭，如羅馬俱樂部主席奧爾利歐‧佩奇（Aurelio Peccei）所說：「人類盲目的自大和過分地追求經濟速度造成了人與自然關係的緊張和生態失衡，失去了平衡就意味著大難臨頭！」〔註65〕所以爲了生態環境和人類的永續發展，我們應落實「知常知和」的環境倫理實踐工夫，使得人和生態環境能維持著自然和諧的關係，莊慶信先生說：

> 道家講人和自然的「和諧」和協調，乃稱爲生態協調論，事實上，
> 整體論也是一再強調人類要關懷整個自然及生態系統或生態宇宙，
> 人才能和自然有和諧的關係，甚至於透過各宗教靈修，人可和自然
> 保持一種奇妙的一體感或密契關係，這和道家的天人合一或密契體
> 驗相距不遠才對。〔註66〕

方東美先生在《生生之德》一書中引用泰戈爾的話：「西方人常以其征服自然的思想自傲，好像我們都是生活在一個敵對的世界中。在那裏，我們必須向外掠奪所需，才能生存，……心靈的視界只限於個人的生活和工作，於是造成了人和孕育我們的宇宙之間的一種人爲的分隔。」〔註67〕人類和生態環境嚴重割裂來自於「強烈人類中心倫理」的思想。「強烈人類中心倫理」受到古希臘哲學思想、笛卡兒的思想及傳統基督教教義的影響，強烈主張人類是萬物的主宰，萬物是人類所擁有的財產。受到「強烈人類中心倫理」的影響，人類以宰制自然的征服者自居，因而爲了自身利益大肆開發山林，嚴重破壞了動植物生長的生態環境，失去了生態環境原來的平衡和諧狀態，人類和生態環境嚴重處於一個敵對的狀態。英國著名經濟學家 E‧F‧舒馬赫在《小的

〔註64〕王弼，樓宇烈校釋，《王弼集校釋》，北京：中華書局，1999，頁81。

〔註65〕見王澤應，《自然與道德——道家倫理道德精粹》，長沙：湖南大學出版社，2003，頁263。

〔註66〕莊慶信，《中西環境哲學：一個整合的進路》，臺北：五南圖書出版公司，2002，頁446。

〔註67〕方東美，《生生之德》，臺北：黎明文化公司，1989，頁259～260。

是美好的》一書中認為，我們時代最重大的錯誤之一是「現代人沒有感到自己是自然的一個部分，而感到自己命定是支配和征服自然的一種外來力量。他甚至談到要向自然開戰，忘卻：設若他贏得了這場戰爭，他自己也將處於戰敗一方。」〔註68〕羅馬俱樂部主席奧爾利歐·佩奇也在《人的質量》一書中指出：「人類的問題是人自己造成的，也要靠人自己去解決，未來是否和平幸福，要靠我們人自己去理智地選擇。我們只有在大自然中重新定位，把人與自然的對抗狀態轉變為和諧狀態，我們才能拯救自己。」〔註69〕由上可知，老子「知常知和」的環境倫理實踐工夫，是反對「強烈人類中心倫理」，而和泰勒的「生命中心倫理」與奈斯的「深層生態學」是有其交會之處。

　　泰勒「尊重自然」的學說提出「相依相連關係」的概念，認為在地球生物圈中人類與其他物種與外在環境的互動，連結成了綿密細膩的互動網，彼此相互依賴也相互連結，彼此都是地球生物圈整體的一部分，每個物種在這生物圈中既是單一又是統一整體的角色，所以說當生物圈其中的一小部分出問題時，將嚴重影響整體生物圈原來規律和諧的生態，如泰勒說：「人類（人的物種）和其他物種在相依系統中是整全的成分，如此每樣生物的生存和處境好壞的機會，不僅受其環境的物理情況之影響，也受到它和其他生物關係的影響。」〔註70〕所以我們應遵循老子道之規律及自然的法則，讓天地萬物將各正其位、各展其德，肯認萬物內在的善及內在價值，平等包容的一切萬物。不要對生態環境太多妄作妄為，破壞原有生物圈相依相連的關係，讓生態環境處於一種「夫物芸芸，各復歸其根」和諧整體的境界。另外泰勒也從宗教面向宣稱，透過密契生活的高度意識狀態，可增強人類與自然的相依相連關係，而使人的自我與自然界成為一體，泰勒所提的密契生活，應是物我不分、天地相合的境界，此點與老子思想「人法地，地法天，天法道，道法自然。」（《道德經》第二十五章）有交會之處，然而不同的是，老子是經由「守道修德」、「知足知止」及「知常知和」等環境倫理實踐工夫，體現出生

〔註68〕見王澤應，《自然與道德——道家倫理道德精粹》，長沙：湖南大學出版社，2003，頁272。

〔註69〕見王澤應，《自然與道德——道家倫理道德精粹》，長沙：湖南大學出版社，2003，頁263。

〔註70〕Paul W. Taylor, Respect for Nature: A Theory of Environmental Ethics, Princeton University Press, 1986, p.100. 譯文參見莊慶信，《中西環境哲學——一個整合的進路》，臺北：五南圖書出版公司，2002，頁238～239。本引文於第二章第二節已引用。

態環境虛靜和諧的境界，而泰勒是從宗教面的密契生活來談的。

　　老子「知常知和」的環境倫理實踐工夫之實踐，和「生態中心倫理」也有其對話的空間。奈斯「深層生態學」的基本原則第四條：「要維持人類生命和文化的豐富度，只能有少量的人類人口；要維持其他生物的豐富度，也需要少量的人類人口。」深層生態學認為為了滿足人類基本生存需求，對於生態環境適度的開發是可以認同的，然而對於人類的人口數量驟增，因而導致自然資源迅速耗盡，深層生態學家提出警訊：「雖然人類對大自然的某些影響是可以接受的，但是現代人已經大大地超越了適當的標準，……由於人口數量和資源消耗量急劇增長，特別是對瀕危物種棲息地的侵佔，人們已犯了嚴重侵犯其他自然物的權利的罪過。環境倫理學之所以重要，就在於作為一種文化創造，它可以約束人的上述行為。」〔註 71〕大地倫理學者李奧波提出大地金字塔的概念，認為只要在大地金字塔的食物鏈中不要有太多的改變，大地金字塔中的食物能量流動會呈現穩定的狀態。然若人類消費者的角色數量劇增，勢必破壞原來食物鏈和諧穩定的狀態，有些物種也會因人類人口數量增多因而減少或滅絕，導致影響到地球生物圈物種的豐富度和多樣性。奈斯深層生態學最高準則之一「生物中心平等性」，主張不論是人類及其他生物——四足者、有翼者、六腳者、有根者、流動者等等，都具有其自身的內在價值，每一物種都是生態系統無縫之網上的一個「節」，所以沒有孰優孰劣、孰高孰低的關係，因為不論是人類或非人類都是平等的成員，都享有平等的道德權利和地位。所以說當人類人口數量劇增時，破壞原有的生態系統規律，犧牲到其他物種的生存權利，影響到生態系統中物種的豐富性和多樣性，因而使得整體生物圈的「自我實現」受到阻礙。其實這些警訊，如同老子警示我們的「不知常，妄作，凶。」人類發明了醫療科技、生化科技減少了人類的死亡率、延長了人類的壽命，導致人類人口數量不斷增長，這即是違反了天地之間的「常」，「常」是天地之間萬事萬物消長盛衰的內在規律，天地之間自有其各物種數量多寡的規律性。人類違反了天地之間的「常」，導致人類人口數量不斷倍增，嚴重影響了其他物種的生存權，也破壞了原有生態系統的和諧與穩定。

　　承上所述，我們清楚得知現今的環境問題，大部分都是人類自身所造成

〔註 71〕徐嵩齡主編，《環境倫理學進展——論與闡釋》，北京：社會科學文獻出版社，1999，頁 139。

的，例如工業污染排放大量的廢氣導致臭氧層的破洞，大肆開發山林導致土石流的產生等，而要如何解決這些環境問題呢？就是我們人類必須重新定位在大自然中的角色，不應如「強烈人類中心倫理」所認為的人類是萬物的主人，人類之外的物種都是人類的僕人、都是人類的財產，認定人類優越於自然萬物，非人類只有工具價值，而無內在價值。應如「生命中心倫理」及「生態中心倫理」所主張的認為所有生物及非生物都具有其內在價值，人類的角色只是整體生態環境的一個物種而已，所有生物及非生物都是平等的倫理關懷對象。所以人類應調整自我心態，從人類與自然分離的狀態，改善為人類與自然為一整體和諧的關係，而營造此一整體和諧的生態環境，則應重視老子環境倫理實踐工夫中「知常知和」的哲理，老子「知常知和」的哲理其實富有深刻環境倫理智慧的，而且對於現今環境問題是很有啟發性的，誠如王澤應先生所說：

> 老莊道家知常知和的平衡觀念是古代生態倫理的偉大智慧，它強調了尊重自然規律，保持生態平衡的重要性，同時也向人類敲起了「不知常，妄作，凶」的警鐘，其用意深刻，其視境高遠。雖然道家這種生態倫理大智慧在自然環境破壞並未像今天這樣駭世震目的古代，受到應有的重視和關注，但這並不意味著它對現代生態倫理學的建構毫無意義，對現代環境保護和綠色和平運動毫無助益。事實上，現當代西方一些著名的生態倫理學家和科學家都十分推崇道家的智慧，如卡普拉、布朗、賴特、李約瑟等人均高度認同道家的生態倫理思想。〔註72〕

老莊道家知常知和的平衡觀念，具有深厚的生態倫理智慧，重視生態環境的規律，也強調生態環境共生共榮的和諧境界，陳政揚先生說：「莊子的『內聖外王』思想既不是個人遺世獨立、修身自保之學，也不是探究帝王功業的政治哲學，而是以一種『淑世』哲學的風貌呈現安立天下的整體關懷；此亦即是說，莊子的『內聖外王』理想實是通過無執的道心以消融物我的隔閡封限，在物我共榮之中，還予天、地、人、我一片天清地寧，以圓現天地自然和諧之大美。」〔註73〕其實不論是老子或莊子其「內聖外王」的思想，都具

〔註72〕王澤應，《自然與道德——道家倫理道德精粹》，長沙：湖南大學出版社，2003，頁262～263。

〔註73〕陳政揚，《孟子與莊子「內聖外王」研究》，臺中：東海大學哲學研究所博士

有淑世的思想，是一種「人間道家」的型態，都是希望以無執無我的道心，修證少私寡欲、知常知和的實踐工夫，以消融物我的分隔界線，以朗現天清地寧自然和諧之大美。《只有一個地球》一書也提醒我們：「我們的確知道自然系統以及其組織成分所能忍受的擔負是有限的；人類身體對於有害物質所能忍受的程度是有限的；人類對自然平衡的破壞程度也應該是有限的，超過這種限度即足以造成崩潰。」〔註 74〕因而為了維護生態系統各物種的生存權利，及整體地球生物圈的永續發展，落實老子「知常知和」的環境倫理工夫，則顯得十分重要。當人類能確實踐履老子「知常知和」的環境倫理實踐工夫，所作所為能依循道之規律及自然的和諧時，所有物種都能平衡發展，所呈顯出的生態環境則將是和諧穩定、生生不息的。

二、致虛極，守靜篤

老子云：「致虛極，守靜篤。萬物並作，吾以觀復。」（《道德經》第十六章）王弼注：「言致虛，物之極篤；守靜，物之真正也。動作生長。以虛靜觀其反復。凡有起於虛，動起於靜，故萬物雖並動作，卒復歸於虛靜，是物之極篤也。」〔註 75〕「致虛極」，王弼注：「言致虛，物之極篤」。極和篤都有極致的意思，就是虛掉心中執著的觀念，不帶成見、不拘本位，如「是以聖人之治，虛其心，實其腹，弱其志，強其骨。常使民無知無欲。使夫智者不敢為也。為無為，則無不治。」（《道德經》第三章）此處的虛其心，也是消除心知的作用，使心靈達臻清明的境界，然而「虛」並非死空、死虛或死無，吳怡先生提及：

> 「虛」到最後，不是什麼都沒有，而是「虛」掉了一切對物質的「有」、觀念的「有」的執著，而使這個「有」變得純然無雜，這就是「一」。
>
> 所以就修心來說「致虛極」，就是由虛而達到精神上的純一的境界。
>
> 〔註 76〕

牟宗三先生也說：

> 虛則靈。心思黏著在一特定的方向上，則心境生命即為此一方向所

論文，2002，頁 110。

〔註 74〕芭芭拉·沃德、勒內·杜博斯（Barbara Ward & Rene' Dubos）著，鈕先鍾譯，《只有一個地球》，臺北：正中書局，1974，頁 276。

〔註 75〕王弼，樓宇烈校釋，《王弼集校釋》，北京：中華書局，1999，頁 35～36。

〔註 76〕吳怡，《新譯老子解義》，臺北：三民書局，2002，頁 108。

塞滿所佔有，就不虛了，不虛則不靈。一就是純一無雜。沒有烏七
八糟的衝突矛盾紛雜，把生命支解得七零八散就是一，……靜就是
不浮動。人隨著生命的紛馳，順著意念的造作，天天在浮動之中，
把這些化掉就靜下來了。……靜不是物理學中相對的運動和靜止
（motion and rest）的靜；而是絕對的心境，是定，是隨時將心靈從現
實中超拔出來，浮在上層的一種境界，是精神的（spiritual）。「無」、
「自然」、「虛一而靜」都是精神的境界，有無限妙用的心境。〔註77〕

所以老子說：「天地之間，其猶橐籥乎？虛而不屈，動而愈出。多言數窮，
不如守中。」（《道德經》第五章）天地就好比是「橐籥」一般，因為其中間
有著空虛之環境，廓然空虛、然而虛卻不窮屈，動而不竭盡，因而能讓萬物
在天地間自在生長，使萬物活出自己本來的面貌，肯定萬物其內在的價值進
而能實現自我，所以「虛」是有無限妙用的。

「守靜篤」，王弼注：「守靜，物之真正也。」「靜」的意思是，回歸於物
真正原來的樣子，包括人心的原來真正的本性，即是除去私欲的困擾、化掉
意念的造作，使心能清明能歸於靜，達致無私無欲的境界。老子「靜」的實
踐工夫，亦如「虛」一樣，並非死靜，而是有著無限妙用的，所以老子說：

孰能濁以靜之徐清？孰能安以動之徐生？保此道者不欲盈。夫唯不
盈，故能蔽而新成。（《道德經》第十五章）

重為輕根，靜為躁君。是以聖人終日行不離輜重。雖有榮觀，燕處
超然。奈何萬乘之主，而以身輕天下？輕則失根，躁則失君。（《道
德經》第二十六章）

道常無為而無不為。侯王若能守之，萬物將自化。化而欲作，吾將
鎮之以無名之樸。無名之樸，夫亦將無欲。不欲以靜，天下將自定。
（《道德經》第三十七章）

躁勝寒，靜勝熱，清靜為天下正。（《道德經》第四十五章）

大國者下流，天下之交。天下之牝。牝常以靜勝牡，以靜為下。故
大國以下小國，則取小國；小國以下大國，則取大國。故或下以取，
或下而取。大國不過欲兼畜人，小國不過欲入事人。夫兩者各得所
欲，大者宜為下。（《道德經》第六十一章）

〔註77〕牟宗三，《中國哲學十九講》，臺北：臺灣學生書局，2002，頁95。

　　「重爲輕根，靜爲躁君。」告訴我們清靜是躁動的主帥，「牝常以靜勝牡，以靜爲下。」告知我們雌柔常以虛靜勝過於雄強，因爲牠們虛靜且能處下，「靜勝熱，清靜爲天下正。」讓我們知道虛靜能克服躁熱，修心清靜才是天下的正道。「不欲以靜，天下將自定。」讓我們瞭解沒有私欲妄念，內心歸於虛靜，天下自然就能歸於安定，所以「靜」亦是如「虛」一樣有著無限妙用的，因爲唯有內心歸於靜，才能克服人類的私欲妄爲，才懂得面對所有物種時需「以靜爲下」，如此天下才能自定，生態環境才能回歸於和諧穩定，「孰能濁以靜之徐清？」誰可以在動盪混濁中靜下來而使心慢慢的清明起來呢？只有善爲道者，因此聰明的人類應在私欲流蕩的妄想中，以「靜」使自己清明起來，如此生態環境才能生生不息、穩定發展。「致虛極，守靜篤」的實踐工夫是重要的，唯有秉著虛靜的工夫，才能虛掉心知的妄念，消除私欲的妄作、使心靈達臻清明的境界，使萬物呈現眞正原來的本性，吳怡先生說：

> 由此可見「致虛極，守靜篤」的「極」和「篤」都是歸於純一，荀子有一句話最能表達這個境界，他說：「虛一而靜，謂之大清明。」（〈解蔽〉）也就是由「虛」、由「靜」而達到心的最清明純淨的境界。這種境界，就像鏡子一樣，它本身明淨無疵，卻能如實的照物無遺。〔註78〕

　　「虛一而靜，謂之大清明。」當心透過虛靜的實踐工夫，而達致最清明的境界時，則能如實的照物無遺，回歸物之眞正性命，牟宗三先生說：

> 道家是「致虛極、守靜篤。」你能虛靜到家，你主觀的生命能虛靜到極，表面上萬物紛紛攘攘，但我不順萬物之起而起，我往後返觀其復，把它拉回來，歸到它原初的自己。所以説：「萬物並作，吾以觀復。」「作」當「起」講。萬物紛紛攘攘，這是它表現在外面，不是它自己。這是它的表象，從它的表象，我要觀它的自己。所以説「吾以觀復。」你之所以能觀萬物之復，那是你自己的生命已經在虛靜的境界中。〔註79〕

　　「萬物並作，吾以觀復。」（《道德經》第十六章）王弼注：「動作生長。以虛靜觀其反復。凡有起於虛，動起於靜，故萬物雖並動作，卒復歸於虛靜，是物之

〔註78〕吳怡，《新譯老子解義》，臺北：三民書局，2002，頁108。
〔註79〕牟宗三，〈老子《道德經》講演錄（四）〉，《鵝湖月刊》總號第337期，2003.07，頁5。

極篤也。」天下萬物生長活動，虛爲有之本，靜爲動之根，凡有起於虛，動起於靜，最後必復歸於虛靜，即「不順萬物之起而起，我往後返觀其復，把它拉回來，歸到它原初的自己。」在「致虛極，守靜篤」中「觀復」萬物本來的面貌，讓天成爲它本身自己的天，而不只是讓飛機航行的天；讓地就是它本身自己的地，而不只是蓋房子建工廠的地；讓樹成爲它本身自己的樹，而不再是具有經濟效益的樹；讓花就是它本身自己的花，而不只是供人擺放欣賞的花；讓鳥成爲它本身自己的鳥，而不再是用於實驗標本的鳥；讓魚就是它本身自己的魚，而不只是供人營養美食的魚。在少私寡欲的知足知止中，清除雜念妄欲，靜觀一切事物的微妙之處，即爲老子所言：「滌除玄覽，能無疵乎」（《道德經》第十章）王弼注：「玄，物之極也，言能滌除邪飾，至於極覽，能不以物介其明。疵之其神乎？則終與玄同也。」〔註80〕「滌除玄覽」就是要我們的精神能沒有妄想偏見，讓心能虛靜下來達臻清明的狀態，使外物不要參雜於其中，如此則能靜觀萬物原來的自性，以尊重平等的態度對待天地萬物，生態環境將呈現穩定平衡的狀態。落實虛靜、觀復的工夫，虛掉心知的妄念，靜化私欲的妄作、使心靈達致清明的境界，若如此則能沖虛玄妙的靜觀一切，朗現出的即是沖虛玄德——老子「道」的境界，牟宗三先生說：

> 此沖虛玄德之爲宗主實非「存有型」，而乃「境界型」者。蓋必本於主觀修證，（致虛守靜之修證），所證之沖虛之境界，即由此沖虛境界，而起沖虛之觀照。此爲主觀修證所證之沖虛之無外之客觀地或絕對地廣被。……以自己主體之虛明而虛明一切。一虛明，一切虛明。而主體虛明之圓證中，實亦無主亦無客，而爲一玄冥之絕對。然卻必以主體親證爲主座而至朗然玄冥之絕對。故「沖虛之無」之在親證上爲體，亦即在萬物上爲宗也。我室塞，則一切皆室塞，而「生而不有」之玄德之爲宗主亦泯滅而不見矣。故其爲體爲宗，非由客觀地對於宇宙施一分解而置定者也。〔註81〕

又說：

> 當主觀虛一而靜的心境朗現出來，則大地平寂，萬物各在其位、各適其性、各遂其生、各正其正的境界，就是逍遙齊物的境界。萬物之此種存在用康德的話來說就是「存在之在其自己」，所謂的逍遙、

〔註80〕王弼，樓宇烈校釋，《王弼集校釋》，北京：中華書局，1999，頁23。
〔註81〕牟宗三，《才性與玄理》，臺北：臺灣學生書局，2002，頁141。

自得、無待，就是在其自己。只有如此，萬物才能保住自己，才是
真正的存在；這只有在無限心（道心）的觀照之下才能呈現。無限
心底玄覽、觀照也是一種智的直覺，但智的直覺並不創造，而是不
生之生，與物一體呈現，因此還是縱貫橫講，是靜觀的態度。程明
道所說的「萬物靜觀皆自得」，就帶有些道家的意味，也是縱貫橫講。
〔註82〕

「觀復」及「玄覽」是經由主觀致虛守靜的修證工夫，所證成之沖虛境界，
是自己主體之虛明而虛明一切的境界，但也可能是主體窒塞，則一切皆窒塞
的狀態，關鍵在於主觀修證的修養工夫落實與否。落實主觀修證的修養工夫，
則能朗現出無限心底玄覽及觀照，所觀照的是萬物之在其自己的萬物，如此
萬物將各在其位、各適其性、各遂其生、各正其正，是一種「靜觀」的環境
倫理實踐工夫所呈顯出的境界，老子曰：

> 善建者不拔，善抱者不脫，子孫以祭祀不輟。修之於身其德乃真；
> 修之於家其德乃餘；修之於鄉其德乃長；修之於國其德乃豐；修之
> 於天下其德乃普。故以身觀身，以家觀家，以鄉觀鄉，以國觀國，
> 以天下觀天下。吾何以知天下然哉？以此。（《道德經》第五十四章）

主觀「致虛守靜」修證工夫的落實，方能朗現出玄覽及觀復的境界，萬物各
適其性、各遂其生，而「致虛守靜」修證的工夫，最後將歸結於「守道修德」
的修證工夫。當能「守道修德」、「致虛守靜」時，則能「以身觀身，以家觀
家，以鄉觀鄉，以國觀國，以天下觀天下。」葉海煙先生提及：

> 其間，老子也同時將物物和同的「觀」的法則作了充分的運用：「故
> 以身觀身，以家觀家，以鄉觀鄉，以邦觀邦，以天下觀天下。吾何
> 以知天下然哉？以此。」（老子五十四章）「以天下觀天下」即是環
> 境倫理在老子的道心中最淋漓盡致的表述，而以觀為知，知天下之
> 大知乃是「以天下觀天下」之大觀，這同時也照顧到物物之生與物
> 物之全，而老子的環境倫理觀就在此一「觀」中得以穩穩建立，而
> 「挫其銳，解其紛、和其光、同其塵。」（老子五十六章）的玄同境
> 界於是具定了環境倫理的意義。〔註83〕

《道德經》第五十四章的「觀」字，倫理關懷層面逐漸擴展開來，當落實主

〔註82〕牟宗三，《中國哲學十九講》，臺北：臺灣學生書局，2002，頁 122～123。
〔註83〕葉海煙，《老莊哲學新論》，臺北：文津出版社，1997，頁 72。

體「守道修德」及「致虛守靜」的修證工夫時，則能從己身靜觀他身，從自家靜觀他家，以至於靜觀鄉、國及天下，是一種虛靜私欲心知的作爲，不只是爲了自己利益而已，而是一種設身處地的環境倫理關懷的展現。從「靜觀」中可以觀照出萬物其眞正的自己、原來的本性，能使萬物各在其位、各適其性，呈顯出的是與物一體呈現的和諧整體境界，是一「萬物靜觀皆自得」的美學境界。老子的「靜觀美學」是靜態的，是一種縱者橫講的境界，充滿道家靜觀藝術的境界，牟宗三提到：

> 道家也有道家式的存有論，它的形而上學是境界形態的形而上學。境界形態是縱者橫講，橫的一面就寄託在工夫上，工夫是緯線。道家不是縱者縱講，因爲它所謂的生是境界形態、消極意義的生，即不生之生。道家重觀照玄覽，這是靜態的，很帶有藝術性的味道，由此開中國的藝術境界。藝術境界是靜態的、觀照的境界；縱者縱講是動態的；比較之下就顯出「橫講」的意義了。這就是道家的玄思，能夠引發人的智慧，並不膚淺，也不是佛教所謂的戲論；而是要將我們的生命一步步向內收斂，這需要訓練，也需要恰當的了解。〔註84〕

道家不只是老子有其「靜觀美學」的義蘊，莊子亦承襲老子「萬物並作，吾以觀復」的義理，《莊子》〈應帝王〉曰：「至人之用心若鏡，不將不迎，應而不藏，故能勝物而不傷。」及〈天道〉曰：「聖人之心靜乎！天地之鑑也，萬物之鏡也。」陳政揚先生說：

> 莊子以止水或明鏡比喻人心，可以說是承襲老子以物觀物的智慧，以爲通過心的虛靈明覺與平靜和諧，能讓物物皆能如其所是的呈現，而不會因爲己身的主觀偏見強加刻板印象於萬物身上，而使得物如在人心之中扭曲、變形。若是順著人心先有一個「我」見以見萬物，則物之價值是由我所主觀賦予的，那麼則由於我見中含藏著我執，一方面使得萬物自身的存在價值隱蔽而不顯，一方面，也使人心執著於物而與物相刃相靡、隔閡相傷。〔註85〕

老莊道家觀照玄覽的境界，是一種「無」的工夫。「無」掉我執我爲、「無」掉妄念妄爲，是生命主體一步步向內收斂的修養工夫，是「一虛明，一切虛

〔註84〕牟宗三，《中國哲學十九講》，臺北：臺灣學生書局，2002，頁 121～122。

〔註85〕陳政揚，《孟子與莊子「內聖外王」研究》，臺中：東海大學哲學研究所博士論文，2002，頁 111。

明」的工夫及境界，主觀虛一而靜的心境一朗現出來，則朗現出萬物各在其位、各適其性、各遂其生、各正其正的境界，就是逍遙齊物的境界。道家觀照玄覽的境界，是寄託在實踐工夫所朗現的「縱貫橫講」境界，而非「縱貫縱講」的境界。道家的「縱貫橫講」境界，它沒有在客觀上肯定一個超越的實體做爲萬有存在的根源，老子的「道」只是以「不塞其源」及「不禁其性」的方式，讓天下萬物自生自長，以虛靜來觀復玄覽天地萬物，呈現出萬物各安其位、各適其性的境界，朗現出萬物一體、和諧自然的境界，即是道不生之生的境界，老子云：

> 道生一，一生二，二生三，三生萬物。(《道德經》第四十二章)

> 故道生之，德畜之；長之育之；亭之毒之；養之覆之。生而不有，
> 爲而不恃，長而不宰。是謂玄德。(《道德經》第五十一章)

道的實現性是不生之生的實現，因而實現了天地萬物後，採取的態度不是「強烈人類中心倫理」的主宰性，反而是一種「生而不有，爲而不恃，長而不宰」的自然義，呈顯出的環境美學是一種不干擾、不主宰的自然境界，如老子云：「人法地，地法天，天法道，道法自然。」(《道德經》第二十五章)讓萬物都能如如呈現自己，也讓萬物如如復歸其根，所以老子的環境倫理思想較沒有積極主動的味道，反而是一種解脫放下、無爲自然的義理，陳德和先生說：

> 老子的哲學是解套的哲學，莊子的智慧是放下的智慧。老莊不一定
> 能創造歷史奇蹟，也不一定能貞定文化發展之方向，但是他們適時
> 的反向思考，的確能讓世人從過激的奔競中冷卻以復歸原有的自
> 在，也能爲你我提供無何有的新天地，使大家在洒然冰釋下，再度
> 欣賞到靈性與世界的美麗。[註86]

現今環境問題，主要原因在於人類的欲望主導著環境開發，還有在於經濟考量決定了大地的面貌，老子環境倫理思想迥異於「強烈人類中心倫理」宰制生態環境的觀念，老子環境倫理思想提供給人類的是另一方向的思考。老子告知我們面對天下萬物要尊道貴德、處下不爭，當私欲妄念興起時要知常知和、知足知止，身處生態環境時要以致虛守靜來觀復萬物。老子環境倫理思想是希望人類能放下自我中心及私欲妄爲，重新來面對天下萬物，讓萬物能復歸其原來的本性，尊敬每一物種的內在價值；再次來靜觀自然環境，體悟

〔註86〕陳德和，《生活世界的哲思》，臺北：樂學書局，2001，頁79。

人與自然的和諧關係，進而玄覽自然環境所蘊含的美學，馮滬祥先生提到：

> 綜觀西方當代環境倫理的重要論證之一，即爲「自然美學」，其中反
> 對把「美學」只拘限在對博物館古物藝術品的研究，而強調要能迎
> 向大自然，親近大自然，以充份欣賞大自然所蘊育的生命之美，進
> 而由衷加以尊重。所以美學與倫理學在此可說完全相通，而其中最
> 大的結合點，正是「自然」。中國道家在此很早就提供了完整的哲學
> 基礎。而中國的山水畫論尤其提供了深刻的環境倫理學啓發，我們
> 甚至可以說，眞正能欣賞中國山水畫的人，也必定能眞正保護山水，
> 乃至保護自然萬物。〔註87〕

老子的「靜觀美學」直接或間接影響所及的除了中國山水畫外，其實還有禪宗、文學等領域，明末山水畫家石濤提及作畫的意境：「以我襟含氣度，不在山川林木之內，其精神駕御於山川林木之外……處處通情，處處醒透，處處脫塵而生活，自脫天地牢籠之手，歸於自然矣。」〔註88〕告訴了我們須「處處通情」即是能了解萬物皆有其內在的德，都應予以尊敬及感受，須「處處醒透」就是希望我們能少私寡欲，方能靜觀玄覽萬物，須「處處脫塵而生活」則是能跳脫人類中心的角度，重新欣賞感動自然環境，石濤這一段話充滿了老子靜觀美學的味道。清代王昱說：「昔人謂山水家多壽，蓋煙雲供養，眼前無非生機。」〔註89〕「煙雲供養」就是能虛靜的觀復到天清地寧的境界，能滌除玄覽的體悟萬物的美感，因而眼前無非均是生機，故山水家多壽因爲能靜觀自然環境的和諧之境。禪門的龐蘊居士有兩句詩說：「吾自無心於萬物，何妨萬物常環繞。」〔註90〕當我們對於自然萬物無所求時，則能與自然萬物共生共存，形成了一幅和諧自然的畫面，猶如老子所言「故道生之，德畜之；長之育之；亭之毒之；養之覆之。生而不有，爲而不恃，長而不宰。是謂玄德。」（《道德經》第五十一章）的意蘊。南北朝・南嶽慧思禪師：「道源不遠，性海非遙，但向己求，莫從他覓。覓即不得，得亦不眞。」〔註91〕及宋朝・

〔註87〕 馮滬祥，《環境倫理學——中西環保哲學比較研究》，臺北：臺灣學生書局，1991，頁236。
〔註88〕 明末，石濤論畫，《虛齋名畫錄》，見馮滬祥，《環境倫理學——中西環保哲學比較研究》，臺北：臺灣學生書局，1991，頁240。
〔註89〕 清代，王昱，《東莊論畫》，見馮滬祥，《環境倫理學——中西環保哲學比較研究》，臺北：臺灣學生書局，1991，頁240。
〔註90〕 見吳怡，《新譯老子解義》，臺北：三民書局，2002，頁298。
〔註91〕 見鄭石岩，《禪語空人心》，臺北：遠流出版，1999，頁75。

茶陵郁和尙：「我有明珠一顆，久被塵勞關鎖，今朝塵盡光生，照破山河萬朶。」
〔註92〕道這一顆明珠其實並非在遙遠的地方，而是在自己的心中，只是被外
在的塵埃所蒙蔽了，只要虛其心靜其性，就可看見千山萬水之美境。明代陳
白沙先生，喜愛自然，從大自然中體認出美感，寫了一首詩：「水滿魚爭躍，
花深蝶喜穿，日高雲臥處，春在鳥啼邊；不及陳無己，能無賞自然。」〔註93〕
大自然處處是美景——「水滿魚爭躍，花深蝶喜穿」，大自然時時有藝境——
「日高雲臥處，春在鳥啼邊」，大自然這麼美好，我們怎麼可能不欣賞大自然
呢？陶淵明在〈歸田園居〉詩中寫到：〔註94〕

　　　少無適俗韻，性本愛丘山，誤落塵網中，一去三十年。

　　　羈鳥戀舊林，池魚思故淵，開荒南野際，守拙歸園田。

　　　方宅十餘畝，草屋八九間，榆柳蔭後簷，桃李羅堂前。

　　　曖曖遠人村，依依墟里煙，狗吠深巷中，雞鳴桑樹巔。

　　　戶庭無塵雜，虛室有餘閑，久在樊籠裡，復得返自然。

這首詩寫出陶淵明回歸田園的心境，誤落了世俗塵網三十多年，最後抱樸守
拙歸回田園，雖然住的只是草屋，然而內心卻是無比的寧靜。悠閒的散步在
榆柳桃李之間，靜靜的觀看遠村上空，炊煙裊裊上升，屋子裡雖然家當不多，
然而心靈是悠哉十分的，終於可以跳脫心靈的樊籠，復歸於自然之中。這首
詩充分流露了「靜觀美學」的義蘊，我們只有跳脫心靈的樊籠，才能眞正的
擁抱自然的本眞，只有在虛靜的工夫中才能欣賞大自然之美，進而肯認萬物
均有其自身的善及天賦價值，而不再只是強烈人類中心倫理所認爲的非人類
只有工具性價值。老子「靜觀美學」的實踐工夫，所呈現出來的就是物物自
如、物我平等、美麗和諧的理想環境倫理境界，當我們能靜心走進每塊石頭、
每棵樹、每種生物，會發覺他們都有生命、有靈性也有名字；當我們能以虛
靜的心去觀照所有萬物時，我們會發覺原來動物是我們的手足、植物也是我

〔註92〕見鄭石岩，《禪語空人心》，臺北：遠流出版，1999，頁95。

〔註93〕陳獻章，《白沙子（一）》，嘉靖刊本，卷七，頁30。見莊慶信，〈陳白沙簡樸
　　　　自然的環保哲學〉，《簡樸思想與環保哲學》，臺北：立緒文化公司，1997，頁
　　　　84。陳白沙先生環保哲學的形上基礎，是融合儒釋道自成一家的道，廣涵各
　　　　家看法並不減損陳白沙先生思想大體仍是儒家的思想。（參莊慶信，〈陳白沙
　　　　簡樸自然的環保哲學〉，《簡樸思想與環保哲學》，臺北：立緒文化公司，1997，
　　　　頁69）。所以本文認爲陳白沙先生環保哲學，可說是有受到老子道家思想的間
　　　　接影響。

〔註94〕高海夫、金性堯主編，《陶淵明》，臺北：地球出版社，1993，頁95～96。

們的朋友，我們和週遭的天地萬物是如此緊緊的相依相連，形成一個永不終止的交織網。因而人們應拋掉「強烈人類中心倫理」的想法，去尊重每一物種的生命價值，學會走進自然、尊敬自然、欣賞自然，認知每一物種均有自我實現的權利，無關乎誰賦予的權利，而是本乎自然、出自天性。踐履老子「靜觀美學」的實踐工夫，能使人處處通情、處處醒透而生活，能欣賞水滿魚爭躍、花深蝶喜穿的處處美景，跳脫人類僵限已久的心靈樊籠，使心靈能與大自然之美有所觸動，老子「靜觀美學」的實踐工夫在環境保育上有著莫大的助益，鐘丁茂先生論及：

> 就美學的觀點而言，大自然的氣韻生動乃其特色，它對於人而言，具有治癒心靈創傷的能力，它也能使人感覺心曠神怡，而且也最能令人興發天地萬物一體之感。因而，在生態保育及環境保護上，維護大自然的原始風貌，令其以天地之美示人。就如莊子所言：聖人者，原天地之美，而達萬物之理。就快樂主義的觀點而言：泰勒所指的快樂主義不是指縱慾主義，也不是指貪圖物質享受的享受主義。而是追求精神的喜悅。換言之，在與大自然萬物接觸的同時，吾人本能地會激起精神喜悅，釋然開懷之感。這是一種心靈上快樂的感受。設若大自然的維護保育能在心靈上，使人覺得快樂，對於培養尊重自然萬物的態度有莫大的助益。〔註95〕

大自然的環境充滿了氣韻生動，也充滿了無限的生命美感，當我們雙腳走向大自然，心靈親近大自然時，精神上所獲得的喜悅是無法比擬的，帶給我們的身心收穫亦是無法言喻，無怪乎清代王昱會說：「昔人謂山水家多壽，蓋煙雲供養，眼前無非生機。」因為山水畫家眼中所看的盡是自然美景，手中畫的盡是飛瀑流水，平日供養他們的盡是山水煙雲，心靈裝滿了大自然的無限生機，所以能夠延年益壽。泰勒所提的快樂主義是指精神上的喜悅，而不是滿足物質欲望所獲得的快樂，精神上的喜悅是長久無限的，物質欲望的快樂是短暫狹隘的。走進大自然用心聆聽大地的音樂，走進大自然用心觀賞大地的田園畫，讓心靈能與自然環境契合為一時，當心靈能與自然契合為一時，尊重自然環境萬物的存在則是自然而然的事了，不用從外要求因為已內化於心。大地倫理學者李奧波也認為，人類對待土地的態度不應只從經濟效

〔註95〕鐘丁茂，《環境倫理思想評析》，臺中：東海大學哲學研究所博士論文，1994，頁 573～574。

益來考量，而應從倫理和審美觀點來思考，他說：「停止將正當的土地使用視
爲純粹的經濟問題。除了從經濟利害關係的角度來考量外，我們也應該從倫
理和美學的角度，來考慮每個問題。當一件事情傾向於保存生物群落的完整
（integrity）、穩定（stability）和美感時（beauty），這便是一件適當的事情，
反之則是不適當的。」〔註 96〕李奧波認爲大地若能往完整、穩定及美的方向
去發展就是正確的，減少人爲的破壞干擾，大地金字塔的食物鏈將會是完整
穩定的狀態，而各物種能有其生存的空間及成長的權利，呈現出和諧穩定的
大地金字塔，這就是一種自然環境「美」的展現。「深層生態學的提倡者奈斯
個人也十分喜好山水，熱愛大自然，從大自然中可以幫助人類的心靈，學習
謙誠、儉樸、平靜的美德，培養正成熟健全的人格。」〔註 97〕因著接近大自
然所獲得的感動和啓發，奈斯提出生物中心平等、自我實現的深層生態學說，
肯認了生物及非生物都有自身的善及內在價值，並有自我實現的權利，擴展
了環境倫理思想的廣度及深度。

　　美國當代著名環保學家繆爾也一再呼籲，現代人們應該多多「走向高山」
（Going to the mountains），因爲：「當我們回歸山中，就如同回到家中，一切
煩惱得失均可忘懷。」又說：「人人需要麵包，也需要美景；需要地方玩耍，
也需要地方祈禱；因此大自然對人類身心，不但可以治癒，也有鼓舞與激勵
的功能。」〔註 98〕所以不論古今中外，對於大自然帶給人類的心靈收穫及精
神鼓舞，都是加以肯定和認同的。靜心傾聽大地上的微風，我們可以爲彩繪
出風的顏色；靜心觸動每塊石頭、每棵樹，我們會發覺他們都有其生命、有
其存在；以虛靜的心觀照萬物，則能如實的照物無遺。老子「靜觀美學」的
實踐工夫，肯認了天地萬物自身的價值，讓天地萬物能自我實現，除了能呼
應到西方環境倫理思想的「生物平等」及「自我實現」的觀點外，其「靜觀
美學」實踐工夫所朗現出虛靜和諧之境界，是老子環境倫理思想獨特之處。
因爲老子「靜觀美學」的環境倫理實踐工夫，著重於「虛」與「靜」的修養
工夫，境界是「虛」掉一切的妄念私欲，勿有太多的妄作妄爲，「靜」是「靜

〔註 96〕李奧波（Aldo Leopold）著，吳美眞譯，《沙郡年記》，臺北：天下文化，1999，
　　　　頁 352。
〔註 97〕參莊慶信，《中西環境哲學：一個整合的進路》，臺北：五南圖書出版公司，
　　　　2002，頁 451，頁 476。
〔註 98〕見馮滬祥，《環境倫理學——中西環保哲學比較研究》，臺北：臺灣學生書局，
　　　　1991，頁 240～241。

到最虛明純淨的狀態，一虛明而一切虛明，心則能滌除玄覽靜觀萬物，讓天地萬物復歸到原初的自己、自然的本貌，如此萬物則能保住自己，擁有真正自身的存在，而這些即是肯定了萬物的「內在價值」，保全了萬物的「自我實現」，使得生態環境能呈顯出整體穩定的境界。所以本文認為老子「靜觀美學」的環境倫理實踐工夫，是老子環境倫理思想中重要且有獨特見地的實踐工夫，從靜觀玄覽中，萬物能各在其位、各適其性及各遂其生，天地萬物朗現出虛一而靜、自然和諧的境界，是值得我們終身所努力追尋的美學境界。

第六章　結　論

　　本文「老子環境倫理思想」分成六章論述，依序爲導論、西方環境倫理思想、老子「道」的詮釋、老子「道」的環境倫理思想、老子環境倫理思想之實踐工夫以及結論。在第一章導論中，首先陳述本文之研究動機與目的。本文研究動機之緣起，筆者發覺近年來地球環境災難不斷，如：臺灣南投集集九二一大地震、南亞大海嘯、美國「卡特琳娜颶風」及地球氣候暖化現象等災難，有感於環境問題爲本世紀最大的問題之一，已不是人類不去面對就不會存在的巨大問題，面對近年來地球環境問題的嚴重性，不禁令人思索人類與大地的關係爲何？人類與生態環境如何相處？……等問題，此乃筆者撰寫本文之研究緣起。本文是以西方環境倫理思想爲基礎，期能開顯出老子文本中的環境倫理思想，將老子的環境倫理思想實踐於起居生活中，並能爲近年來嚴重的環境問題提供中國道家式的思考空間，此乃本文之研究目的。本文研究範圍與材料，《老子》原典部分，以王弼注老子之通行本爲根據，帛書老子及郭店竹簡本爲輔。《老子》義理詮釋部分，以牟宗三先生《中國哲學十九講》、《才性與玄理》、《現象與物自身》等著述中開展出的「主觀境界形態」的詮釋系統爲依歸。環境倫理思想部分，西方環境倫理思想部份以三大思想：「人類中心倫理」、「生命中心倫理」及「生態中心倫理」爲研究範圍與材料。老子環境倫理思想部分以王弼以及牟宗三先生思想爲論述主軸，另參考老子或道家有關環境倫理思想之臺灣及大陸期刊論文。本文的研究方法是依據牟先生詮釋的三個標準──「文字」、「邏輯」和「見」，爲本文的研究方法。本文研究進路是以老子《道德經》文本、王弼注老子之通行本爲研究主軸，以西方環境倫理思想做爲理解環境倫理思想的基礎，加上以牟先生的「主觀境界形態」爲老子哲學思想的詮釋依歸，企圖達

臻有主體強度的「創造性詮釋」，以開顯出老子文本中的環境倫理思想，和老子文本中的環境倫理思想實踐工夫。

　　在第二章西方環境倫理思想中，本章將西方環境倫理思想中的三大思想——「人類中心倫理」、「生命中心倫理」、「生態中心倫理」作一概要性的介紹，透過對西方環境倫理思想的瞭解，可以讓我們明瞭環境倫理思想討論的範疇、各個思想的理論重點、各個思想的環境倫理主張及規範原則。「人類中心倫理」的思想起源有古希臘哲學思想、笛卡兒的思想及傳統基督教上帝創造萬物思想。古希臘哲學思想認為人與動物的差別就在於「理性」，人類是唯一有「有理性的動物」。笛卡兒的「心物二元論」認為人類不但有軀體，更具有不滅的靈魂，而其他的動植物卻只有軀體，因而認為人類是比動植物更為高級的存在物。基督教上帝創造了地球上的一切，之後按照自己的形象塑造了人類，人類擁有了主宰萬物的管理地位，一切萬物均歸人類管轄。「人類中心倫理」部分，可分為「強烈人類中心倫理」與「微弱人類中心倫理」二類，「強烈人類中心倫理」是破壞生態環境的主要思想，「強烈人類中心倫理」主張「人類是自然的主人」、「人類優越於自然萬物」及「非人類只有工具性價值」等思想。「強烈人類中心倫理」主張太過於人類本位，應以「微弱人類中心倫理」取代之，「微弱人類中心倫理」仍以人類為中心，但不再只是以人類的目的為目的，懂得尊重自然萬物的存有價值，不再只是認為自然萬物只有工具價值。然而「微弱人類中心倫理」仍有其不足之處，其環境倫理關懷層面的廣度及深度仍不足於「生命中心倫理」與「生態中心倫理」。「生命中心倫理」部分，以泰勒的「尊重自然」環境倫理思想為主要陳述內容。泰勒的環境倫理思想有：認為生物都有其自身的善及天賦價值、人與生物的地位是平等、生物間有著相依相連的關係。在環境倫理規範部分：泰勒提到的有從「尊重自然」態度衍生出的四項法則以及當人類和其他生物產生利益衝突的五個優先次序。「生態中心倫理」以挪威哲學家阿倫·奈斯的「深層生態學」為主要研究對象。深層生態學環境倫理思想中的兩條最高準則，分別是「生物中心的平等性」與「自我實現」。「生物中心的平等性」主張不管是生物或非生物都有其自身的存有價值，都具有平等的道德關懷地位及權利，「自我實現」以是「生物中心的平等性」基礎，因著生物圈中的所有事物都有平等權利，肯認每個小我的存在，能縮小自我、認同大我，繼而達到整個生物圈的自我實現。最後深層生態學提出八條基本原則，希冀所有深層生態學的追隨者，均能起而實踐落實生態中心平等的理想。

　　第三章論述老子「道」的詮釋，老子文本中共有八十一章，而文本中提到「道」字，就有三十七章，其餘各章雖未直接有「道」字出現，但章節的義理多少都與「道」有關，所以我們可稱「道」為老子哲學的主軸思想。因為老子的「道」是其最重要的中心思想，所以用什麼樣的視角來詮釋老子的「道」，在理解老子文本時則顯得非常重要，也正因為非常重要，所以歷代學者對老子「道」的詮釋都各有其精采獨到之見解，而為學界所普遍認同的老子詮釋系統，最後可統整歸納為兩大系統即：唐君毅先生的「客觀實有形態」詮釋系統及牟宗三先生的「主觀境界形態」詮釋系統。本文採用的是牟宗三先生的「主觀境界形態」詮釋系統，本章第一節首先概述唐君毅先生「客觀實有形態」及牟宗三先生「主觀境界形態」二大詮釋系統。唐先生以「語義類析的進路」及「理論重建的詮釋」的研究進路來析論老子「道」之六義，認為老子的「道」有其形上實體義。牟先生扣緊老子「周文疲弊」的特殊機緣，闡述出來的「道」是主體心境實踐的境界，因著研究進路的差異，所得到的老子形上道體也有所差異。牟先生扣緊老子義理興起的特殊機緣以及中國哲學「重生命著實踐」的特質，似乎牟先生「主觀境界形態」的詮釋，較能貼近中國哲學重生命著實踐的特質，以及契合老子原典的義蘊，因而本文老子「道」的詮釋系統採用牟先生「主觀境界形態」的詮釋理路。第二節的內容，即是用牟先生在《才性與玄理》、《中國哲學十九講》等文章中對於「道」的雙重性——「無」與「有」等概念加以整理及論述，了解老子的「道」是以「無」為本的哲理。第三節進一步闡揚牟先生對於道家「境界形態形上學」的詮釋，何謂「境界」？「境界形態形上學」有何其妙義之處？道家「境界形態形上學」與儒家、基督教的形上學有何異同之處？這些議題都一一論述說明，透過本章的整理及闡述，對老子「道」的思想有基礎性的瞭解，進而對老子環境倫理思想的詮釋有其開顯之助益。

　　第四章是論述老子「道」的環境倫理思想，「道」為老子哲學的主軸，亦是老子環境倫理思想的中心理念，所以本章將針對老子的「道」做有一系統的闡述，論述老子的「道」與萬物的關係，闡揚出老子「道」的環境倫理思想。老子曰：「道生之，德畜之，物形之，勢成之。是以萬物莫不尊道而貴德。道之尊，德之貴，夫莫之命而常自然。故道生之，德畜之；長之育之；亭之毒之；養之覆之。生而不有，為而不恃，長而不宰。是謂玄德。」（《道德經》第五十一章）道以「不生之生」、「不塞其原，不禁其性」的方式實現了天下

萬物，接下來就以「德畜之」，「德」是道內在於萬物的本性，萬物需要靠「德」來潤澤涵養，然卻不能離開了「道」。因爲天地萬物都生之於道，畜之於德，所以萬物沒有不「尊道貴德」的，道所以受尊崇，德所以被珍貴，是因爲它們絕不主使萬物，而是平等善利萬物自然的生長。老子曰：「上善若水。水善利萬物而不爭，處眾人之所惡，故幾於道。」（《道德經》第八章）「水」德之三個特性，充滿了生命中心及生態中心倫理的思想。水肯認了天下萬物均有其「天賦價值」及「內在價值」，以平等的態度善待天下萬物，並以其處下不爭之德，使得天下萬物歸復焉，呈顯出相依相連、和諧整體的生態環境。老子曰：「是以聖人處無爲之事，行不言之教；萬物作焉而不辭，生而不有，爲而不恃，功成而不居。夫唯弗居，是以不去。」（《道德經》第二章）在環境倫理思想上應以「無爲」爲本，盡量減少干擾妄作的行爲，順物自然，如此則天地萬物將自生自長、和諧發展。

　　本章論述方式以老子《道德經》文本爲中心，以西方環境倫理思想爲理解基礎，企圖將老子文本中的「環境倫理思想」加以開顯出來，並進一步嘗試與西方環境倫理思想學說作一呼應。從老子《道德經》文本中開顯出來的老子環境倫理思想，對於「強烈人類中心倫理」的思想是有所省思的，而與「生命中心倫理」和「深層生態學」的思想是有所呼應會通之處，除了與西方環境倫理思想有所會通之外，老子環境倫理思想也有其自身獨特之處。老子環境倫理思想獨特之處，即是在於老子「道」以「不生之生」的實現性朗現了天地萬物，此一道家特有的主觀沖虛境界詮釋方式，迥異於「強烈人類中心倫理」主宰創造萬物的詮釋方式，而泰勒及奈斯的環境倫理思想對此概念則較未曾處理。老子環境倫理思想從「道」不生之生的實現性出發，建構了一套完整體系的哲學義理，對於環境倫理思想的啓迪及對環境倫理思想之實踐工夫的裨益，是西方環境倫理思想所欠缺的，也正是老子環境倫理思想獨特見地之處。另外在環境倫理思想的啓發上，從老子《道德經》文本中開顯出「水」德——「善利萬物」、「不爭」及「處眾人之所惡」的環境倫理思想，亦是老子環境倫理思想特色。「水」肯認天下萬物均有其「天賦價值」及「內在價值」，以「平等」的態度善待天下萬物，因而江海能爲百谷王，以其處下不爭之德，天下萬物歸復焉，所呈顯出的生態環境是相依相連、和諧整體的狀態。所以本文認爲由「水」德——「上善若水，水善利萬物而不爭，處眾人之所惡，故幾於道。」來詮釋出老子環境倫理思想的平等義及整體性，

亦是老子環境倫理思想特色之一。

　　第五章是論述老子環境倫理思想之實踐工夫，中國哲學是重生命、著實踐的學問，異於西方哲學重思辨、著知解的學問，所以我們可以說中國哲學是一生命實踐的哲學，老子的學問除了深具環境倫理思想外，文本中也處處呈現環境倫理實踐的工夫。本章論述的老子環境倫理思想實踐工夫有——「守道修德」、「簡樸生活」及「靜觀美學」等實踐工夫。道以「不生之生」的方式實現了天地萬物，所以是道賦予了天地萬物的平等地位，也可說是道讓天地萬物能如如朗顯自己、肯定自我，因此在環境倫理的實踐工夫上，「守道」的工夫就顯得最為重要，故老子云：「道常無名，樸雖小。天下莫能臣也。侯王若能守之，萬物將自賓。天地相合以降甘露，民莫之令而自均。」（《道德經》第三十二章）守道則能順應自然、無造無設，使天地萬物各遂其性而自生自長，生態環境呈顯和諧穩定的狀態。老子曰：「我有三寶，持而保之。一曰慈，二曰儉，三曰不敢為天下先。」（《道德經》第六十七章）、「今舍慈且勇，舍儉且廣，舍後且先，死矣！」（《道德經》第六十七章）老子告誡我們在環境思想實踐工夫上，應秉持「慈」、「儉」及「不敢為天下先」環境倫理的三大寶，面對生態環境中所有生物及非生物，讓地球生態環境能整體發展。在物質滿足的需求上，應盡量知足知止、少私寡欲，實踐簡樸生活的實踐工夫，從「簡樸生活」的環境倫理實踐工夫來修證，才能使人的心靈進行環保改革，進而有效的解決環境問題。老子云：「致虛極，守靜篤。萬物並作，吾以觀復。夫物芸芸，各復歸其根。歸根曰靜，是謂復命。復命曰常，知常曰明，不知常，妄作，凶。」（《道德經》第十六章）人類對待生態環境，應尊重生態環境的規律性及和諧性，不加以破壞及干擾，落實老子環境倫理的實踐工夫，呈顯出的是虛一而靜的心靈，朗現出「萬物並作，吾以觀復」之「靜觀美學」境界，如此萬物將各適其性、各遂其生，生態環境將和諧穩定、永續發展。

　　本章論述方式是以老子《道德經》文本為主軸，以西方環境倫理思想及倫理規範為詮釋基礎，將老子文本中的「環境倫理實踐工夫」加以彰顯出來，繼而嘗試與西方環境倫理思想及倫理規範作一呼應與對話。從老子《道德經》文本中開顯出來的老子環境倫理思想之實踐工夫，對於「強烈人類中心倫理」的思想是有所反省的，而與「生命中心倫理」和「深層生態學」的思想是有所呼應會通之處，除了與西方環境倫理思想有所會通之外，老子環境倫理思想之也有其自身獨特之處。老子環境倫理思想獨特之處，即是強調從環境倫

理思想之實踐工夫下手，老子環境倫理思想之實踐工夫是一種的「心靈治療」，如此的實踐工夫是從內心出發的，是自發自願的、自然內化的，因而能真正成為生命理想實踐的主體特徵，讓人能自然而然的從心靈中具備應有的環境倫理原則，而不須從他人或法律外在層面來約束規範。老子環境倫理實踐工夫偏重於向內修練的工夫，強調通過體現「守道修德」、「吾有三寶」、「知足知止」、「簡樸生活」、「知常知和」、「致虛極，守靜篤」、「靜觀美學」等實踐工夫，讓「道」和「德」內化為生命理想實踐的主體特徵，面對環境問題時自然而然能從內在心靈尋求解答，而非一直向外在尋找更多的物質滿足。相對而言，西方環境倫理思想較注重對環境問題的實在關切，主張遵守環境倫理規範原則，改變現有的環境相關政策，通過實踐解決環境問題。所以我們應以西方環境倫理思想與倫理原則的基礎，再加上老子環境倫理思想重「心靈治療」的環境倫理實踐工夫，才能建構一種更全面、更整體的環境倫理思想學說。老子「靜觀美學」的實踐工夫，肯認了天地萬物自身的價值，讓天地萬物能自我實現，除了能呼應到西方環境倫理思想的「生物平等」及「自我實現」的觀點外，其「靜觀美學」實踐工夫所朗現出虛靜和諧之境界，是老子環境倫理思想獨特之處。因為老子「靜觀美學」的環境倫理實踐工夫，著重於「虛」與「靜」的修養工夫，境界是「虛」掉一切的妄念私欲，勿有太多的妄作妄為，「靜」是「靜」到最虛明純淨的狀態，一虛明而一切虛明，心則能滌除玄覽靜觀萬物，讓天地萬物復歸到原初的自己、自然的本貌，如此萬物則能保住自己，擁有真正自身的存在，而這些即是肯定了萬物的「內在價值」，保全了萬物的「自我實現」，使得生態環境能呈顯出整體穩定的境界。所以本文認為老子「靜觀美學」的環境倫理實踐工夫，是老子環境倫理思想中重要且有獨特見地的實踐工夫，從靜觀玄覽中，萬物能各在其位、各適其性及各遂其生，天地萬物朗現出虛一而靜、自然和諧的境界，是值得我們終身所努力追尋的美學境界。

論文行文至第六章，即就前面各章做一內容之概述回顧與結語。

本文以老子《道德經》文本、王弼注老子之通行本為研究主軸，以西方環境倫理思想為基礎，以牟宗三先生「主觀境界形態」為詮釋依據，嘗試開顯出老子文本中的環境倫理思想，並闡揚出老子環境倫理思想的實踐工夫，期能為當代環境倫理思想的義理注入一股新的泉源，進而為當今環境永續發展提供一帖良方良劑。筆者對於老子環境倫理思想的研究，只是初次探索的

研究者，且老子哲學義理精深博大，難免有疏略和不足之處，對於未來研究
的自我期許，筆者將朝「老子生命倫理思想研究」、「老子養生思想研究」等
方向努力，最後衷心期待學界前輩、士林師友，對於本文冀能不吝指導修正，
俾讓筆者可以有更成長的機會，不勝感激。

參考書目

一、古典文獻（原典、集解、注釋）

1. 漢·《帛書老子》，臺北：河洛圖書出版社，1975。
2. 漢·河上公，《宋刊河上公注老子道德經》，無求備齋老子集成初編，臺北：藝文印書館，1965。
3. 漢·嚴遵，《道德眞經指歸》，道德經名注選輯，臺北：中國子學名著集成編印基金會印行，1977。
4. 漢·張陵，《老子想爾注》，道德經名注選輯，臺北：中國子學名著集成編印基金會印行，1977。
5. 漢·許愼，《說文解字》，臺北：黎明文化公司，1992。
6. 晉·王弼，《老子指略》，臺北：華正書局，1983。
7. 晉·王弼，《道德眞經註》，無求備齋老子集成初編，臺北：藝文印書館，1965。
8. 唐·王眞，《道德經論兵要義述》，無求備齋老子集成初編，臺北：藝文印書館，1965。
9. 唐·杜光庭，《道德經廣聖義疏》，無求備齋老子集成初編，臺北：藝文印書館，1965。
10. 宋·范應元，《老子道德經古本集注》，無求備齋老子集成初編，臺北：藝文印書館，1965。
11. 宋·蘇子由，《道德經注》，無求備齋老子集成初編，臺北：藝文印書館，1965。
12. 宋·林希逸，《道德眞經註》，道德經名注選輯，臺北：中國子學名著集成編印基金會印行，1977。
13. 宋·林希逸，《老子口義》，無求備齋老子集成初編，臺北：藝文印書館，

1965。

14. 宋・朱熹，《四書章句集注》，臺北：大安出版社，1984。

15. 元・吳澄，《道德眞經註》，無求備齋老子集成初編，臺北：藝文印書館，1965。

16. 元・李衍，《道德眞經義解》四卷，無求備齋老子集成初編，臺北：藝文印書館，1965。

17. 明・焦竑，《莊子翼》，臺北：廣文書局，1979。

18. 明・薛蕙，《老子集解》，無求備齋老子集成初編，臺北：藝文印書館，1965。

19. 明・歸有光，《道德經評註》，道德經名注選輯，臺北：中國子學名著集成編印基金會印行，1977。

20. 明・釋德清，《老子道德經解》，無求備齋老子集成初編，臺北：藝文印書館，1965。

21. 清・段玉裁，《說文解字注》，臺北：黎明文化公司，1974。

22. 清・郭慶藩輯著，《莊子集釋》，臺北：華正書局，1994。

二、當代專著（依姓氏筆劃順序排列）

1. 丁原植，《郭店竹簡老子釋析與研究》，臺北：萬卷樓圖書有限公司，1998。

2. 方東美，《中國哲學之精神及其發展》，臺北：成均出版社，1984。

3. 方東美，《原始儒家道家哲學》，臺北：黎明文化公司，1983。

4. 王淮，《老子探義》，臺北：臺灣商務印書館，1990。

5. 王博，《老子思想的史官特色》，臺北，文津出版社，1993。

6. 王弼，樓宇烈校釋，《王弼集校釋》，北京：中華書局，1999。

7. 王弼，樓宇烈校釋，《老子周易王弼注校釋》，臺北：華正書局，1981。

8. 王煜，《老莊思想論集》，臺北：聯經出版社，1979。

9. 王邦雄，《中國哲學史》，臺北：國立空中大學，2001。

10. 王邦雄，《中國哲學論集》，臺北：臺灣學生書局，1983。

11. 王邦雄，《生命的大智慧》，臺北：漢光文化，2003。

12. 王邦雄，《老子的哲學》，臺北：東大圖書公司，1993。

13. 王邦雄，《老子道》，臺北：漢藝色研文化公司，1991。

14. 王邦雄，《儒道之間》，臺北：漢光文化公司，1994。

15. 王雲五主編，《老子——陳柱選註》，上海：商務印書館，1929。

16. 王澤應，《自然與道德——道家倫理道德精粹》，長沙：湖南大學出版社，2003。

17. 朱哲，《先秦道家哲學研究》，上海：上海人民出版社，2000。

18. 朱錦忠，《生態學》，臺北：高立圖書公司，1999。

19. 朱釋·任譯，《老子釋譯》，臺北：里仁書局，1985。

20. 牟宗三，《才性與玄理》，臺北：臺灣學生書局，2002。

21. 牟宗三，《中國哲學十九講》，臺北：臺灣學生書局，2002。

22. 牟宗三，《中國哲學的特質》，臺北：臺灣學生書局，1998。

23. 牟宗三，《生命的學問》，臺北：三民書局，1971。

24. 牟宗三，《現象與物自身》，臺北：臺灣學生書局，1996。

25. 牟宗三，《智的直覺與中國哲學》，臺北：臺灣商務印書館，2000。

26. 牟宗三，《圓善論》，臺北：臺灣學生書局，1985。

27. 何懷宏，《生態倫理——精神資源與哲學基礎》，保定：河北大學出版社，2002。

28. 余培林，《新譯老子讀本》，臺北：三民書局，1993。

29. 余謀昌，《生態倫理學——從理論走向實踐》，北京：首都師範大學出版社，1999。

30. 吳怡，《中國哲學發展史》，臺北：三民書局，1996。

31. 吳怡，《禪與老莊》，臺北：三民書局，2003。

32. 吳康，《老莊哲學》，臺北：臺灣商務印書館，1999。

33. 吳怡，《新譯老子解義》，臺北：三民書局，2002。

34. 吳汝鈞，《老莊哲學的現代析論》，臺北：文津出版社，1998。

35. 吳汝鈞，李明輝主編，《牟宗三先生與中國哲學之重建》，臺北：文津出版社，1996。

36. 李忠謙，《圖解哲學》，臺北：易博士文化出版，2003。

37. 李培超著，陳剛主編，《環境倫理》，北京：作家出版社，1998。

38. 杜保瑞，《反者道之動》，臺北：鴻泰圖書公司，1995。

39. 沈清松主編，《簡樸思想與環保哲學》，臺北：立緒文化事業有限公司，1997。

40. 佘正榮，《中國生態倫理傳統的詮釋與重建》，北京：人民出版社，2002。

41. 林火旺，《倫理學》，臺北：國立空中大學出版，1997。

42. 林火旺，《羅爾斯正義論》，臺北：臺灣書店，1998。

43. 林麗真，《王弼》，臺北：東大圖書公司，1988。

44. 南投縣議會編印，《桃芝、桃之專輯》，南投：南投縣議會，2001。

45. 南投縣議會編印，《震央·震殃》，南投：南投縣議會，2001。

46. 南懷瑾，《老子他說》，北京：國際文化出版公司，1991。

47. 封思毅，《老子述義》，臺北：臺灣商務印書館，1980。

48. 胡適，《中國古代哲學史》，臺北：臺灣商務印書館，1970。

49. 唐君毅，《哲學概論》，臺北：臺灣學生書局，1995。

50. 唐君毅，《中國哲學原論——導論篇》，臺北：臺灣學生書局，1993。

51. 唐君毅，《中國哲學原論——原道篇卷一》，臺北：臺灣學生書局，1993。

52. 唐君毅，《中國哲學原論——原道篇卷二》，臺北：臺灣學生書局，1993。

53. 哲學大辭典編輯委員會編，《哲學大辭典》，上海：上海辭書出版社，2001。

54. 徐復觀，《中國人性論史——先秦篇》，臺北：臺灣商務印書館，1999。

55. 徐復觀，《中國藝術精神》，臺北：臺灣學生書局，1998。

56. 徐嵩齡主編，《環境倫理學進展——評論與詮釋》，北京：社會科學文獻出版，1999。

57. 袁保新，《老子哲學之詮釋與重建》，臺北：文津出版社，1997。

58. 高亨，《老子正詁》，北京：中華書局，1996。

59. 高明，《帛書老子校注》，北京：中華書局，1996。

60. 高柏園，《中庸形上思想》，臺北：東大圖書公司，1991。

61. 高海夫、金性堯主編，《陶淵明》，臺北：地球出版社，1993。

62. 張仁福，《環境生態學》，臺南：復文書局，1999。

63. 張起鈞，《老子哲學》，臺北：正中書局，2000。

64. 張起鈞，《智慧的老子》，臺北：東大圖書公司，1989。

65. 莊慶信，《中西環境哲學——一個整合的進路》，臺北：五南圖書出版公司，2002。

66. 莊慶信，《中國哲學家的大地觀》，臺北：師大書苑，1995。

67. 許抗生，《老子研究》，臺北：水牛出版社，1999。

68. 許抗生，《帛書老子注譯及研究》，杭州：浙江人民出版社，1985。

69. 陳玉峰，《生態台灣》，臺中：晨星出版社，1998。

70. 陳鼓應，《老子今註今譯及評介》，臺北：臺灣商務印書館，2004。

71. 陳鼓應，《老莊新論》，臺北：五南圖書出版公司，1995。

72. 陳德和，《生活世界的哲思》，臺北：樂學書局，2001。

73. 陳德和，《從老莊思想詮詁莊書外雜篇的生命哲學》，臺北：文史哲出版社，1993。

74. 陳德和，《臺灣教育哲學論》，臺北：文史哲出版社，2002。

75. 陳德和，《儒家思想的哲學詮釋》，臺北：洪葉文化，2003。

76. 陳錫勇，《老子校正》，臺北：里仁書局，1999。

77. 傅偉勳，《西洋哲學史》，臺北：三民書局，2002。

78. 傅偉勳，《批判的繼承與創造發展》，臺北：東大圖書公司，1986。

79. 傅偉勳，《從創造的詮釋學到大乘佛學》，臺北：東大圖書公司，1990。

80. 勞思光，《新編中國哲學史》，臺北：三民書局，1999。

81. 曾建平，《自然之思──西方生態倫理思想探究》，北京：中國社會科學出版社，2004。

82. 馮滬祥，《環境倫理學──中西環保哲學比較研究》，臺北：臺灣學生書局，1991。

83. 楊通進，《走向深層的環保》，成都：四川人民出版社，2000。

84. 葉海煙，《中國哲學的倫理觀》，臺北：五南圖書出版公司，2001。

85. 葉海煙，《老莊哲學新論》，臺北，文津出版社，1997。

86. 萬榮晉主編，《道家文化與現代文明》，北京：中國人民出版社，1991。

87. 雷毅，《深層生態學思想研究》，北京：清華大學出版社，2002。

88. 劉仲容、尤煌傑、陳俊輝編著，《西洋哲學史》，臺北：國立空中大學，1996。

89. 劉笑敢，《老子》，臺北：東大圖書公司，1997。

90. 劉福增，《老子哲學新論》，臺北：東大圖書公司，1999。

91. 蔡仁厚，《孔孟荀哲學》，臺北：臺灣學生書局，1990。

92. 蔡忠道，《魏晉儒道互補之研究》，臺北：文津出版社，2000。

93. 鄭石岩，《禪語空人心》，臺北：遠流出版，1999。

94. 聯合報編輯，《震殤──九二一集集大震》，臺北：聯合報社，1999。

95. 魏元珪，《老子思想體系探索》，臺北：新文豐出版社，1998。

96. 譚宇權，《老子哲學評論》，臺北：文津出版社，1992。

97. 嚴靈峰，《老子達解》，臺北：華正書局，1982。

98. 嚴靈峰，《老莊研究》，臺北：臺灣中華書局，1966。

99. 中野孝次文著，李永熾譯，《清貧思想》，臺北：張老師文化公司，1997。

100. 布魯格編著，項退結編譯，《西洋哲學辭典》，臺北：華香園出版社，1999。

101. 甘末林著，劉光政譯，《演化》，臺北：英文漢聲出版公司，1998。

102. 狄明德、魏明德主編，《環保與人文智慧》，臺北：光啓文化，2001。

103. 波洛克著，劉光政譯，《生態》，臺北：英文漢聲出版公司，1998。

104. 段德智等譯，《哲學辭典》，臺北：貓頭鷹出版社，1999。

105. 德日進著，李貴良譯，《人之現象》，臺北：正中書局，1960。

106. 蘿絲著，姜慶堯譯，《地球》，臺北：英文漢聲出版公司，1998。

107. 卡森（Rachel Carson）著，李文昭譯，《寂靜的春天》，臺中：晨星出版，

1996。

108. 史奈德（Stephen H. Schneider）著，劉貞譯，《地球實驗室》，臺北：天下文化出版公司，1998。

109. 史懷哲（Albert Schweitzer）著，鄭泰安譯，《文明的哲學》，臺北：志文出版社，1993。

110. 安傑利斯（Angeles R. A.）著，段德智、尹大貽、金常政譯，《哲學辭典》，臺北：貓頭鷹出版社，1999。

111. 米夏埃爾‧蘭德曼（Michael Landmann）著，張樂天譯，《哲學人類學》，上海：上海譯文出版社，1988。

112. 艾爾金（Duane Elgin）著，張至璋譯，《自求簡樸》，臺北：立緒文化公司，1996。

113. 李奧波（Aldo Leopold）著，吳美真譯，《沙郡年記》，臺北：天下文化，1999。

114. 杜布森（Andrew P. Dobson）著，陳立人譯，《生物多樣性》，臺北：英文漢聲出版公司，2000。

115. 辛格（Peter Singer）著，孟祥森、錢永祥譯，《動物解放》，臺北：關懷生命協會，1996。

116. 芭芭拉‧沃德、勒內‧杜博斯（Barbara Ward & Rene' Dubos）著，鈕先鍾譯，《只有一個地球》，臺北：正中書局，1974。

117. 波伊曼（Louis P. Pojman）編，張忠宏等譯，《為動物說話：動物權利的爭議》，臺北：桂冠出版社，1997。

118. 威爾森（Edward O. Wilson）著，金恒鑣譯，《繽紛的生命——造訪基因庫的燦爛國度》，臺北：天下文化出版公司，1998。

119. 威爾森（Edward O. Wilson）著，楊玉齡譯，《生物圈的未來》，臺北：天下文化出版公司，2002。

120. 柏尼（Burnie David）著，溫淑真譯，《樹》，臺北：英文漢聲出版公司，1996。

121. 柏拉圖（Plato）著，王曉朝譯，《柏拉圖全集》卷三，臺北：左岸文化出版，2003。

122. 洛夫洛克（James E. Lovelock）著，金恒鑣譯，《蓋婭，大地之母》（GAIA: A New Look at Life on Earth），臺北：天下文化出版，1996。

123. 約翰‧羅爾斯（John Rawls）著，李少軍、杜麗燕、張虹譯，《正義論》，臺北：桂冠圖書公司，2003。

124. 萊理斯‧約翰（Leslie John）著，賈士衡譯，《世界末日——人類滅絕的科學與道德觀》，臺北：揚智文化出版，2001。

125. 蒙德（L. A Mound）著，姜慶堯譯，《昆蟲》，臺北：英文漢聲出版公司，1996。

126. 歐頓（Eugene P. Odum）著，王瑞香譯，《生態學——科學與社會之間的橋樑》，臺北：國立編譯館，2000。

127. 戴斯・貫丁斯（Joseph R. Des Jardins）著，林官明、楊愛民譯，《環境倫理學——環境哲學導論》，北京：北京大學出版社，2002。

128. 羅斯頓（Holmes Rolston, III）著，王瑞香譯，《環境倫理學：對自然界的義務與自然界的價值》，臺北：國立編譯館，1996。

129. Holmes Welch, Taoism：the parting of the way, Boston：Beacon Press ,1966.

130. Richard G. Botzler, Susan J. Armstrong, Environmental Ethics：Divergence and Convergence, McGraw-Hill Inc, 1993.

131. Paul W. Taylor, Respect for Nature：A Theory of Environmental Ethics, Princeton University Press, 1986.

132. Plato, Plato's Theaetetus, translated and with commentary by Seth Benardet, Chicago：University of Chicago Press, 1986.

三、期刊論文（依姓氏筆劃順序排列）

1. 王鑫，〈人與環境的概念演變〉，《大地地理雜誌》第 123 期，1998。

2. 王利軍，〈人類中心倫理的哲學反思〉，《河北學刊》第 23 卷第 3 期，2003.05。

3. 王從恕，〈生命中心倫理學說概要〉，《科學教育月刊》第 240 期，2001.06。

4. 王從恕，〈西方環境倫理概要〉，《科學教育月刊》第 241 期，2001.07

5. 王曉華，〈建構超越人類中心主義的倫理學〉，《倫理學月刊》，1999。

6. 王豐年，〈老子消費觀的環保意義〉，《哲學與文化》第 25 卷第 9 期，1998.09。

7. 牟宗三，〈老子《道德經》講演錄（一）〉，《鵝湖月刊》總號第 334 期，2003.04。

8. 牟宗三，〈老子《道德經》講演錄（二）〉，《鵝湖月刊》總號第 335 期，2003.05。

9. 牟宗三，〈老子《道德經》講演錄（三）〉，《鵝湖月刊》總號第 336 期，2003.06。

10. 牟宗三，〈老子《道德經》講演錄（四）〉，《鵝湖月刊》總號第 337 期，2003.07。

11. 牟宗三，〈老子《道德經》講演錄（五）〉，《鵝湖月刊》總號第 338 期，2003.08。

12. 牟宗三，〈老子《道德經》講演錄（六）〉，《鵝湖月刊》總號第 339 期，2003.09。

13. 牟宗三，〈老子《道德經》講演錄（七）〉，《鵝湖月刊》總號第 340 期，2003.10。

14. 牟宗三，〈老子《道德經》講演錄（八）〉，《鵝湖月刊》總號第 341 期，2003.11。

15. 牟宗三，〈老子《道德經》講演錄（九）〉，《鵝湖月刊》總號第 342 期，2003.12。

16. 牟宗三，〈老子《道德經》講演錄（十）〉，《鵝湖月刊》總號第 343 期，2004.01。

17. 吳懷宣，〈深層生態學的省思〉，《大自然季刊》第 26 期，1990.01。

18. 汪瓊，〈一種生物中心主義的環境倫理學體系——從泰勒的《尊重自然》一書看其環境倫理學思想〉，《浙江學報》第 2 期，2001。

19. 林益仁，〈全球環境運動與西方佛教生態思潮〉，南華管理學院宗教文化研究中心《第一屆宗教與佛學論文研討會》，1997.06。

20. 馬士元，〈深層生態學的困境及出路——一個概說（上）〉，《新環境月刊》第 104 期，1994.11。

21. 馬士元，〈深層生態學的困境及出路——一個概說（下）〉，《新環境月刊》第 105 期，1994.12。

22. 馬以工，〈奈斯博士印象〉，《大自然季刊》第 26 期，1990.01。

23. 高柏園，〈無爲而無不爲〉，《鵝湖月刊》總號第 279 期，1998.09。

24. 高柏園，〈道家思想對環境倫理的回應態度〉，《鵝湖學誌》第 25 期，2000.12。

25. 高柏園，〈論牟宗三先生對老子形上思想之定位〉，《鵝湖學誌》第 29 期，2002.12。

26. 莊慶信，〈中國大地哲學與西方環境哲學的會通〉，《哲學與文化》第 21 卷第 3 期，1994.03。

27. 莊慶信，〈道家自然觀中的環保哲學〉，《哲學雜誌》第 13 期，1995.07。

28. 陳榮波，〈老子的環保美學〉，《哲學雜誌》第 7 期，1994.01。

29. 陳德和，〈人文的創構與護持——儒道淑世主義的對比〉，南華大學哲學研究所《揭諦》第 6 期，2004.04。

30. 陳德和，〈略論老子的年代與思想〉，《南華哲學通訊》第 2 期，南華管理學院哲學研究所，1999.07。

31. 陳德和，〈試論道的雙重性——道德經中的「無」與「有」初探〉，《鵝湖月刊》總號第 189 期，1991.03。

32. 陳德和，〈論牟宗三對人間道家的哲學建構——以老子思想的詮釋爲例〉，南華大學哲學研究所《揭諦》第 3 期，2001.05。

33. 陳德和，〈論唐君毅的老子學〉，南華大學哲學研究所《揭諦》第 5 期，2003.06。

34. 傅偉動等，〈道家智慧與當代心靈〉，《哲學雜誌》第 13 期，1995.07。

35. 曾春海，〈儒道的消費倫理及環境倫理〉，《哲學與文化》第 24 卷第 10 期，1997.10。

36. 黃炎平，〈保羅·泰勒的生態倫理觀〉，《中南大學學報》社會科學版第 10 卷第 2 期，2004.04。

37. 楊冠政，〈尊重自然——泰勒的環境倫理學說及其應用〉，《環境教育季刊》第 25 期，1995.05。

38. 楊冠政，〈環境倫理學說概述（一）人類環境倫理信念的演進〉，《環境教育季刊》第 28 期，1996a。

39. 楊冠政，〈環境倫理學說概述（二）人類中心主義〉，《環境教育季刊》第 28 期，1996b。

40. 楊冠政，〈環境倫理學說概述（三）生命中心倫理〉，《環境教育季刊》第 29 期，1996c。

41. 楊冠政，〈環境倫理學說概述（四）生態中心主義〉，《環境教育季刊》第 30 期，1996d。

42. 楊冠政，〈邁向全球化的環境倫理〉，《哲學雜誌》第 30 期，1999.10。

43. 葉海煙，〈生態保育與環境倫理的道家觀點〉，《哲學與文化》第 25 卷第 9 期，1998.09。

44. 趙春福、鄙愛紅，〈道法自然與環境保護——道家生態倫理及其現代意義〉，《齊魯學刊》，2001.02。

45. 鄭和烈著，黃郁彬譯，〈人與自然的和諧——從東方觀點來看一種深度生態學的哲學聲言〉，《哲學與文化》第 13 卷第 3 期，1986.03。

46. 鄭宗義，〈知識、思辨與感觸——試從中國哲學研究論牟宗三先生的方法論觀點〉，《鵝湖學誌》第 18 期，1997.06。

47. 鄭紅娥，〈人類中心倫理之爭：一個虛假的問題〉，大陸：《哲學動態》第 9 期，2003。

48. 盧風，〈主客二分與人類中心倫理〉，《哲學與文化》第 22 卷第 4 期，1995.04。

49. 賴錫三，〈「當代新道家」與「深層生態學」的形上基礎〉，南華管理學院哲學研究所《揭諦》第 2 期，1999.07。

50. 謝政諭，〈道家思想與後現代社會環境倫理〉，《東吳政治學報》第 2 期，1993.03。

51. 魏元珪，〈老子思想的歷史文化根源〉，《宗教哲學季刊》第 4 期，1995.10。

52. 魏元珪，〈老莊哲學的自然觀與環境心靈〉，《哲學雜誌》第 13 期，1995.07。

53. 鄺芷人，〈環境保護與環境倫理〉，《東海哲學研究集刊》第 5 期，1998.07。

四、學位論文（依姓氏筆劃順序排列）

1. 王從恕，《環境倫理思想研究》，臺北：臺灣師範大學科學教育研究所博士論文，2001。

2. 史慧玲，《道家的環境哲學》，桃園：中央大學哲學研究所碩士論文，1996。

3. 何崑榮，《老子守柔思想研究》，嘉義：南華大學哲學研究所碩士論文，2003。

4. 何聰明，《生命教育的哲學基礎——以老子思想詮釋為例》，嘉義：南華大學哲學研究所碩士論文，2005。

5. 吳建璋，《論老子之修持工夫與應世態度》，臺北：中國文化大學研究所碩士論文，1987。

6. 汪翠梅，《老子自然學說之研究》，嘉義：南華大學哲學研究所碩士論文，2003。

7. 林秋蘭，《老子教育思想研究》，嘉義：南華大學哲學研究所碩士論文，2004。

8. 林珮琪，《老子環境倫理思想研究》，臺北：輔仁大學哲學研究所碩士論文，1997。

9. 林鈺清，《莊子淑世思想之研究》，嘉義：南華大學哲學研究所碩士論文，2003。

10. 金永圭，《老子的環境哲學》，臺北：輔仁大學哲學研究所碩士論文，1997。

11. 張云瑛，《莊子天人思想探究》，嘉義：南華大學哲學研究所碩士論文，2003。

12. 陳人孝，《老子淑世主義之研究》，嘉義：南華大學哲學研究所碩士論文，2003。

13. 陳政揚，《「管子四篇」的黃老思想研究》，嘉義：南華大學哲學研究所碩士論文，2000。

14. 陳政揚，《孟子與莊子「內聖外王」研究》，臺中：東海大學哲學研究所博士論文，2002。

15. 彭家源，《從生態環保看佛教的環保思想的實踐》，嘉義：南華大學哲學研究所碩士論文，2002。

16. 彭馨慧，《老子法自然的美學》，桃園：中央大學哲學研究所碩士論文，2001。

17. 黃裕宜，《老子自然思想的考察》，臺北：臺灣大學哲學研究所碩士論文，2000。

18. 廖俊裕，《道德實踐與歷史性——關於蕺山學的討論》，嘉義：中正大學中國文學研究所博士論文，2003。

19. 謝煥良，《莊子的環境倫理學》，桃園：中央大學哲學研究所碩士論文，1998。

20. 趙鏡中，《儒家環境倫理思想研究》，臺北：輔仁大學哲學研究所博士論文，1990。

21. 鐘丁茂，《環境倫理思想評析》，臺中：東海大學哲學研究所博士論文，1994。